U0094278

梅花心易疏证

（宋）邵雍◎撰

杨波◎著

责任编辑：薛　治

责任印制：李未圻

图书在版编目（CIP）数据

梅花心易疏证／（宋）邵雍撰；杨波著． —— 北京：
华龄出版社，2021.8

ISBN 978－7－5169－2040－4

Ⅰ．①梅… Ⅱ．①邵… ②杨… Ⅲ．①《周易》—研
究—中国—宋代 Ⅳ．①B221.5

中国版本图书馆 CIP 数据核字（2021）第 154205 号

书　　名：梅花心易疏证

作　　者：（宋）邵雍撰　　杨波著

出版发行：华龄出版社

地　　址：北京市东城区安定门外大街甲 57 号　　邮　　编：100011

电　　话：(010) 58122225　　　　　　　　传　　真：(010) 84049572

网　　址：http://www.Hualingpress.com

印　　刷：九洲财鑫印刷有限公司

版　　次：2021 年 11 月第 1 版　　2021 年 11 月第 1 次印刷

开　　本：720×1020　1/16　　　　　　印　　张：17

字　　数：287 千字　　　　　　　　　　印　　数：1～6000

定　　价：58.00 元

目　　录

引言：《梅花易数》——
一本术数图书的营销范本
宋代：术数的图书化时代

在中国术数文化的发展历史中，术数传承的图书化是一个重要的标志性节点；而讲到术数传承的图书化，就要先从中国的印刷业快速发展的一个朝代讲起。宋代是雕版印刷业真正成为产业的一个时代，雕版印刷将大量图书制成商业化书籍，形成流通，而社会与文化生活的发展，又为这些书籍提供了相当数量的读者。美国时代生活编辑部组织编撰的《全球通史》曾经以下面这段话来评价宋代书籍出版业的盛况："雕版印刷技术……为渴望读书的公众生产出了各种各样的阅读书籍，例如在中国东部很小的一个地区就有记录显示它印刷了将近五十万册的书籍，百科全书、字典、历史和农业、医学书籍，还有神秘的疗疾咒语书籍都可供广大读者购买。"① 图书印刷业的繁荣，也为图书的编辑与出版提供了强劲的动力，大量在过去的时代中被有限个人所拥有的图书，被挖掘整理，大量印制，送上书铺的柜台，这其中，便有着大量的术数类图书。

在这大量宋代及宋代以后出版的术数类图书中，我们考察《梅花易数》一书②从编辑成书、历次修改到整合编纂等一系列的

① 美国时代生活编辑部组织撰写，张喜久等译：《全球通史》（5），吉林文史出版社，2016年版，13、33—36。

② 本书所称的《梅花易数》，是指世传通行五卷本《梅花易数》，代表性的有韩国国家图书馆藏明抄本，称《新镌增定相字心易梅花数》，影印本名为《明抄真本梅花易数》，九州出版社出版。故宫藏清早期刻本，称《新刻先天后天梅花观梅拆字数全集》，华龄出版社出版的《梅花易数讲义》《白话梅花易数》等整理本，即以此为底本。

过程，可以看到术数传播在进入图书化后，产生的衰落、发展与变异。作为一本易学术数类的图书，在某种程度上来讲，我们可以把《梅花易数》的编辑、修订与合编的过程看作一个术数图书化的营销范本。

将《梅花易数》作为一个范例来考察，是因为《梅花易数》具有以下几个特点：

一、梅花易数是宋代始传于外的术数，中国术数的传统，本有隐、显两条脉络，在这两种传承体系中，隐的传承，是以师授为主；而显的传承，则更注重于传播。在宋代以前，很多传承是被保存在有限个人与小的群体当中，而不显于世间；而宋代印刷业所带来的术数图书化的发展，使得很多过去秘传的术数得以显身于世，"梅花易数"便是此类术数的一个代表。从传承角度，"梅花易数"是基于"观枚占"体系的术数传承，而这一类术数，在宋代以前从未有显名于世间的记录，只有零星的卦例可以推知其技术上的延续，因此，对于"梅花易数"中术数变化的考察，可以加深对"术数"从隐到显中间产生变异的过程的认识。

二、"梅花易数"的版本比较单一，流传相对清晰，从对"梅花易数"图书的梳理中，可以对其图书的从单卷家藏到编辑流传以至于合编、增订的脉络做出比较清楚的考察，从中看到这一类术数图书的出版在内容与扩张上的内在动力。

三、"梅花易数"的图书营销堪称经典，从对这一术数托名"邵子"开始，"梅花易数"可以说是把内容营销做到了精细的程度。从序文开始以大量神奇的故事吸引读者，到中间卦例内容的环环相扣，以及结尾巧妙地掩盖住其术数本身的缺陷，从而将一门删减过的阉割术数制造成为一类书籍的营销神话，以至于直至现代，其中的故事仍被大量易学爱好者争相传递，这其中的心理学与营销学的应用，也很值得玩味。

从"梅花易数"于宋代图书化以后一系列的演变过程中，我们可以观察到中国术数的衰落与变异的一个轨迹。中国术数的衰落与变异，自秦汉以降，历代不绝。我们在此前讲过"中国术数衰落史"，也讲过"宋代术数的衰落史"，在这两个术数衰落史的课程中，"中国术数衰落史"相当于是"通史"，力求在时间的大尺度来探寻术数衰落的脉络；"宋代术数衰落史"相当于是"断代史"，寄希望于以宋代的社会生活的变化对术数产生的影响的角度，对术数在宋代的变异找到原因，这两个课程中，《梅花易数》都是绕不开的一个话题。

中国的术数传承，作为一个敏感的学术，自古即被定义为"天学"与"秘学"，是掌握在"兵阴阳""钦天监"等少数为帝王代天言事服务的专业机构与专业人士手中的学问；而随着秦汉以降，官学的不断民间化，术数之学也就产生出了"江湖派"这种变异的传承。术数的民间化首先产生的影响是，术数之学从单纯的官方传统开始向民间化、世俗化、通俗化转变。民间化与世俗化，使得术数与百姓的生活关系更加密切，并渗透进民间生活的方方面面；而通俗化，则是术数"民间化"与"世俗化"的必然结果。

民众的心性，总是求安逸胜过辛苦，求简单胜过复杂。人们向往田园，只不过是"开轩面场圃，把酒话桑麻"的田园雅逸，而不是"锄禾日当午，汗滴禾下土"的辛劳。人们向往远山，肯定想到的是"明月松间照，清泉石上流"的闲适；而不是"扪参历井仰胁息，以手抚膺坐长叹"的路途艰辛。民众的这种"求安逸"与"求简单"的心性，让佛教在唐宋之际产生了"六祖禅"与"净土宗"；也同样是民众的这种"求安逸"与"求简单"的心性，在很早就为术数的"民俗化"埋下了种子；而当宋朝时期的天时、地利与人和铺垫出深厚的土壤，这颗种子的发芽成长也就成为必然。所以，我们可以说，宋代是传统术数全面"变异"与"民俗化"的时代；而这一系列的"变异"与"民俗化"所结出来的果实，便是我们当代可以见到的以《梅花易数》为代表的各种的术数书籍。

产生《梅花易数》类书籍的社会土壤

宋代皇室与士大夫对术数的喜爱与推崇

宋代帝王，对术数占卜颇多热衷，如太祖皇帝开创大宋，太宗、徽宗皇帝登基，皆有依靠占卜之力，宋太祖于陈桥驿黄袍加身，据说也是应验了此前的政治符谶，按《杨文公谈苑》：

梁沙门宝志《铜牌记》，多谶未来事，云："'有一真人在冀川，开口张弓在左边，子子孙孙万万年'。江南中主名其子曰'弘冀'，吴越钱镠诸子皆连'弘'字，期以应之，而宣祖讳正当之也。"[1]。宣祖是太祖之父赵弘殷，弘殷为涿郡（今河北省涿州）人，按九州分野之说，为冀州分野，正应"有一真人在冀川"，而"开口张弓在左边"则为"弘"字。

太祖驻军于陈桥驿当夜，复有军校苗训"号知天文"，他诳称："见日下复有一日，黑光久相磨荡。"并断言："此天命也。"[2]

太宗做晋王之时，卜者马韶进言："明日乃晋王利见之辰也"，太宗次日果然即位，马韶也因此入仕为官。[3]

徽宗初即位之时，因皇嗣未广，召道士刘混康以法箓符水入

---

① 杨亿：《杨文公谈苑》"铜牌记"篇。

② 李焘：《续资治通鉴长编》，中华书局点校，1979。

③ 《宋史·卷四百六十一·列传第二百二十·马韶楚芝兰传》：马韶，赵州平棘人，习天文三式。开宝中，太宗以晋王尹京，申严私习天文之禁。韶素与太宗亲吏程德玄善，德玄每戒韶不令及门。九年冬十月十九日，既夕，韶忽造德玄，德玄恐甚，诘其所以来，韶曰："明日乃晋王利见之辰，韶故以相告。"德玄惶骇，止韶一室，遽入白太宗。太宗命德玄以人防守之，将闻于太祖。及诘旦，太宗入谒，果受遗践阼。

禁中。混康建言宫城西北隅，地协堪舆，倘形势加以少高，当有
多男之祥。始命为数仞岗阜，已而后宫占黑不绝，上甚喜，于是
崇信道教，土木之工兴矣。一时佞幸因而逢迎，遂竭国力，而经
营之至，是命户部侍郎孟揆筑土增高，以象余杭之凤凰山，号
"万寿山"，后因神降有"艮岳排空"之语，因名"艮岳"。①

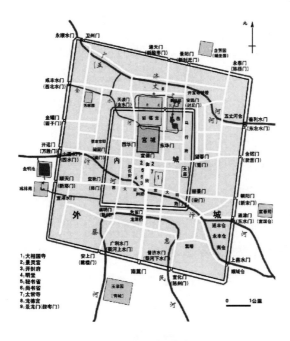

北宋东京城地图

　　北宋宋钦宗靖康年间，金军攻破了东京开封，烧杀抢掠，押
着徽钦两帝和大批大臣、女子北归，史称"靖康之耻"。钦宗面
对金军入侵时没有用好合适的将领，而信用一个士兵郭京的主
张。郭京本为无名小卒，后来被枢密院的孙傅赏识而平步青云，
自称身怀"六甲之法"。这种所谓的"神兵"被金军摧枯拉朽的
攻势一触即溃，根本没有抵抗的余地，金军便借此长驱直入，把
繁华的汴京洗劫了个遍，遂至于徽、钦北狩。

---

① 《九朝编年备要》作"万寿山"。

　　上有所好，下必甚焉，所谓"楚王好细腰，宫中多饿死"，君王对术数占卜情有独钟的结果，便是大臣争相效仿，同时也产生了许多以术数上承君意，谋求进身之阶的朝臣与术士。按《避暑闲话》所记："徐复，所谓冲晦处士者，建州人，初亦举进士。京房易世久无通其术者，复尝遇隐士得之，而杂以六壬遁甲，自筮终身无禄，遂罢举。范文正公知苏州，尝疑外夷当有变，使复占之。复为言，西方用师，起某年月，盛某年月，天下当骚然。故文正益论边事，及元昊叛，无一不验者。仁宗闻而召见，问以兵事。"范仲淹不只自己深信卜术，而且将卜士推荐给皇帝，是君臣皆笃信占卜的例证。

　　富弼与司马光等朝中名臣，皆与邵雍交善，富弼更为邵雍于安乐窝对面购置花园，司马光更"以兄事雍"，邵雍所学概括为"先天易学"，其学术溯源得之于李之才，而李之才为穆修弟子，穆修传之于种放，种放传之于陈抟，其所学实为道教之根脉，而邵雍当其世即以数而显，所谓"玩心高明，以观夫天地之运化，阴阳之消长，远而古今世变，微而走飞草木之性情，深造曲畅，庶几所谓不惑，而非依例象类，亿则屡中者"。邵雍位列于北宋五子之首，是由术入道，得于术而进于道者，是故其于当世即有传其神异之说，而后世更多托名之作。如宋朱弁所撰《曲洧旧闻》所载："温公与尧夫水北闲步，见人家造屋。尧夫指曰：'此三间，某年某月当自倒。'又指曰：'此三间，某年某月为水所坏。'温公归，因笔此事于所著文稿之后。久而忘之，因过水北，忽省尧夫所说，视其屋，则为瓦砾之场矣。问于人，皆如尧夫言，归考其事亦同。此事洛中士大夫多能道之。"① 既是"洛中士大夫多能道之"，则知邵雍灵异之事，于当时即已有流传，而

① 朱弁：《曲洧旧闻》卷二。

邵子虽潜心儒学，于民间却也终不免以术数存之后世了。

士人文化对术数的推波助澜

宋代是中国的文人政治高度发达的时代，白衣士子通过科举进入国家的政治核心，为宋代的政治生活注入了鲜活的活力；与之相对应的，是中国的门阀贵族社会到唐末正式走向终结。这其中最著名的事件，是白马驿之变。晚唐时期，帝王集团已经无力控制各个节度使的权力，梁王朱温逐渐掌握了政治权力，公元905 年 6 月，朱温在滑州白马驿一举屠杀裴枢为首的朝臣三十多人并抛尸于黄河之中。"白马驿之变"给予长安朝廷的"清流"世家一次沈重的打击，历史发展至此，与门阀流品息息相关的"清官"制度也即将化为明日黄花。后梁政府的兴起，位居要职者多为文吏出身。日后，"吏能"在整个五代获得超过"门第"的重视。到了宋代，门阀贵族便正式走向了消融。从北宋开始，中古时期重视出身、保障世族子弟得以顺利担任要职的"清资"铨选制度走向了终结，而由"胥吏"政治取而代之。

赵匡胤在陈桥驿黄袍加身，建立了大宋政权，称帝伊始，宋太祖便在称帝不久的建隆三年，秘密请人镌刻一碑，立于太庙寝殿的夹室之内，人称"宋太祖誓碑"。[①] 平时这个誓碑使用黄布幔遮盖，并且门窗封死，太祖命令相关机构只有在太庙四季祭祀和新皇继位的时候才可以启封。天子拜谒太庙之礼结束后，由官员恭请皇帝读太祖誓词，而且太子读誓词的时候只能有一个小太监跟着，这个太监还要是一个文盲。除此之外的其他人不准靠近，天子务必在读完后再拜，以示谨遵祖训。这么一套仪式由皇家代

---

① 陆游：《避暑漫抄》。

代相传，外人都不知道这个祖训的内容，只是传说有那样一套家法的存在。靖康之变，金人攻陷东京，进入太庙，抢走了里面的礼器，而寝殿的夹室也被撬开，所以才知道原来里面有那么一座誓碑。誓碑高有七八尺，宽四尺，上面写着三行内容。一云："柴氏子孙有罪不得加刑，纵犯谋逆，止于狱中赐尽，不得市曹刑戮，亦不得连坐支属"；一云："不得杀士大夫及上书言事人"；一云："子孙有渝此誓者，天必殛之"。

由此可知，不杀士大夫可称之为宋朝的基本国策，同时宋代也是科举选材的完善时期。中国的科举制度，肇端于隋，奠基于唐，完善于宋；而宋代科举制度的最基本的特点是：取士不问家世，限制势家与孤寒竞进，严防考官营私，考生作弊，以经义、诗赋、策论取士。个人的知识才能，取代了门第血统，在科举考试中占据了主导地位。科举制度能够更广泛地选拔人才，同时也打开了门第不高的知识分子参与国家政治的通道，使得真正有才华的读书人有了展现自己才能的机会与舞台，让普通老百姓开始有机会依靠读书入仕，从而提升自己与家族的地位。余嘉锡先生将宋代的这种特征称之为"白衣社会"，所谓："白衣率从农村中崛起，其形势略同于汉武帝之时。所不同者，政府考试制度已大为开放，民间又有印刷术发明，书籍流布，较前远易。故两汉察举制度兴起以后有门第，而宋代士阶层复起，终不能再有门第形成。"[①]

宋代科举制度的直接结果，就是宋代读书人的数量的大幅增加，在中国科举史上，宋代是取士人数最多的朝代。以北宋为例，据有关统计，北宋时期考取进士的人数是 31985 人，录取比例约为 3%，考取举人的人次约为 106 万人次，如平均至每榜，

---

① 钱穆：《国史新论》"再论中国社会演变"。

则人数为 15451 人次，宋代取得解试的参考资格的人次约为"百人取一"，由此计算，总体士人阶层的人数是相当可观的。

宋代科举考试竞争激烈，其中不确定性因素众多，如考试时的身体状况，家庭及近亲有无丧服；考试中的临场发挥，试卷中的犯讳、脱韵、错字、脱漏等"不考式"，以及所试策、论是否符合主考的评判，都关系到科举的成败得失，稍有差池，即使士人才华出众，考官英明正直，也不一定取得功名。在这种环境下，参加考试的举子之患得患失之心则不言而喻，科举之中的种种不确定性因素，归诸于人，则往往只能归结于命运的安排，从而滋生出了士人占卜之风的盛行。

王安石在其《汴说》中记载，东京汴梁"时有卜者万余人"，其中有很多是以科举士子的求神问卜为大宗生意。每逢省试之期，便是京城卜士们大发利市之时。观诸宋时笔记，士人占卜的记录数量众多，如北宋时期范镇《东斋记事》记载："张邓公尝谓予曰：某举进士时，寇莱公同游相国寺，前诣一卜肆。卜者曰：'二人皆宰相也。'既出，逢张相齐贤、王相随，复往诣之。卜者大惊曰：'一日之内，而有四人宰相'。相顾大笑而退。因是卜者声望日消，亦不复有人问之，卒穷饿以死。四人其后皆为宰相，共欲为之作传，未能也。是时，邓公已致仕，犹能道其姓名。今予则又忘其姓名矣。其人亦可哀哉！"

"北宋丞相何㮚，未中状元之前，与同舍生黄君诣日者孙黯问命。黯袒衣踞坐，丞相先占，既布算，黯正襟揖曰：'命极贵，不惟魁天下，且位极人臣。'二人相视笑曰：'何相侮邪？'黯愠曰：'黯老矣，粗有生计，今诣一秀才，其获几何？奈何命实中格。'丞相曰：'然则何时作状元？'曰：'乙未岁。''何年为相？'

曰：'不出一纪。但有一事绝异，君拜相后，当死于异国。'"①

这类笔记中所记载的卜者，皆灵验非常，使人异之。但宋人笔记文字的记录，常有"事多语怪"之词，又有子孙追述先德叙家世，如李繁《邺侯传》《柳氏序训》《魏公家传》之类，或隐己之恶，或攘人之善，并多溢美，故匪信书。② 所谓"尽信书不如无书"，对于笔记小说中的诸多记载，也当姑妄听之。

针对汴京中应试举子的占卜需求，京城的卜士甚至已经形成惯常使用的江湖伎俩，如沈括《梦溪笔谈》记载："京师卖卜者，唯利举场时举人占得失，取之各有术：有求目下之利者，凡有人问，皆曰"必得，士人乐得所欲，竟往问之；有邀以后之利者，凡有人问，悉曰"不得"，下第者常过十分之七，皆以谓术精而言直，后举倍获。有因此著名，终身飨利者。"③ 此种类型的江湖骗术，及至现世仍在某些地域有着一定的市场。

民间对术数灵异的崇拜

朝廷与士大夫笃信术数占卜灵异，在一定程度上对民间术数占卜之风的盛行起到了示范作用。有宋一代，术数占卜的盛行比之历代以及同时期的周边国家，都有过之而无不及。王曾瑜先生曾指出："宋朝虽是当时世界上文明程度最高的国家，其巫卜的盛行，绝不比周边国家逊色。"④

宋代相较于此前的时代，政治变革与文化变革都具有划时代的意义，民间的社会生活，也更趋向于世俗化与平民化。文人上升通道的打通，减少了社会阶层的固化，让底层中的精英，有机

---

① 宋·洪迈：《夷坚乙志卷七·何丞相》。
② 《册府元龟考据》。
③ 沈括：《梦溪笔谈·卷二十二·谬误》。
④ 《辽宋西夏金社会生活史》第十六章"宋朝的巫卜"。

会依靠自身的努力而获得上升通道。商业活动的丰富，也影响了民间社会中各阶层结构的构成，个体差异变得明显，个体身份也变得更加"自由"，这一切的变化，对于民众而言，既代表了机会的增加，也代表着不确定因素的增多。这种文化结构型的变革，在历史上创造了一个充满机遇的社会。在这个社会生活变得丰富多彩，个体的发展充满机遇的时代，术数以继承与变革的形象融入于世俗社会之中。为适应社会的变革，宋代的术数也发生了极大的变异。相较于前代，对于个体命运的占卜如四柱、星命、紫微斗数，在宋代均得到了长足的发展；而其中的四柱、紫微斗数的方法，更是异域星占与中国本土星命之学相互融合后产生的新的术数方法。此外宋代新出之术数如轨革卦影、河洛真数，则已成为江湖文人骗术的成熟产物；而这些传统术数的变异与新生术数的产生，明显与术数在宋代的民俗化传播有关。

在这种社会风气的推动下，宋代的术数从业者的数量也达到了空前未有的规模。王安石在其《汴说》中记载："古者卜筮有常官，所诹有常事。若考步人生辰星宿所次，訾相人仪状色理，逆斥人祸福，考信于圣人无有也，不知从何许人传。宗其说者，澶漫四出，抵今为尤蕃，举天下而籍之，以是自名者，盖数万不啻，而汴不与焉。举汴而籍之，盖亦以万计。予尝视卜汴之术士，善挟奇而以动人者，大抵宫庐、服舆、食饮之华，封君不如也。其出也，或召焉，问之，某人也，朝贵人也；其归也，或赐焉，问之，某人也，朝贵人也。坐其庐旁，历其人之往来，肩相切，踵相藉，穷一朝暮，则已错不可计。"[1] 据周宝珠先生研究："北宋东京最盛时，有房 13.7 万户，人 150 万左右。"[2] 若按王安石《汴说》中所提到的东京从事占卜者"举汴而籍之，盖亦以万

① 宋·王安石：《临川先生文集》卷七十，中华书局，1959年，742。
② 周宝珠：《宋代东京研究》，河南大学出版社，1992年，338。

引言

计"来计算，只东京汴梁一个百万级的城市中，从事占卜而且有一定名气的，就有一万余人，足可知占卜的盛行及从事占卜者的人数之多。

南宋吴自牧所著《梦粱录》记载南宋都城临安夜市："大街更有夜市卖卦：蒋星堂、玉莲相、花字青、霄三命、玉壶五星、草窗五星、沈南天五星、简堂石鼓、野庵五星、泰来心鉴三命。中瓦子浮铺有西山神女卖卦，灌肺岭曹德明易课。又有盘街卖卦人，如心鉴及甘罗次、北算子者，更有叫'时运来时，买庄田，娶老婆'卖卦者。有在新街融和坊卖卦，名'桃花三月放'者。其余桥道坊巷，亦有夜市扑卖果子糖等物，亦有卖卦人盘街叫卖，如顶盘担架卖市食，至三更不绝。"南宋夜市之中，以占卜为业者，不只有在夜市设帐卖卜，各立名号，有着强烈的品牌意识；更有手持卦幡，流动揽客的算命先生，足见后世江湖所称之"巾行"生意，在宋代已经非常成熟。

在这种成熟而竞争激烈的占卜市场环境下，很多卜者也会独辟蹊径，结交请托官员名士以为推介，南宋范公偁所著《过庭录》中记载了一篇趣闻："据说有一术士去见黄庭坚，为其相命之后，恳请黄庭坚写几个字给他，以为'游谒之资'，黄庭坚写了'黄生相予，官为两制，寿至八十，是所谓大葫芦种也，一笑。'此后这位术士拿着黄庭坚的字，游走于士大夫之间，读过的人都不解其意，范公偁的先祖有一次问起其中的含义，黄庭坚笑答：'一时戏谑耳。某顷年见京师相国寺中卖大葫芦种，乃背一葫芦甚大，一粒数百金，人竞买，至春种结，仍乃瓠尔。'"[①]虽然前述黄生被黄庭坚戏谑，但其时卜士因此而通于官家门庭

---

① 范公偁《过庭录》：一相士黄生见鲁直，恳求数字取信，为游谒之资。鲁直大书遗曰："黄生相予，官为两制，寿至八十，是所谓大葫芦种也，一笑。"黄生得之欣然，士夫间莫解其意。先祖见鲁直，因问之，黄笑曰："一时戏谑耳。某顷年见京师相国寺中卖大葫芦种，仍背一葫芦甚大，一粒数百金，人竞买，至春种结，仍乃瓠尔。"盖讥黄术之难信也。

者，概不乏人，所谓："其出也，或召焉，问之，某人也，朝贵人也；其归也，或赐焉，问之，某人也，朝贵人也。坐其庐旁，历其人之往来，肩相切，踵相籍，穷一朝暮，则已错不可计"，这应当便是这些卜士们所追求的成就吧。

清明上河图中的神课占卜

落第士子业卜与图书出版对术数类图书的推动

士人能够取得功名，成为官僚系统中的一员的，毕竟是少数，而以卜业做为谋生之道，为大量落第文人在功名路上一再受挫之后，提供了一条可供考虑的出路，《史记·日者列传》中引贾谊与宋忠的对话："贾谊曰'吾闻古之圣人，不居朝廷，必在卜医之中'。"南宋袁采在《袁氏世苑》中谈到子弟出路时，即主张"士大夫之子弟，苟无世禄可守，无常产可依，而欲为仰事俯育之计，莫如为儒。如不能为儒，则巫医、僧道、农圃、伎术，凡可以养生而不至于辱先者，皆可为也"。由此可知，在宋代，随着社会整体文化程度的提高，有大量落第文人寄望于医卜星占之术，并将从事医、卜之业作为文人的谋生选择。

北宋词人叶梦得在其所著《避暑录话》中记载："徐复，所谓冲晦处士者，建州人。初亦举进士，《京房易》世久无通其术者，复尝遇隐士得之，而杂以六壬遁甲，自筮终身无禄，遂罢举。"徐复因"自筮终身无禄"，而寄身于占卜之道，这是由仕途而入卜途的一个典型例证。读书不第的士人，能够通过医卜星相之术，上可得帝王官贵的垂青；中可行走于富贵之家，博得一定的尊重与地位；下可为安身立命之资，使得很多读书人在术数方面投入大量的精力。如《五行精纪》的作者廖中，即是因科场失意而投身于术数研究之中，所谓"清江乡贡进士廖中伯礼，连举未第，乃刻意于此。荟萃数十家之说，章句分析，考验得失，校量深浅，成《精纪》三卷。"① 读书人数量的增加，同样为术数类书籍提供了大量潜在的读者；而文人术士及世俗社会的谈命喜易之风，也为术数类书籍开拓了广阔的市场。在《五行精纪》卷首周必大所撰的序言中，即提到"今士大夫至田夫野老，人人喜谈命，故其书满天下。"②

自宋代以降，随着雕版印刷的普及，世俗民众文化水平的普遍提高，出版业也得到了空前的发展。苏轼在其《李氏山房藏书记》中曾写道："余犹及见老儒生，自言其少时，欲求《史记》《汉书》而不可得。幸而得之，皆手自书，日夜诵读，唯恐不及。近岁市人转相摹刻诸子百家之书，日传万纸，学者之于书，多具易致如此"。③ 图书在此前的传承与纪录等功能以外，其商业属性得到充分的开发，形成了杭州、建阳、成都、眉山、汴梁等书籍刻印中心，书籍出版业成为宋代一种新型的产业——文化产业，

---

① 《五行精纪·周必大序》。
② 《五行精纪·周必大序》。
③ 《苏轼文集》卷十一：《李氏山房藏书记》，中华书局，1986 年版，359。

成就了商业上的一个新的经济增长点，对宋朝的经济发展做出了重要的贡献。在某些地区，更是成为地方的支柱产业，如福建建阳、建安一带，自宋代即以书籍的编辑、刻印、销售作为地方的支柱产业，其出产书籍数量之巨，销售区域之广，历时之长，影响之大，均居宋代书籍生产的前列，以至于元、明及清初，建阳一带仍然是全国的重要图书刻印中心，在生产与商业销售良性循环的商业背景下，宋代的图书数量也达到了空前的规模。据《世界图书》1981 年第三、第九期统计：我国从西汉、东汉、三国、晋、南北朝、隋唐直至五代，共出书二万三千多部，二十七万多卷，而宋代出书则达一万一千部，十二万四千多卷，相当于历代出书总数的近一半。这在我国图书出版史上，的确是兴旺的时代。而术数类图书的撰写、整理与编辑，也在这种文化与市场的推动下，得到了空前的发展。

相较于前代，宋代的术数类书籍的数量急剧增长，种类也有所增多。仅《宋史·艺文志》所记载的术数书籍即有千余种之多，而且其术数方法与文献种类也更加细化，如在相法书籍之中，就包含有相法、相字、相印、相笏等门类，此外还有《杂相骨听声》《中定声气骨法》等新出相法。同时，宋代的地理术也发生了很大的变异，尤其是南宋朝廷偏安于江南之后，南方多山多水的地理环境，以及人口流动造成的聚族而居形式的消亡，使得中原北方所常用的以"五音姓利"为主的风水之术地位逐渐降低，取而代之的，是以《葬书》为代表的"葬乘生气"之说、曾阳一所传八卦九星、三吉六秀之法、胡舜申所著之"地理新法"洪范五行之术，而曾阳一则一变为"曾杨一"再变为"曾杨二"，以至于"曾杨二仙"，而敷衍出曾文迪、杨筠松江西风水一脉。

术数书籍的流行与商业化，在某种程度上也加速了一些秘密传承与不易书籍化的术数的消亡，如龟卜之术，即因其对操作性的要求较高，技术性较强，而在宋代消亡殆尽。

宋代术数书籍的基本特征

《梅花易数》是宋代以降术数书籍的一个代表，这类图书所表现的基本特征有以下几点。

一、技术性趋于隐藏

这是术数类图书的一个通病，基本上我们现在可以看到的所有的术数书籍，都是隐藏了关键技术的。古人讲"真传一句话，假传万卷书"，真传的这"一句话"，肯定是不会写进那"万卷书"的，这个问题的原因其实也很简单，那就是术数类书籍与术数传承者的技术传承在实际的目标上是相悖的。术数类的书籍，其写作目的是流通，或者可以讲是尽可能的大范围流通，其针对的对象是购书人；而术数传承的目标，是保持技术的传承有序，并在此基础上保证技术的纯正性，其针对的对象是"弟子"与"门生"。对于术数的传承者而言，要保持技术的纯正是一种本能，在没有版权法与专利权法保护的古代，保持技术纯正性的最好办法还是言传身教，并把其传播尽量控制在自身可控的范围之内。而当宋代雕版印刷成为主流，写书与卖书成为一种职业的时候，图书的雕版与传播，则追求的是最大范围的流传，只有这样，图书的出版者与写作者才会获得最大利益。所以图书的传播实际上其本质是与术数传承者保留技术的纯正性的目标是相悖的。作者在写作术数图书时，即使自身有所传承，也会本能地为了保持技术的纯正性而将关键性的技术有所保留，而这种保留的不断演进，造成的结果就是术数类图书中的核心技术的根本缺失。宋代的雕版印刷技术的普及，使写书、制书、贩书成为成熟的产业，为术数类图书的大量出现提供了市场的基础，也为术数的技术丢失埋下了隐患。

二、内容趋于通俗化与故事化

术数类图书的目标是最大范围的流通，这一追求就造成了术数类图书在写作的过程中，要尽量地通俗化与故事化，才能更加贴近基础受众，为图书提供更多的读者。宋代的社会结构中贵族阶层的解体与士人阶层的上升，为术数类图书提供了更加广泛的基础受众。在《梅花易数》开篇的序中，先以邵子"击鼠破枕见字"开篇，后以"寻老者得书掘金"将故事引入高潮，再以"观梅占""牡丹占""西林寺额占""老人有忧色占""少年有喜色占""鸡悲鸣占""牛哀鸣占"七占总摄全书，最后以"仙客破椅占"结尾。一序中十个故事，其中起承转合，具有传奇之韵味，使得读者开篇即被吸引，即使以当今的营销视角来考虑，也是一则精彩的营销案例。

三、技术导向的神秘化

出于前述术数书籍技术性的缺失，造成了其内容的不可操作性；而掩盖这种缺陷，让"读书人"能够心甘情愿地买单，同时具有"销售的持久性"，对于书商而言，就成为一个必须要解决的课题。术数从本质上来讲，还是要以最终的结果为准绳的，而术数类书籍恰恰在这"结果"上无法达到令人信服的效果。针对术数类书籍的这一缺陷，术数类书籍的编辑者与书商出于共同的利益，在将术数研习入门的门槛降低的同时，提高其研习成功的要求就成为必然。如世传之《梅花易数》在编辑时，因其术数中体用的基础口诀的缺失，而造成其占卦部分无法达到稳定的准确率，针对这个问题，《梅花易数》引入了"心易"这个概念。在世传《梅花易数》卷二中，编者以大量篇幅对"心易"这个概念进行了讲解与强调，如在《梅花易数》卷二起首的"心易占卜玄机"一篇中，编者讲到："天下之事有凶吉，托占以明其机；天下之理无形迹，假象以显其义。故乾有健之理，于马之类见之；故占卜寓吉凶之理，于卦象内见之。然卦象一定不易之理，而无变通之道，不可也。易者，变易而已矣。至如今日观梅复得革兆，有女子折花，异日果有女子折花，可乎？今日算牡丹得姤兆，为马所践，异日占牡丹复得姤，亦谓之有马践伤，可乎？兑之属，非止女子；乾之属，非止马。谓他人折花有毁，皆可切验之真，是必有属矣。嗟乎！占卜之道要变通。得变通之道者，在乎心易之妙耳。"[1] 首先点出"心易"的概念，然后在下一篇的"占卜总诀"中指出：占卜中占断决策顺序为：先看爻辞——次看体用——次看克应——复验己身动静。并进一步指出："可尽占卜之道，必须以易卦为主，克应次之。俱吉则大吉，俱凶则大凶；有凶有吉，则详审卦辞，及克用体应之类，以断吉凶也。要在圆机，不可执滞。"在强调占断要"圆通"的同时，进一步提升"克应"在断卦中的地位。在其后的《卦断遗论》中，再以："凡占卜决断，固以体用为主，然有不拘体用者……盖易断卦，当于理胜处验之，不可拘执于一也"，将"体用"在占测中的位置进一步降低。在这一步一步环环相扣的引导中，已经让"心易"在读者的心目中的地位得到了很大的提升。最后，在《三要灵应篇》的序中说："夫《易》者，性理之学也。性理具于人心

---

① 《梅花易数》卷二"心易占卜玄机"。

者，当其方寸湛然，灵台皎洁，无一毫之干，无一尘之累。斯时也，性理具在，而易存吾心浑然。是《易》也，其先天之易也。及夫虑端一起，事根忽萌，物之着心，如云之蔽空，如尘之蒙镜……吉凶悔吝有其数，然吾预知之，何道欤？必曰：求诸吾心易而已矣。于是寂然不动，静虑诚存，观变玩占，运乎三要。必使视之不见者，吾见之；听之不闻者，吾闻之。如形之见示，如音之见告，吾之景然鉴之，则《易》之为卜筮之道，而《易》在吾心矣。三要不虚，而灵应之妙斯得也"，指出："世人之所以占卜不中，是因为内心被凡尘蒙蔽，无法达到耳、目、心的'虚灵'，与万事万物发生感应，而要达到'至精至神'的境界，就需要'寂然不动，静虑诚存'，从而回复到'方寸湛然，灵台皎洁，无一毫之干，无一尘之累'的境界。"简言之，世人之所以占卜不灵验，是因为世人不懂得"心易"，而心易是要取乎外应，而世人之所以取外应不准，则是因为修为不够。

至此，《梅花易数》的编辑者，已经成功地把购书人引入了玄学的境地，可怜世人近千年来，仍将其"心易""外应"之法视为"圭臬"，又进一步创出许多"取象""观应"的方法来，自欺欺人，可怜可恨。

四、宋代术数书籍的托名

术数之书之"托名"，古已有之，但"托名"的情况，秦汉之前，与秦汉之后略有差异，宋代以前与宋代之后，又各有分别。汉代以前的托名之书，往往起自于"师说"与"家法"，古代的师说，当然要由'书'来体现，但《易·系辞上》说："子曰：书不尽言，言不尽意"，在古人看来，"书"是远不足以穷尽"师说"的。在古代，老师的传授一般没有"书"，往往是靠口传心授，只要学生"言不足以名家"，即尚未另辟师说，自立门派，则"言必称师，述而不作"，不但要整理和记录老师的言论，疏释和阐发老师的思想，而且还往往附以各种参考资料和心得体会，理所当然地将他们的整理和附益统统归于老师名下，"原不必于一家之中分别其孰为手撰，孰为记述也"。也就是说"著作权"可以并不明确，但"师说"和"家法"必须毫不含糊。如诸子之书及儒家六艺之属，往往是以"师说"与"家法"来定名；而术数类书籍，秦汉之际的书籍命名，其"依托"的情况更为常见。所谓"依托"，是实用书籍追溯其职业传统的一种特殊表达。古代之实用知识是"学科"，而非"学派"，不能象诸子之书，可以追溯其"家法"于某个实在的人物，但这些学科总是和一定的技术应用与发明有关，而这些技术发明的起源又或相当古老，考寻其源头细节不易。所以古人会把这些学科发明推源于某个传说的人物，把他作为其技术传承的"宗师"，如式法传承，常溯源于黄帝战蚩尤不胜，得神人传授，所谓"轩辕黄帝战蚩尤，逐鹿经今苦未休；偶梦天神授符诀，登坛致祭谨虔修"，这梦中授书的天神，便是九天玄女。《黄帝龙首经》中有载："吾昔授次《龙首经》于玄女，经章传义十有二续，该吾所口授不得传者"，故"玄女"之授，常与式法相关。古代式法，流传最广者为"六壬式"，而六壬式的别名，又称之为"玄女式"，如与《黄帝龙首经》同时者，即有《黄帝授三子玄女经》传世。中国古代，式法属兵阴阳系统，《周礼·春官》中记载："王大出师，大史抱式与大师同车"，古代兵法中有"兵阴阳"一门，其内容主要即为式法的传统。即使如后世兵书中如《太白阴经》《武经总要》之中，亦有此一专项内容。故古代传式法之书，常托之于"黄帝""玄女"，便与这一传统有关。

宋代及其后世，由于雕版印刷技术的成熟，使得书籍的编辑与销售变得有利可图，从而印刷书籍的商业属性得到充分的开发；而为印刷销售而编辑的术数类书籍，为产品利于销售获利，或托名之于前代名流，如李虚中、许负、袁天纲、李淳风、邵康节；或托之于传说之人物，如麻衣道人、张果老；或托之于造作之宗师，如曾文辿、杨筠松。

尤其是南宋之后，朝廷偏安于江南，原北宋时皇家所尊崇之"五音利姓"之法，于江南水众山多，土地狭促之客观条件下，已不孚于用，故以山水峦头卦气九星纳甲为说的江表之法勃然而兴。按《地理新书》所载，江表之法所传者为"曾杨一"，且"中国未尝用也"。及高宗南渡，偏安江南，风水之术为之一变，所谓："择地以葬，其术本于晋郭璞所著《葬书》二十篇，多后人增以谬妄之说，蔡元定尝去其十二而存其八。后世之为其术者分为二宗：一曰宗庙之法，始于闽中，其源甚远，至宋王伋乃大行，其说主于星卦，阳山阳向，阴山阴向，不相乖错，纯取八卦五星以定生克之理，其学浙中传之，而用之者甚鲜。一曰江西之法，肇于赣人杨筠松、曾文辿，及赖大有、谢子逸辈，尤精其学，其为说主于形势，原其所起，即其所止，以定位向，专指龙穴砂水之相配，而他拘泥在所不论。今大江以南无不尊之者。二宗之说，虽不相同，然皆本于郭氏者。"①其中所述，无论是"闽中之法"，或是"江西之法"，皆为长江以南之传承，已与中原"五音族葬"之术无涉；而其中所谓九星八卦、阳山阳向、阴山阴向诸法，实与"曾杨一"江表之术在地理区域与方法上皆有高度的相似性。按：《宋史》卷二百零六《艺文志·五行类》著录"曾杨一《青囊经歌》二卷"，及郑樵《通志》卷六十八有《青囊经》一卷，已题为"曾杨二仙"。四库馆臣在题名杨筠松撰的

---

① 明·王祎撰：《四库全书·集部·别集类·王忠文集》。

《青囊奥语》序中，推论："郑樵《通志·艺文略》别载有曾氏《青囊子歌》一卷，又曾杨二家《青囊经》一卷或即是书。"综上所述，大致可以推导出术数书籍中曾、杨一脉所谓"江西风水"所流传的曾文辿、杨筠松之传说的来源与演变脉络。即从"一人"到"二仙"，再依"二仙"各立其名，各传其说的演化过程；而在这一演变的过程中，江南的术数风水之士，也在其中找寻到了"宗法"的依归，将所习之术称之为"杨公地理"，而将之归于"曾杨"名下。及至南宋后期，原传为王伋所创的理气之术，已尽归于"曾、杨"，而王伋已隐而无载。至于元明，则举凡九星、八卦、形法、玄空等术，皆归之于"曾、杨"名下，杨筠松也成为风水之术的一代宗师。

杨筠松作品一览表①

编、注者	书名	卷册数	刊本	资料来源
	《地理口诀》	1卷		《直斋书录解题》
	《杨公遗诀曜金歌》并《三十六象图》	1卷		《直斋书录解题》
	《正龙子经》	1卷		《宋史·艺文志》
杨筠松撰，宋吴景鸾图解，明吴嵩集注	《龙经》	3卷5册	明万历壬子（四十年，1612）婺源吴氏刊本	《国家图书馆善本书志初稿》
	《倒杖十二法》	1卷	旧抄本	《国家图书馆善本书志初稿》
杨筠松撰，李思聪订	《十二杖法》	1卷	明刊本	《中国古籍善本总目》
邵磻溪撰	新刻杨救贫秘传阴阳二宅便用统宗	2卷	明种德堂熊冲字刻本	《中国古籍善本总目》
	新钞杨救贫宅宝经	1卷	明抄本	《中国古籍善本总目》
甘霖辑	新刻杨筠松秘传开门放水阴阳捷径	2卷	明刊本	《中国古籍善本总目》
杨筠松撰，李思聪订次	青囊奥旨控龙制水神经	1卷	明刊本	《中国古籍善本总目》

---

① 刘祥光：《宋代日常生活中的卜算与鬼怪》，政大出版社，181。

编、注者	书名	卷册数	刊本	资料来源
	撼龙经	1卷	明钞本	《中国古籍善本总目》
	杨筠松安门楼玉辇经	1卷	明钞本	《中国古籍善本总目》
杨筠松口诀，谭宽秘传，刘基注述，王廷玉图形，王乳乳泉辑释	传家真宝一粒粟	1卷	明刊本	《中国古籍善本总目》
杨筠松撰，吴景鸾图解，吴嵩集注	龙经	1卷	明刊本	《中国古籍善本总目》

邵雍作为北宋五子之一，有配祀孔庙的殊荣，其生前又有精于术数之传说流之于世，故自宋代即有术士假托其名。朱熹在《御纂朱子全书》卷二十七《书麻衣心易后》曾言："近年术数末流，道听涂说，缀拾老、佛、医、卜诸说之陋者，以成其书；而其所以托名于此人者，则以近世言象数者，必宗邵氏，而邵氏之学，出于希夷；于是又求希夷之所敬，得所谓麻衣者而托之。"此言虽是言"麻衣心易"托名于"麻衣道人"，而由其前后语义观之，南宋之时，即有术士托邵雍之名以传其术，更及其"师法"传承之前人者。后世书籍如《铁板神数》《梅花诗》《邵子神数》《蠢子数》《大定数》《一撮金》等，皆为依托邵雍之名。由此可见，邵雍之名是书商或作者争取市场的宣传手段之一，而《梅花易数》之托名于"邵康节"，抑或有此渊源。

《梅花易数》的版本与源流

《梅花易数》一书，现存最早的书目记录是《文渊阁书目》所载之《康节心易》一部一册、《先天观梅数》一部一册、《观梅数》一部一册。

明代之文渊阁共有两处，一为南京之文渊阁，一为北京之文

引言

渊阁，明太祖朱元璋称帝，于洪武元年（1368年）建都南京后，遣徐达率军攻打元大都，并命"大将军收图籍致之南京"，其所收图籍，多为元大都中皇家内府汇集收藏的宋、元、辽、金官方图书，后朱元璋"复诏求四方遗书，设秘书监丞、寻改翰林典籍以掌之"，自此初步奠定了明代的官方藏书。明成祖朱棣即位后，于"永乐四年（1406年）"了解到典籍缺略尚多，于是命礼部尚书郑赐派遣使者去收集、购买典籍，自此，明代官方藏书的规模进一步扩大。永乐十九年（1421年），永乐帝正式迁都北京，下令取文渊阁藏书运至北京。《明史·艺文志》记载"北京既建，诏修撰陈循取文渊阁图书一部至百部，各择其一，得百柜，运致北京"；"是时，秘阁贮书约二万余部，近百万卷，刻本十三，抄本十七"。正统年间，杨世奇等奏称："文渊阁所贮书籍，有祖宗御制文集及古今经史子集之书，向贮东左顺门北廊，今移于文渊阁、东阁，臣等逐一点勘，编成书目，请用宝钤识，永久藏弄。"① 这些藏书，由少师兵部尚书兼华盖殿大学士杨士奇等通过整理校勘，于正统六年（1441年）编撰成了《文渊阁书目》。

《梅花易数》的相关著述，现今可见成书最早的版本为大明景泰五年（1454年）夏昂（字廷举）任顺天府通州太守时所刊印，南至屏山后人京兆刘剡作序的《家传邵康节先生心易卦数》②。

---

① 内阁大学士是指身在内阁并且有大学士头衔的人，在明代主要有6种，即"四殿""两阁"。四殿者，中极殿大学士（原为华盖殿）、建极殿大学士（原为谨身殿）、文华殿大学士、武英殿大学士；两阁者，文渊阁大学士、东阁大学士，统称为殿阁大学士。一般都由内阁成员兼领。

② 本书所称的家传本，是指《邵康节先生心易梅花数》，因此书带有明显的早期口传心授的家传本特点，其序言有《家传邵康节先生心易卦数序》，故简称"家传本"。其影印版收入《四库未收子部珍本汇刊》系列，第30种，因序言名为《邵康节先生心易梅花数序》，故此书名为《邵康节先生心易梅花数》，2020年12月第1版。

邵康節先生心易梅花數序

荊山之璞天下之寶也晦於石中不知其幾何年
遇和氏而後顯於世豐城之劍天下之寶也晦於
地中不知幾何年遇雷氏而後顯於時物之顯晦
固各有時亦所遇之人何如耳一物且然況聖經
賢傳明伏羲先天生卦之法與文王後天八卦之
上推明其卦不用其蓍專為推步之法大而天地
之運化微而萬物之生殖遠而上下古今之世變
皆妙擬於卦爻中前知無窮卻知無極故曰萬物

莫逃乎數況於人乎而況於鬼神乎玄聖以來一
人而已朱夫子已表章於本義啟蒙之書惟觀梅
易數自邵子殁於神宗熙寧丁巳至
大明景泰甲戌凡三百七十八年得之者斬秘而
傳順天府通州太守會稽餘姚夏公昂字廷舉當
衡要之州撫綏治化政事偉然洋溢遠近太宗伯
胡公筆以詩文贈之公暇又能以此易數荄繁去
謬校正歸一遺俾以書命判序之俾繡諸梓嗟乎
一物之微識者遇之猶以為實今得太守夏公其
行于世獲之者不啻如和氏之璧雷氏之劍豈不

家傳邵康節先生心易卦數序

宋慶曆間先生隱居山林雷心學易冬不爐夏不扇
心在易而忘於寒暑也猶為未至遂糊易於壁坐臥
未嘗心目不在焉一日午睡有鼠走於前以所枕瓦
枕頭擊之鼠走枕破覺枕中有字取視之字云此枕數
當於某年某月某日日見鼠而破之先生嘆訝其故家
物皆有數於是詢問竟往窰家問其匠曰向嘗有一
老者手執周易來憩於上所書之字人也今不
至已久矣吾識其家適索同往訪焉及門問其故家
入曰今則凶矣但遺書一冊在家囑云至某年某月

某日某時有一秀才至吾家可以此書授之則終吾
身之事厚矣其家將是書授先生而觀之乃易書也
就以此例卜其家曰汝家床下有白金一窖取之可
為營塞事其家從而掘之果得金矣先生受書謝而
歸眼日究玩皆不用蓍卜而知吉凶之理無不應驗而
是乃萬易數精微之妙也後因觀梅見二雀爭枝布算
而知晚有隣女折花墜傷其股蓋此寓卜有此後世
相傳遂以為觀梅數也與夫卜落花知明日午為馬
所踐毀筭西林寺額知有陰人之禍蓋此皆為先天數
也未得卦而得數以數起卦故曰先天若夫見老人

《家传邵康节先生心易卦数》书影

　　大明景泰五年，距正统六年只有十三年的时间，其卷目数与《文渊阁书目》中所录的《康节心易》或《先天观梅数》一致，此刻本或即与此两部书有关，且《文渊阁书目》"观梅数一部一册"后，有"三要灵篇一部一册"，与后世通行的"五卷本"《新刻先天后天梅花观梅拆字数全集》中的"三要灵应篇"只一字之差，若将"三要灵应篇"单独成册，其卷数亦与《文渊阁书目》中所载的部册数相当，或即是后世刻坊，将此二书合入一部，组成了通行五卷本《新刻先天后天梅花观梅拆字数全集》前二卷的内容。现代存世的通行本《梅花易数》，其早期版本可追溯的有韩国国家图书馆馆藏秣陵德聚堂谨订《新镌增定相字心易梅花数》，据现代术数学者郑同考证此版本"考察全书，内容完整，书法优美，文字洗练。此本并无国内清刻诸本之谬误，显然不是抄自清代刻本；而且其"地册"封底注有'崇祯二年'字样，因而推断此本当早于现在的国内诸刻本……古代刻书程序，凡书籍编辑校正后，先要写定稿本，刻工据此而开刻。经相关专家推断，此书的体制格式，一如刻本，书法精工，序后题'秣陵德聚堂'，当是德聚堂刻本的定稿本，为开刻而写定"，[①] 秣陵德聚堂刻本的《新刻先天后天梅花观梅拆字数全集》，收入海南出版社出版的《故宫珍本丛刊》，应是与前抄本对应的刻本，若定稿本抄写于明末，刻本的时间也应当在此时间之后不久。此后之诸刻本，多是渊源于清康熙善成堂四卷本，题名亦为《新刻先天后天梅花观梅拆字数全集》，对校错漏之处，其后清代刊刻的版本，大都渊源于善成堂本。由此推知，五卷全集本的出现，至晚不应晚于明朝后期。

　　通观现存五卷本《新刻先天后天梅花观梅拆字数全集》，其

---

① 　郑同编校：《明抄真本梅花易数》，九州出版社，2013 年 12 月第 1 版。

中共有四序，分别为卷一之首的"新镌增定相字心易梅花数序"，卷二中的"《三要灵应篇》序"，卷三中的"观梅数诀"序，卷四之首的"序"。"序"作为一种文体，也作"叙"，或称"引"，有如今日的"引言""前言"，是说明书籍内容或出版意旨、编次体例和作者情况的文章，也可包括对作家作品的评论和对有关问题的研究阐发。"序"一般写在书籍或文章前面，由此可知，通行本《新刻先天后天梅花观梅拆字数全集》至少是四种托名邵康节的单本合并而成的一个版本，其中前三卷是与《心易梅花数》直接相关的占测类著作，后两卷是依托于邵子的"拆字数"类书籍。

将梅花与拆字并列，于明代已有先例，明泰昌元年官修《礼部志稿》访取通历中记载："弘治十一年（公元1498年）十二月，钦天监掌监事太常寺少卿吴昊言天文、历数、阴阳之术及推步、观候及占卜吉凶，祸福所系，苟术业不精，则推步有差，占候无验。欲行天下，访取精通天文、历数、阴阳、地理者，起送备用。至五星、子平、六壬、遁甲、占课、灼龟、相面、演禽、观梅、拆字及范围、大定等数，学有明验者，亦以礼起送礼部。复议：宜从所奏，其观梅、拆字、演禽、相命、前定数、六壬、课占、灼龟等末技，无益于用，不许妄举。上曰：六壬、占课、灼龟果有精通者，亦访取之。"① 其中将"观梅"与"拆字"前后并列，而其后的"前定数、范围数、大定数"亦是托名于邵子的占法，从这一点似可推知"观梅占"与"拆字占"合并到一起的一点线索。

钦定四库全书

洞微玉册一部十册	易占一部一册	周易上占一部一册	周易文占一部一册	易课占法一部一册	易断奇书一部一册	易鑑明断一部一册	易断奇书一部一册	易断一部二册	木铎奇书一部一册	周易秘奥一部一册	心易类占一部一册	心易内篇一部一册	心镜一部一册	占法玄要一部一册	郭璞洞林一部一册	金锁玉匙一部一册
易占一部三册	周易古法一部一册	周易象占一部一册	周易外卦一部一册	周易象占一部四册	易课一部一册	易影龟鑑一部一册	易断奇书一部一册	文公断易奇书一部一册	义圣心画一部一册	康节心易一部一册	心易心镜一部一册	易占心镜一部一册	易占发明一部一册	易法玄玄一部一册	京房易轨一部一册	金锁玄阔一部一册

① 《四库全书·史部·职官类·官制之属·礼部志稿》卷八十九。

梅花心易传续考证

书目	年代	书名·部·册	编者·作者·刻者	备注
《文渊阁书目》	正统六年 （1441 年）	《康节心易》 一部一册	杨士奇	
《文渊阁书目》	正统六年 （1441 年）	《先天观梅数》 一部一册	杨士奇	
《文渊阁书目》	正统六年 （1441 年）	《观梅数》 一部一册	杨士奇	
《文渊阁书目》	正统六年 （1441 年）	《三要灵篇》 一部一册	杨士奇	
《家传邵康节先生 心易卦数》	景泰五年 （1454 年）	一部一册	刘剡	
《易学四同别录》	嘉靖四十年 辛酉（1561 年）		季本	
《新刻先天后天梅花 观梅拆字数全集》	崇祯二年 （1629 年）	五卷	秣陵德聚堂本	

书目	年代	书名·部·册	编者·作者·刻者	备注
《千项堂书目》	康熙十八年（1680 年）	《观梅数》二卷	黄虞稷	
《千项堂书目》	康熙十八年（1680 年）	《梅花数》二卷	黄虞稷	
《零星记录》				
《嬾真子》	绍兴六年（1136 年）		马永晴	牡丹占
《曲洧旧闻》	（1143 年前）		朱弁	屋舍占
《曲洧旧闻》	（1143 年前）		朱弁	牡丹占
《墨庄漫录》	（1148 年前）		张邦基	牡丹占

第一章 从"序"谈起

家传邵康节先生心易梅花数序

荆山之璞，天下之宝也，晦于石中不知其几何年，遇和氏而后显于世。丰城之剑，天下之宝也，晦于地中不知几何年，遇雷氏而后显于时。物之显晦，固各有时，亦所遇之人何如耳。一物且然，况圣经贤传，天下古今至宝者乎？

有宋邵康节邵子之学，直上推明伏羲先天生卦之法，与文王后天八卦之用，专用其卦，不用其蓍。专为推步之法，大而天地之运化，微而万物之生殖，远而上下古今之世变，皆妙探于卦爻中。前知无穷，却知无极，故曰"万物莫逃乎数，况于人乎，而况于鬼神乎"。玄圣以来，一人而已。朱夫子已表章于《本义》《启蒙》之书，惟《观梅易数》，自邵子殁于神宗熙宁丁巳，至大明景泰甲戌，凡三百七十八年，得之者靳秘而不传。

顺天府通州太守会稽余姚夏公昂字廷举，当冲要之州，抚绥治化，政事伟然，洋溢远近，太宗伯胡公辈以诗文赠之，公暇又能以此易数芟繁去谬，校正归一，遣俜以书，命刿序之，俾绣诸梓。

嗟乎！一物之微，识者遇之犹以为宝。今得太守夏公显行于世，获之者不啻如和氏之璧，雷氏之剑，岂不为天下之至宝矣夫。

大明景泰甲戌仲冬日南至屏山后人京兆刘刿书。

《家传邵康节先生心易梅花数》这个版本前面的"序"，是后期的其他版本《梅花易数》中所没有的，这个序对于确定《梅花易数》的早期版本，具有很大的意义。同时，因《家传邵康节先生心易梅花数》是未汇编前单行的版本，其中保留了很多《梅花数》的原始内容，对于校正后期版本中或故意删改，或无意错乱的内容也有着相当大的校勘价值。此序的序作者刘剡，有史料可考，对于研究此版本的流传与前期刻印的年代与地区，同样也有着相当的价值。

在明代中前期刻书业繁荣发展的福建建阳一带，出现了兼具"士""商"身份的出版者，对宋代以来的儒家价值理念和知识文化普及有重要推动作用，出身书商世家的刘剡为其中代表。刘剡学有所承，以朱子后学自居，其后代也重视提揭其儒者身份。而他在宣德、正统年间的一系列编刊活动，亦能平衡学术质量与市场需要的关系。经他编校的经史子集各类著述，以会通、简明及义理化的特点，深远影响明清中国乃至东亚汉文化圈诸国的思想观念与文化生成。

荆山之璞，天下之宝也，晦于石中不知其几何年，遇和氏而后显于世。

［疏］此典所言"荆山之璞"即和氏璧，和氏璧是中国传说中的四大美玉之一，所谓"周有砥厄，宋有结缘，梁有悬愁，楚有和璞"，和氏璧即是"和璞"。

按《史记·廉颇蔺相如列传》记载：楚人和氏得玉璞于楚山中，奉而献之厉王。厉王使玉人相之，玉人曰："石也。"王以和为诳，而刖其左足。及厉王薨，武王即位。和又奉其璞而献之武王。武王使人相之，又曰："石也。"王又以和为诳，而刖其右足。武王薨，文王即位，和乃抱其璞而哭于楚山之下，三日三夜，泣尽而继之以血。王闻之，使人问其故，曰："天下刖者多矣，子奚哭之悲也？"和曰："吾非悲刖也，悲夫宝玉而视之石也，忠贞之士而名之以诳，此吾所以悲也。"王乃使玉人理其璞，果得宝焉，遂命曰"和氏璧"。

[释]和氏璧这样的天下至宝，藏在石中，不知道经历了多少年的岁月，直到遇到了卞和，才得显于世。

丰城之剑，天下之宝也，晦于地中不知几何年，遇雷氏而后显于时。

[疏]此典言"龙泉""太阿"两剑也。《晋书·张华传》："初吴之未灭也，斗、牛之间常有紫气，道术者皆以吴方强盛，未可图也，惟华以为不然。及吴平之后，紫气愈明，华闻豫章人雷焕妙达纬象，乃要焕宿，屏人曰："可共寻天文，知将来吉凶。"因登楼仰观，焕曰："仆察之久矣，惟斗牛之间，颇有异气。"华曰："是何祥也？"焕曰："宝剑之精，上彻于天耳。"华曰："君言得之。吾少时有相者言，吾出六十，位登三事，当得宝剑佩之，斯言岂效与？"因问曰："在何郡？"焕曰："在豫章丰城。"华曰："欲屈君为宰，密共寻之可乎？"焕许之，华大喜，即补焕为丰城令。焕到县，掘狱屋基，入地四丈余，得一石函，光气非常，中有双剑，并刻题，一曰"龙泉"，一曰"太阿"。其夕斗牛间气不复见焉。焕以南昌西山北岩下土以拭剑，光芒艳发，大盆盛水置剑其上，视之者，精芒炫目，遣使送一剑并土与华，留一自佩。或谓焕曰："得两送一，张公岂可欺乎？焕曰："本朝将乱，张公当受其祸，此剑当系徐君墓树耳。灵异之物，终当化去，不永为人服也。"华得剑，宝爱之，常置坐侧。华以南昌土不如华阴赤土，报焕书曰："详观剑文，乃干将也，莫邪何复不至？虽然天生神物，终当合耳。因以华阴土一斤致焕，焕更以拭剑，倍益精明。华诛，失剑所在。焕卒，子华为州从事，持剑行经延平津，剑忽于腰间跃出堕水，使人没水取之，不见剑，但见两龙，各长数丈，蟠萦有文章，没者惧而反，须臾光彩照水，波浪惊沸，于是失剑。

［释］丰城之中，"龙泉""太阿"这两把宝剑，被埋在地下，已不知多少岁月，直到遇到了雷焕，方得重现于世。

物之显晦，固各有时，亦所遇之人何如耳。一物且然，况圣经贤传，天下古今至宝者乎？

［释］世间万物的显与晦，固然是各有其时运与时机，但也需要遇到能够真正具有慧眼的人啊。一物尚且如此，更何况圣贤的书籍，不正是天下自古至今最珍贵的东西吗？

有宋邵康节邵子之学，直上推明伏羲先天生卦之法，与文王后天八卦之用，专用其卦，不用其蓍。专为推步之法，大而天地之运化，微而万物之生殖，远而上下古今之世变，皆妙探于卦爻中。前知无穷，却知无极，故曰"万物莫逃乎数"，况于人乎？而况于鬼神乎？玄圣以来，一人而已。朱夫子已表章于《本义》《启蒙》之书，惟观梅易数，自邵子殁于神宗熙宁丁巳，至大明景泰甲戌凡三百七十八年，得之者靳秘而不传。

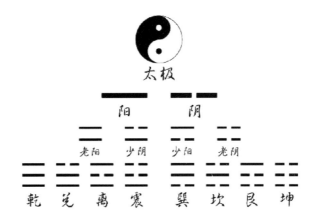

邵子先天生成图

［疏］此段总括邵子之学。邵子名雍，字尧夫，谥号"康节"，古人讲"周人卒哭而讳，将葬而谥"，谥法是对一个人的盖棺定论，按谥法的规则，温良好乐曰"康"，能固所守曰"节"，此为吉谥，足见时人对于邵雍的评价。

邵雍的易学，传之于李之才，李之才就学于穆修，穆修学之于种放，种放是陈抟的弟子，陈抟祖师是华山派的开山祖师，所以邵雍的易学，传承有序，是有"师法"的，是道家的传承。当今处处可见的先天太极图，在宋代以前，是未显于世的，到陈抟祖师时始传于世。先天八卦，在邵子之前，只有"诀"，没有图，《易经·系传·说卦》中记载："天地定位，山泽通气，雷风相薄，水火不相射，八卦相错。数往者顺，知来者逆"，所记的就是先天八卦图的诀，而这个"诀"的图，直到邵子时，才得以传承世间。现代有学者讲："先天太极图是陈抟祖师所创绘，然后托之于古。"对于"先天八卦图"，同样有类似的说法。但如果明了易学，知道先天八卦、后天八卦，河图、洛书及太极图的传承，实为一个统一的时空模型的不同参数。只有各个参数相互联系，才能够得到这个统一模型的解。所以先天八卦、先天太极图，虽然是宋代始出，但其实有传承于古代秘承师授之传统的渊源。

宋代是文化高度发展的年代，也是秘承师授的传承显传于世的一个时期。很多古代的秘密传承，在这一时代的大潮流下，显于世间。其后又因此前所述的诸般原因而杂糅混杂，以至于珠玉蒙尘，真法浑浊，但其踪迹，也因此而得现世间。自《易》之成书到宋之显传于世，此间数千年的时光，传承未绝，足知中华传统文化传承的韧性与生机。

［释］现今有邵康节邵子的学术，向上可阐明伏羲先天生卦的方法以及文王后天八卦的应用，了达其中易理，而不必拘泥易经中的"揲蓍"的起卦方法。推演《皇极经世》之书，以为"推步之法"，[1] 大可推天地运行变化的规律，微可察万物之繁衍生

① 《四库全书·经部·易类》，《文公易说》卷十九。

息，远可观上下古今之世间变化，这其中的微妙都可于卦、爻之中探寻可得。无论是前后之事，皆可通达，所以说："万物都是无法逃脱出这个'数'的，更何况人呢?"自玄圣孔子[1]以来，只此一人而已（前面所述邵子的学问）。朱熹夫子已经在《周易本义》《周易启蒙》二书中予以显扬。只有《观梅易数》，自邵子殁于神宗熙宁丁巳（熙宁十年1077），至大明景泰甲戌（景泰五年1454），总共三百七十八年。得到此书的，都吝惜而不愿其广为流传。

顺天府通州太守会稽余姚夏公昂字廷举，当冲要之州，抚绥治化，政事伟然，洋溢远近，太宗伯胡公辈[2]以诗文赠之，公暇又能以此易数芟繁去谬，校正归一，遣伻以书，命剡序之，俾绣诸梓。

［疏］此段叙稿本校者及书序缘由，稿本的校正人夏昂，是很典型的士大夫喜易的代表，其身为京漕要地之通州的行政长官，既能"抚绥治化，政事伟然"，得到当时礼部尚书胡濙的关注（以诗文赠之），又可对留传的术数书籍"芟繁去谬，校正归一"，足见其有足够的易学功底。夏昂校正书稿之后，不远千里遣人请刘剡作序，应当与序文作者刘剡的身份有关。刘剡字用章，是历史上著名的图书制版中心建阳刘氏中比较有名的集编、校、刻为一身的刻书家。建阳刘氏自北宋时，即有刻本传世，自此后历代不绝。宋朝末期，建阳刘氏元、享、利、贞四房中贞房的十四世刘君佐迁居崇化书林，创立翠岩精舍，成为刘氏刻书业

---

① 班固《文选》："悬象闇而恒文乖，彝伦斁而旧章缺，故先命玄圣，使缀学立制，宏亮洪业。"李善注："玄圣，孔子也。"

② 胡濙（yíng）（1375年～1463年9月20日），字源洁，号洁庵。武进（今江苏武进）人。明朝初年重臣、文学家、医学家。建文二年（1400年）进士，历授兵科、户科都给事中。曾奉明成祖朱棣之命前往各地追寻建文帝朱允炆下落。胡濙历仕六朝，前后近六十年，为人节俭宽厚，喜怒不形于色，被比作北宋名臣文彦博。其中任礼部尚书三十二年，累加至太子太师。明英宗天顺七年（1463年），以八十九岁高龄逝世，获赠太保，谥号"忠安"。

中发展迅速的一脉支系。翠岩精舍刻本，自至元甲午（1294年）刻《翰苑集》至明万历十六（1588年）翠岩馆刻《素书》，经营时间长达二百九十四年。刘剡是刘君佐的玄孙，博究经学，有编定本《四书通义》、释本《宋元续编》留存于世。经其手编校刻的善本图书，有弘治丁巳（1497年）杨民清江书堂刊《增修附注资治通鉴节要续编大全》。按傅增湘《藏园群书经眼录》卷一著录嘉靖二年刘氏安正堂重刻《诗经疏义会通》一书时，引何英跋云："永乐丁酉，英于叶氏广勤堂参校增辑，稿成，未及付梓。正统庚申，叶君景达促付梓，乃重加增定，付京兆刘剡刻之。"据此，可知朱公迁撰《诗经疏义会通》的第一刻本应为明正统间刘剡所刻。由此可见，刘剡也有刻书的经历。

宋代以后，建阳麻沙以其得天独厚的条件，成为全国四大刻书中心，其所刻书籍也被称之为"麻沙本"；而医卜星相之书，又为建阳、建宁各书坊刻印之大宗。张秀民先生在其《中国印刷史》中考证"两宋刻书就其有印本流传及刊刻时地可考者"，对宋代图书逐类列举，指出"医卜星相书，建宁书坊大量刊印"。[①] 由以上诸据考索，夏昂应当是在书籍校对完成后，将书稿遣人转交刘剡刊刻，并请他写作此序。因此，存世的这本《家传邵康节先生心易梅花数》，应当是夏昂校正，由刘剡刊刻的明刻本。

［释］顺天府通州太守会稽姚夏昂夏廷举，当此冲要之州，地方政治安定，安抚教化地方百姓，成绩斐然，远近称颂，大宗伯胡濙公曾以诗相赠。夏公在闲暇之时，又对此本《家传邵康节先生心易梅花数》芟除繁臃，去除错误，校正其书，使其统一，遣使者传书于我，命我做此序文，以备刊刻。

---

① 张秀民著、韩琦增订：《中国印刷史》（插图珍藏增订版），浙江古籍出版社，2006年版，71—115。

嗟乎！一物之微，识者遇之犹以为宝。今得太守夏公显行于世，获之者不啻如和氏之璧，雷氏之剑，岂不为天下之至宝矣夫。

大明景泰甲戌仲冬日南至屏山后人京兆刘剡书。

［疏］此段呼应篇首，收束全文。

大明景泰是明代宗朱祁钰的年号，甲戌是景泰五年，屏山是指刘剡先祖刘子翚，号屏山病翁。刘子翚做过朱熹的老师，刘剡还有个号叫"松坞门人"，是指的师承。松坞是王逢的号，王逢字原夫，号松坞，师事洪初，初之学得于朱公迁，迁得于吴中行，中行得于饶鲁，鲁得朱子正绪，是江西朱学传承的重要一脉。京兆是刘氏的郡望，述其始迁之地，建阳刘氏始祖为京兆万年（今陕西临漳）人。

［释］即使微若一物，真正了解他的人，尚且视若珍宝。如今此书因通州太守夏公而得显于世间，获得此书的人，不啻如和氏获得宝玉、雷氏获得名剑一般，岂不是也如同获得了天底下最珍贵的东西一般啊。

家传邵康节先生心易卦数序

宋庆历间，先生隐居山林（康节邵先生隐处山林），**留心学易，冬不炉，夏不扇，心在易而忘于寒暑也。**（盖心在于《易》，忘乎其为寒暑也。）**犹为未至，遂糊《易》在壁，坐卧未尝心目不在焉。**（犹以为未至，糊《易》于壁，心致而目玩焉。邃于《易》理，欲造《易》之数而未有征也。）

一日午睡，有鼠游于前，以所枕瓦枕头击之，鼠走枕破。觉枕中有字，取视之，云："此枕数当卯年肆月重四日巳日见鼠而破。"（觉中有字，取视之："此枕卖与贤人康节，某年月日某时，击鼠枕破。")先生叹讶之,曰:"物皆有数。"于是询问,竟往窑家,问其匠,曰:"向尝有一老者,手执《周易》,来憩于上,所书之字,必斯人也。今不至已久矣,吾识其家。"乃索同往访焉。(先生怪而询之陶家,其陶枕者曰:"昔一人手执《周易》憩坐,举枕其书,必此老也。今不至久矣。吾能识其家。"先生偕陶往访焉。)

及门,问其故,家人曰:"今则亡矣,但遗书一册在家,嘱云:至某年某月某日某时,有一秀才至吾家,可以此书授之,则终吾身之事厚矣。"(及门,则已不存矣,但遗书一册谓其家人曰:"某年某月某时,有一秀士至吾家,可以此书授之,能终吾身后事矣。")其家将是书授先生,而观之,乃易书也。就以此例卜其家曰:"汝卧床下有白金一窖,取之可为营丧事。"其家从而掘之,果得金矣。(其家以书授先生,先生阅之,乃《易》之文并有诀例,当推例演数,谓其人曰:"汝父存日,有白金置睡床西北窖中,可以营葬事。"其家如言,果得金。)

先生受书,谢而归。(先生受书以归)暇日究玩,皆不用筮卜而知吉凶之理,无不应验,是乃易数精微之妙也。(通行本无此句)后因观梅,见二雀争枝,布算而知晚有邻女折花,坠伤其股。(后观梅,以雀争胜布算,知次晚有邻人女折花,堕伤其股。)盖此寓卜有此,后世相传,遂以为《观梅数》也。(其卜盖始于此,后世相传,遂名《观梅数》云)与夫卜落花,知明日午为马所践毁;算西林寺额,知有阴人祸,盖此皆为先天数也。未得卦而得数,以数起卦,故曰"先天"。(又后算落花之日,午时为马所践毁;又算西林寺额,知有阴人之祸。凡此皆所谓先天之数也。盖未得卦,先得数也。以数起卦,故曰"先天"。)

若夫见老人有忧色,卜而知其有食鱼之祸;见少年有喜色,占而知其有币聘之喜;闻鸡鸣知鸡必受烹饪,卜牛鸣知牛必遭宰杀，此皆论后天之数。盖未得数，先得卦，以卦起数，故曰"后天"。

一日，置一椅，就以所置年月日时推卜之（一日，置一椅，以数推之），书于椅底曰："某年月日，此椅当被仙客坐折。"（某年月日，当为仙客坐破。）至期，果有道者来访，坐椅而破。仙客有愧，起谢。先生曰："物之成败皆有定数，又何足介意。且公真神仙也，幸得欵话。"（先生曰："物之成毁有数，岂足介意，且公神仙也，幸坐以示教。"）因举椅揭所书示之，其道者愕然趋起出，忽不见。

"家传邵康节先生心易卦数序"在后世的五卷合编本中写作"新镌增定相字心易梅花数序"，从文字的脉络可以推知，"新镌"，则肯定有"旧镌"，"增定相字"是在原始底本上增加了"相字"的内容，也就是卷四与卷五的拆字部分的内容。由此可以约略推知，在此五卷本之前，或许还有一个三卷本。这个五卷本在汇编时，将原始底本的标题稍做改动，以适应其书籍的名称，但保留了各个底本之前的序，由此可以据各序的内容，推测各版本的编辑情况与年代。通行本的"新镌增定相字心易梅花数序"，除名称改易外，其内容大部分是源自"家传邵康节先生心易卦数序"，当可以推定家传本《心易梅花数》应为此"合编本"第一卷及第二卷上半部分的底本。

宋庆历间，先生隐居山林（康节邵先生隐处山林），留心学易，冬不炉，夏不扇，心在易而忘于寒暑也。（盖心在于《易》，忘乎其为寒暑也）犹为未至，遂糊易在壁，坐卧未尝心目不在焉。（犹以为未至，糊《易》于壁，心致而目玩焉。邃于《易》理，欲造《易》之数而未有征也。）

［疏］序文的开篇"宋庆历间"四字，标示了几点信息

一、在年号前特意标示为"宋"，宋朝自太祖建隆元年建元

"太祖建隆元年正月五日，诏曰：……宜改显德七年为建隆元年，改国号大宋。"① 是以宋代称本朝，均以"大宋"相称，且宋前是否有"大"字，是宋朝国格高低的标志。如1004年澶渊之盟中，宋方的誓书开头即称："维景德元年，岁次甲辰，十二月庚辰朔，七日丙戌，大宋皇帝谨致誓书于大契丹皇帝阙下"，是以平等交往的姿态，称呼"大宋""大契丹"。到1142年（绍兴十二年）第二次绍兴和议的时候，金熙宗"遣光禄大夫、左宣徽使刘筈等持节册命尔为帝，国号宋，世服臣职，永为屏翰"，此时宋朝在名义上是金朝册封建立的一个藩国。1164年（隆兴二年）八月，宋廷递交金朝的国书称谓是："侄大宋皇帝眘，再拜奉于叔大金皇帝"，② 这是宋孝宗在发动隆兴北伐兵败后，仍然试图"正名"。但此举遭到了金廷的反对，拒不接受。宋廷才被迫将国书修改为："侄宋皇帝眘，谨再拜于叔大金圣明仁孝皇帝阙下。"③ 由此可见，于宋前加"大"字，是牵扯国体尊严的事情。由此也说明，宋朝上下，只要是有可能，都是要自称"大宋"的，无论官民，皆是如此。如山西省太原崇善寺所藏南宋《碛砂藏》中多有："大宋国平江府常熟县双凤乡三十二都沙荣信王土地境界奉三宝弟子张彦琦同妻陈氏百十四娘""大宋国平江府嘉定县乐智乡陶舍里寺沟土地目下将军管界居住奉三宝弟子王显忠叶家眷等"捐助刊刻人的名称，其中称呼本国，也一律以"大宋"相称，由此可知，宋朝的一般百姓，也是自称"大宋国"之民的。

---

① 《宋会要辑稿·礼五四·改元诏》：太祖建隆元年正月五日，诏曰："五运推移，上帝于焉眷命；三灵改卜，王者所以膺图。朕早练龙韬，常提虎旅。当周邦末造，从二帝以征行；洎乔岳缠哀，翊嗣君而篡位。馨一心而事帝，谅四海以皆闻。一昨北虏侵疆，边民受弊，朕长驱禁旅，克日平戎。六师才发于近郊，万众喧哗而莫遏。拥回京阙，推戴眇躬。幼主以历数有归，寻行禅让。兆庶不可以无主，万几不可以暂停，勉徇群心，已登大宝。宜改显德七年为建隆元年，改国号为大宋。"

② 冯琦：《经济类编》卷四十三。

③ 《金史》卷八十七《仆散忠义传》。

此序首题"宋"字，而不写作"大宋"，或可推知其成序时间非为宋之本朝，对于此书的成书年代，或有一定的揭示。1142 年绍兴和议之后，金国将南宋称之为"宋"；元灭金后，亦将南宋称之为"宋"。由此大致可以推知，其书若著作于南宋存续时的金或元，其年代至少也应是在 1142 年之后。

二、庆历是宋仁宗赵祯的年号，庆历年号使用不足八年，计从 1041 年（辛巳）至 1048 年（戊子），考邵子就学于李之才学习易学，应当是宋仁宗景祐三年（1036 年）前后的事情。其时邵雍的母亲去世，父亲移居共城苏门山百源湖畔，其时李之才任共城县令，闻雍有贤名，乃扣门谒邵雍，邵雍再拜，愿受业。李之才遂以《先天图》传邵雍，雍始研图书之学。其后李之才迁河阳司户曹，邵雍也跟随前往，借宿在州学之中，勤奋学习。从邵雍的经历可知，其学《易》的时间应当远远早于庆历初的 1041 年，更何况序文中所言的"庆历间"了。从此序的前后文来综合考察，写序文者，显然对纪录邵子经历的一些文献是熟悉的，但为什么会在这个不应出错的年号上出现问题呢？当我们把视线转向邵雍的老师李之才，依稀可以找到一点缘由。李之才于庆历五年（1045 年）二月，暴卒于怀州官舍，这个时间，正在"庆历间"，结合序文后面"寻老者闻其丧，得书后掘金以济其家"的故事，或许序者写此年号，有以《梅花易数》中"书枕老者"比附李之才的含义。

"先生隐居山林，留心学易，冬不炉，夏不扇"，此句最早出自于程颢所做的《邵雍先生墓志铭》："先生始学于百源，艰苦刻厉，冬不炉，夏不扇，夜不就枕席者数年。"[1] "先生隐居山林"句，后续的各版本写作"康节邵先生隐处山林"，这其中有重点

---

[1] 郭彧、于天宝点校：《邵雍全集·五》，上海古籍出版社，5。

标示"邵雍"为本书著者的含义。

"犹为未至，遂糊《易》在壁，坐卧未尝心目不在焉"，此句应是取自于邵伯温所著之《闻见录》"昼夜危坐以思，写《周易》一部，贴屋壁间，日诵数十遍"的记录。此段后期版本写作"犹以为未至，糊《易》于壁，心致而目玩焉。邃于易理，欲造《易》之数而未有征也"，[①] 在原意的基础上有所发挥。

［释］宋朝的庆历年间，邵雍先生隐居于山林之中，留心于易学，以至于，冬天不生炉火，夏天不知用扇子，真是专心于《易经》，连寒暑都忘记了。犹未能通透，于是将《易经》糊于墙壁之上，坐卧都未尝不是目中观之，心中思之。

一日午睡，有鼠游于前，以所枕瓦枕头击之，鼠走枕破。觉枕中有字，取视之，云："此枕数当卯年肆月重四日巳日见鼠而破。"（觉中有字，取视之："此枕卖与贤人康节，某年月日某时，击鼠枕破。"）先生叹讶之，曰："物皆有数。"于是询问，竟往窑家，问其匠，曰："向尝有一老者，手执《周易》，来憩于上，所书之字，必斯人也。今不至已久矣，吾识其家。"乃索同往访焉。（先生怪而询之陶家，其陶枕者曰："昔一人手执《周易》憩坐，举枕其书，必此老也。今不至久矣。吾能识其家。"先生偕陶往访焉。）

及门，问其故，家人曰："今则亡矣，但遗书一册在家，嘱云：至某年某月某日某时，有一秀才至吾家，可以此书授之，则终吾身之事厚矣。"（及门，则已不存矣，但遗书一册谓其家人曰："某年某月某时，有一秀士至吾家，可以此书授之，能终吾身后事矣。"）其家将是书授先生而观之，乃易书也。就以此例卜其家，曰："汝卧床下有白金一窖，取之可为营丧事。"其家从而

---

① 《故宫珍本丛刊》第 415 册，海南出版社，1。

第一章 从『序』谈起

掘之，**果得金矣。**（其家以书授先生，先生阅之，乃《易》之文，并有诀例，当推例演数，谓其人曰："汝父存日，有白金置睡床西北窖中，可以营葬事。"其家如言，果得金。）

［疏］在引经据典地对邵子的求学经历予以烘托后，序文开始以故事为主线，向高潮推进，"一日午睡，有鼠游于前，以所枕瓦枕头击之，鼠走枕破。觉枕中有字"，有时间，有情境，有动作，有悬念。邵子虽然冬不炉，夏不扇，但觉总是要睡的，在午睡之际，忽然有鼠从身前跑来跑去，于是邵子顺手便拿起了头下的枕头扔了过去，可惜老鼠没打到，却把枕头砸碎了，邵子很是懊恼，却发现枕头里面写的有字，之所以用了这个"破枕见书"的情节，应当与古代流传的"枕中秘书"的典故有关。中国古代的枕，有玉、木、瓷、瓦等材质，据《汉书·楚元王传》所载：汉宣帝时，复兴神仙方术之事，刘向献淮南《枕中鸿宝苑祕书》，言师古注曰："《鸿宝苑祕书》并道术篇名，藏在枕中，言常存录之，不漏泄"。把秘籍藏于枕中，一可常常取出观看，二具有保密的作用，不易被外人看到。《黄石公素书》据传也是晋乱之时，有盗发子房塚，于玉枕中得之。这是将秘籍死后随葬，同样是藏在最贴身的枕中。是以，古人常以"枕中书""枕中秘""枕中鸿宝"来作为秘籍的代称，如《通志·艺文略》中，就收有：道经（《太上老君枕中保生秘密经》一卷）科仪（《墨子枕中记》二卷）经方（《孙思邈枕中记》一卷）兵书（《太公枕中记》一卷）式法（《黄帝枕中经》一卷）风水（《枯骨枕中见经》一卷）医经（《华佗枕中灸刺经》一卷）等数种以"枕中"称名的秘籍。之所以古人可以将书籍藏之于枕中，是与枕的结构有关。中国古代的枕，有很大数量的硬枕，而在陶瓷技术发展之后，陶枕与瓷枕就变得普及。陶枕与瓷枕在制作成型时，都会在枕身上留下开口的气孔，既可以节省原料，又可防陶瓷在烧制时被内部

受热的气体胀开。枕身上的气孔，一般是开在枕的底部，这样，就使得这类枕头中形成了一个中空的匣，日常将书籍放入其中，确实可以常常取观，又不易被外人看到。

定窑宋代剔花枕

瓷枕的底部

"取视之，云：'此枕数当卯年肆月重四日巳日见鼠而破'。"此段标明了事情发生的时间"卯年肆月重四日巳日"（观语意应为"时"，疑笔误）。庆历年号共历八年，从辛巳至戊子，中间并没有卯年，后期的版本显然发现了这一处失误，所以将此句修改为"此枕卖与贤人康节，某年月日某时，击鼠枕破。"既修饰了原来序文中年号错误的硬伤，又增加了文字中的指向性（卖与贤人康节）与破损原因（击鼠而破）。后期的修改虽然增加了故事中的传奇色彩，但可惜修改者的考据显然也不过关，虽将原来的旧伤改正，但旧伤虽去，新伤又起。其新改的"卖与贤人康节"一句中，"康节"本是邵雍的谥号，邵子名"雍"，字"尧夫"，去世于熙宁十年，死后，宰相吴充为邵雍请谥，赐谥"康节"。因此，若邵子生时，见到这句"卖与贤人康节"，恐怕就不是"叹讶"，而是"惑之"了。

当然，在这篇序文中，还没有出现这种"谥号"的硬伤，所以先生看到留字之后"叹讶之"，曰："物皆有数"，万事万物都是有定数的啊。

关于邵雍"物皆有数"的观念，与邵子同时之人已有论及，如《二程遗书》中所载：问："邵尧夫能推数见物寿长短，始终有此理否?"曰:"固有之。"又问:"或言人寿但得一百二十数,是否?"曰:"固是,此亦是大纲数,不必如此。马牛得六十,(按《皇极经世》,当作三十)。猫犬得十二,燕雀得六年之类,盖亦有过不及。"又问:"还察形色?还以生下日数推考?"曰:"形色亦可察,须精方验。"①《曲洧旧闻》②记载:"温公与尧夫水北闲步,见人家造屋。尧夫指曰:'此三间,某年某月当自倒。'又指曰:'此三间,某年某月为水所坏。'温公归,因笔此事于所着文稿之后。久而忘之,因过水北,忽省尧夫所说,视其屋,则为瓦砾之场矣。问于人,皆如尧夫言,归考其事亦同。此事,洛中士大夫多能道之。"③由此可知,"物皆有数"确实是时人对于邵子易学的一个指认。但从《二程遗书》至《曲洧旧闻》,其中对于邵子的记录已开始有神化的趋势,程子所述的"邵尧夫能推数见物寿长短",尚可与《皇极经世书》相印证。按《皇极经世书·观物外篇下》所载:"有一日之物,有一月之物;有一时之物,有一岁之物;有十岁之物,至于百千万皆有之。天地亦物也,亦有数焉。雀三年之物,马三十年之物。凡飞走之物,皆可以数推。人百有二十年之物。"④二程与邵子多有交往,《二程遗书》虽然为二程弟子记载之言,其中"颇多散乱失次,且各随学者之意,其记录往往不同",⑤但毕竟去邵子的时代不远,且与《皇极经世书》可互相印证。从其中可以看出,邵子在《皇极经世书》中所讲的,是各物之自然寿数,也就是生物与器物因物种

---

① 《四库全书·子部·儒家类·二程遗书》,卷十八。
② 《曲洧旧闻》宋朱弁作一卷。作者于南宋初年使金,留十七年,该书当作于留金时,但所记皆追述北宋遗事,无一语及金,故曰"旧闻""曲洧"者,当指开封府之洧河水,借以表达思念北宋之忧国情意。它记述北宋各种遗闻轶事,间及诗活,文评、神怪传说,是较为典型的宋人笔记。
③ 宋·朱弁撰:《四库全书·子部·杂家类·曲洧旧闻》,卷二。
④ 《邵雍全集·皇极经世卷第十二·观物外篇下》,上海古籍出版社,1243。
⑤ 《四库全书·儒家类·二程遗书·提要》。

及材质的不同，而具有的天然的寿命极限。而到朱弁著作《曲洧旧闻》之时（1127 年－1142 年间），虽只相隔数十年时间，但对于邵子的观物之术已开始神化了。

总之，邵子在看到如此神奇的占断后，自然要找寻其缘由，因此找到了售卖陶枕的卖家，向匠人询问后，得知是一位手持《周易》的老者写在陶枕之中的，这一点细节，也正可说明，这个陶枕是底部有洞的，所以才可以在里面写字。但奇怪的是，如果字是通过这个洞写进去的，肯定会写在与洞相对的位置，买枕的时候，稍微注意，自然是可以看到的，如此看来，邵子买枕之时是没有注意挑选的。当然，若买枕时就看到字迹，恐怕故事就没有这么有戏剧性了。邵子找到陶家，陶家又恰好知道老者的住处，于是故事进一步向下发展。

等找到老人家中，一问之下，老人已经亡故了，但好在老人将一本书留给了家人，而且嘱咐家人说："到某年某月某日某时，有一位秀才到家里来，可以把这本书送给他，则'终吾身之事厚矣'。"（此句文字综合上文观之，应为"可以对我终身研习的易学深入研习"之意，后世版本恐怕是觉得此句不通顺，所以改作"能终吾身后事矣"，既与后文的掘金营丧相呼应，又让文字进一步浅显，有利于读者阅读）此段是故事中的一个小转折，邵子本来满怀希望，以为马上就会见到"高人"，能得亲授，可惜找到家中，结果"昔人已乘黄鹤去"；但正当邵子懊悔之时，"柳暗花明又一村"的事情发生了，老人早就预料到了自己的寿数，所以预先留下了遗言，嘱咐家人将秘籍留给邵雍，想来这老人推算既是如此神奇，为什么不在活着的时候，把书交给邵子，亲授其术呢？这其中实际上蕴含着由师授向书授变化的深义。既然图书亦可传载神术，自然不须再有师授，后来购此书者，当不必再寻师传，只需照书学习，自然神术可得，为何？且看下文。

　　邵子果是天纵奇才，不负老者所测，将书拿来，略一翻阅，当即可以起卦卜测，告诉老者家人说："你的卧床下面有一窖白银，取出来，可以给老人办丧事啦。"老者家人听从邵子的言语，果然掘出了白银。看到此处，是否有读到金庸先生《天龙八部》中虚竹得无崖子密室传功，瞬间得到七十年的内功修为，功力大进的感觉？想来读者每读至此处，当会心潮澎湃，血脉偾张，恨不得自己就是书中主角，能得如此奇遇，想来也会如神仙附体，瞬间术业有成吧。此时若书店老板再说上一段"看你根骨清奇，简直是百年一遇的术数天才啊，维护世界和平这个任务，就交给你啦，这本《梅花易数》秘籍是无价之宝，我看与你有缘，收你十块钱，传授给你"（此处借鉴周星驰电影《功夫》台词片段），那还不得急忙掏钱，快快买书？

　　前面这段情节，在后世的版本中，进一步加以引申为"先生阅之，乃《易》之文并有诀例，当推例演数，谓其人曰："汝父存日，有白金置睡床西北窖中，可以营葬事。"一是指明图书的内容，在老人所赠的书中，记载的是研《易》的文字、口诀、卦例（此处是与后面书中内容相比附），同时点明了白银的来源，原来是老者自己私藏的小金库（老人活着的时候，把银子藏在了睡床的下面），只是老人不知出于什么想法，既然连邵子何时来寻他都能推算得一清二楚，为何不提前算算死期，自己把藏银子的事情告诉家人呢？想来这等高人，想法果然不是常人可以揣度的。至于邵子当时算出来的卦象，后世也有文人给予了推导，据清代王宏所撰《周易筮述》记载："邵康节既得老人易书，即以卜其家，遇中孚初爻，曰："汝卧床下有白金一窖，取之可以营丧事。盖巽木有床象，兑西方，白金象。居初，物在下也。"[1] 言

之凿凿，有如亲见，文人演《易》，荒唐至此。

［释］邵康节一日午睡，有老鼠在他面前跑来跑去，邵子用所枕的瓦枕扔过去，老鼠跑掉了，枕头也碎了，邵子发现枕中有字，拿过来一看，上面写着："此枕当于卯年四月四日巳时，见到老鼠而碎。"先生惊叹道："原来世间的诸物真的有定数啊。"于是去到烧枕的窑家询问，窑家的匠人说："此前曾经有一老者，手里拿着《周易》在这里休息了一会，枕中的字，想来是这个人写的吧。已经很久没见他来过了。我认识他家。"于是一同前往去访寻老者。

等到了老者家中，问其缘由，老者家人说："（老人）已经去世啦，但留下一本书在家中，老者临终嘱咐说：'到某年某月某日某时，有一个秀才至咱家，可以把这本书交给他，则我终身所事就可以阐扬了。'"于是老者家人把书交给先生，邵子取而观之，乃是一本《易》书，于是以此书所示例卜问于其家，告诉老者家人说："你家的卧床下有白银一窖，取出来，可以为老人办理营葬之事"，老者家人听从而挖掘，果然挖出一窖白银。

先生受书，谢而归。（先生受书以归）**暇日究玩，皆不用筮卜而知吉凶之理，无不应验，是乃易数精微之妙也。**（通行本无此句）**后因观梅，见二雀争枝，布算，而知晚有邻女折花，坠伤其股。**（后观梅，以雀争胜，布算，知次晚有邻人女折花，堕伤其股。）**盖此寓卜有此，后世相传，遂以为《观梅数》也。**（其卜盖始于此，后世相传，遂名《观梅数》云。）

与夫卜落花，知明日午为马所践毁，算西林寺额知有阴人祸，盖此皆为先天数也，未得卦而得数，以数起卦，故曰"先天"。（又后算落花之日，午时为马所践毁；又算西林寺额，知有阴人之祸。凡此皆所谓先天之数也。盖未得卦，先得数也。以数起卦，故曰"先天"。）**若夫见老人有忧色，卜而知其有食鱼之**

第一章　从『序』谈起

祸；见少年有喜色，占而知其有币聘之喜；闻鸡鸣知鸡必受烹饪，卜牛鸣知牛必遭宰杀，此皆论后天之数。盖未得数，先得卦，以卦起数，故曰"后天"。

［疏］在以一个神奇的故事叙述这本秘籍的来历，成功调动起读者的胃口之后，序文在后面的文字中，罗列了一系列邵子在研习过此书后的神断之例，于其中指明此书名称之由来（后因观梅，见二雀争枝，布算而知晚有邻女折花，坠伤其股，盖此寓卜有此，后世相传，遂以为《观梅数》也）。我们在此前讲过，《观梅占》的传承是与上古之"枚卜"有关，"枚卜"一变而为"观枚"，再变而成"观梅"，再由此附会出"邵子观梅"的故事，有情节，易于被大众接受，而这种通俗化与世俗化的传播，也更加适应于信息流通的需要。除此以外，此段尚有两点功用，其一是暗示读者，可能通过看书，而且是闲暇的时候研究一下（暇日究玩），就同样可以学得邵子这般的神断。其二是在此段中，序文作者只罗列书中占例的名称与梗概，对于细节则只字不提，这就如同一部影片在经过一系列的宣传之后，再放出一段经过精心剪辑的预告片，以增加观众对影片的兴趣与好奇，提升观众购票的动力，此处亦然。读者在被序文成功调动起兴趣之后，若想知道细节，就只有掏钱购书了。

［释］先生得到书，拜谢而归，闲暇之时，研究阅读，其中所述，都是不用"筮、卜"而可知吉凶的方法，其所测结果无不应验，是因为此"易数"实在是精微奇妙。其后，因观梅之时，见二雀争枝，布算求筮，而知晚间会有邻女折花，坠而伤股的事情发生。其寄于卜兆者有此，后世相延传颂，于是就称之为《观梅数》了。此外卜落花而知明日午时被马所践毁，算西林寺额而知寺中有阴人之祸，以上数例，皆是先天起数，未曾起卦而先有数，用数起卦，所以称之为先天。

又如见到老人有忧色，卜而知道其会因吃鱼而遭遇凶祸，见到少年有喜色，占而知其有订婚之喜，闻鸡鸣而知道这只鸡会被烹饪，听到牛哀鸣而知道此牛必遭宰杀，像这种占断，皆是后天之数，未曾得数而先得到卦兆，再用卦来起数，所以称之为后天。

一日，置一椅，就以所置年月日时推卜之（一日，置一椅，以数推之），书于椅底曰："某年月日，此椅当被仙客坐折。"（某年月日，当为仙客坐破。）至期，果有道者来访，坐椅而破。仙客有愧，起谢。先生曰："物之成败，皆有定数，又何足介意。且公真神仙也，幸得欸话。"（先生曰："物之成毁有数，岂足介意，且公神仙也，幸坐以示教。"）因举椅揭所书示之，其道者愕然趋起，出忽不见。乃知数之玄妙，虽鬼神莫逃，而况于人乎？况于物乎？（因举椅下所书以验，道者愕然趋起，出忽不见。乃知数之妙，虽鬼神莫逃，而况于人乎？况于物乎？）。

[疏] 在放出一段"预告片"之后，"序文"作者再次抛出一个故事，将读者的情绪再次拉向高潮。

话说邵雍先生对于秘籍研究深入之后，已达到当年老者的水平，能够预知物之成败。有一天，邵雍先生买了一把椅子，于是按照购买椅子的年月日时推占，在这里要说明一下，如果按此书后面的"占静物"所述方法，"占测器物，是以初置时与成器之时皆可占之"，这个占测的原则，在实际操作时，是有操作上的问题的。首先，器成之时与初置之时，实际上是两个时间段，而不是时间点，时间段是有长度的，器成的标准是什么？置的时间如何确定？是按交钱的时间？还是按摆放的时间？这些都是操作上的问题，如果这个问题不解决，那么我们可以想象如下的情景，在"物初成"时，若匠人先占一卦，待买家付钱时再占一卦，等物摆放时，再占一卦，这三个卦肯定会有不同，那么是以

第一章 从「序」谈起

哪个卦来判断物之成败呢？其次，物的成坏，若"皆有数"，人为的干预在其中有没有作用？若提前预知，在椅子上加固一下，是否可以延长其物的寿数呢？如果占测的意义只是提前知道这个"物"的"数"，那么占测除了提前能够知道"物"的成败之数以外，还有什么意义呢？难道占测只是为了装酷吗？这种"物皆有数"的观念，已经为后世占测术中的"定命论"埋下了伏笔。

当然，文人总是想象力丰富而对于实际操作的可行性漠不关心，在文人的心中，先知是很酷的事情，所以邵子能预先知道椅子损坏的时间与原因就已经足够了，在占测出椅子的"数"后，邵子在椅子底部写了一句话："某年月日，此椅被仙客坐折"，然后开始默默等待见证历史的时刻的到来。

见证奇迹的时刻果然如期而至，到了那一天，有一位道人来访，坐到椅子上，椅子于是按照预言破掉了，仙客感觉很愧疚，起身来道歉，邵子说："物的成败，都是有定数的啊，你又何必介意呢？况且您是真的神仙啊，能够与您对谈，真是很荣幸的事情"这一段在后世的版本中，被改成先生曰："物之成毁有数，岂足介意，且公神仙也，幸坐以示教。"（更何况您是真正的神仙啊，这把椅子很幸运地让您坐破，从而给我以教谕），这里已有神仙证果的意思了。于是邵子举起椅子，把所写的字条揭下来，给这个道人看，道人愕然，趋身而起，出门之后，倏然不见了。由此可见，邵子在此时，已经超越了神仙（神仙在此前没有预见到自己会坐破这把椅子，否则就不会"愧""谢"、"愕"），足见这本《心易梅花数》果然是"锻炼身心、认识宇宙、修仙悟道"的奇书秘籍。

整个序文写至此处，读者于此正当"心向往之，身欲从之"之时，序文却于精彩之处戛然而止，只余余韵渺渺，任君想往。

至于那位坐破椅子的仙客是谁呢？请让我们看这个故事的续

集。按苏轼《东坡志林》载：至和二年，成都人有费孝先者，始来眉山，云：近游青城山，访老人村，坏其一竹牀。孝先谢不敏，且欲偿其直。老人笑曰："子视其下字。"云："此牀以某年月日某造，至某年月日为费孝先所坏。""成坏自有数，子何以偿为！"孝先知其异，乃留师事之，老人授以《易》轨革卦影之术，前此未知有此学者。后五六年，孝先以致富。"① 此处虽地点不同，但其故事情节基本相类，只是费孝先是坐破椅子之人，那他是否便是邵子故事中的仙客呢？

费孝先也是宋代笔记中被文人称道很多的一位术士，其擅长的术数名为轨革卦影。所谓轨是轨限，革是革卦，卦影是以丹青画于纸上，这种方法的形式，可以参考传世的《推背图》。这类术数是以模糊的诗谶配合图画来指点人的运势，具体图画所指示的事情，也往往是在事后才能了悟。按《东轩笔录》记载：唐坰知谏院，成都人费孝先为作卦影，画一人衣金紫，持弓箭，射落一鸡。坰语人曰："持弓者，我也。王丞相王安石生于辛酉，即鸡也，必因我射而去位，则我亦从而贵矣。"② 翌日，抗疏以弹荆公，又乞留班，颇喧于殿陛。主上怒，降坰为太常寺太祝监广州军资库，以是年八月被责。坰叹曰："射落之鸡乃我也。"这就是悟错了卦图的结果，所以王安石曾对这类术数有过下面一段论述："占卜本欲前知，而卦影验于事后，何足问耶！"③ 足见其时还是有明白之人的。但王介甫这类的明白人毕竟还是少数，所以"费孝先以致富。"④（费孝先因此发了大财）。

[释] 一天，邵子买了一把椅子，于是以所置椅的年、月、日、时推卦占卜，在椅子底下写道："某年月日，此椅当被仙客

---

① 《文渊阁四库全书·子部·杂家类·杂说之属·东坡志林卷十》。
② 《文渊阁四库全书·子部·小说家类·杂事之属·东轩笔录卷十一》。
③ 《文渊阁四库全书·子部·小说家类·杂事之属·东轩笔录》，卷十一。
④ 《文渊阁四库全书·子部·杂家类·杂说之属·东坡志林》，卷十。

坐折"。到了那个时间，果然有道士来访，坐椅，椅破，仙客感觉非常不好意思，起身道歉。先生说："物的成败都是有定数的啊，您又何必介意呢？且您真的是神仙啊，很荣幸能与您对谈。"于是举起椅子，把所写的字让这个道士看，道士看了很惊愕，趋身而起，出得门去，倏忽不见。

才知道"数"的玄妙，即使是鬼神也无法逃避，更何况于人呢，更何况于物呢？

术法总纲

右《易》观梅之学。静以观其体，动以著其象；寓至精之变，寄至微之理，非庸占俗卜可比论也。得此道者，至诚取应，无不神效，不可目之以浅近而轻乎也。

［疏］此段原为"梅花占"的术法总纲，但在编撰成书时，被删除了两句关键性的钥匙提示，而变成了家传本《心易梅花数》中的这段话的样子。到了《梅花易数》的后期版本中，这段话直接被删除掉了，取而代之的，是五行生克、八宫所属五行、卦气旺衰、十天干、十二地支、八卦象例、占法、玩法这一系列的内容。从这种修改可以看出，师授系统与书授系统之间的分别；而且，即使是在"书授"系统的两个版本中，其针对的读者也在变化。在家传本《心易梅花数》中，编辑者显然是默认能阅读这本书的读者，是对于易学、术数的基础知识有基本了解的；因此，便没有必要将天干地支、五行生克这类的基础知识再写进书中。这是"行内人"的一种基本心理误区，即认为此类基础是本身就应当掌握的知识。试想对于一个自幼从师的术师而言，天干、地支、阴阳、五行这类知识，本身就是想当然的，应当没有什么难度；但对于"书授"体系中的初学者而言，即使是这种基

础知识，也是属于前所未闻的，应当有专门的篇章来讲解。《梅花易数》后期的汇编版的出版者，显然已经注意到了这个问题；因此在图书的起首处，增加了部分基础内容，但这部分基础知识的内容，显然又沿袭了民间流行的一些错误，从而使得这本书的后期合编本，在歧途之中走得越来越远。

在家传本《心易梅花数》的著者心目中，显然觉得这段总纲性的文字，是不可或缺的，因此在对其中的两句有可能泄密的口诀，进行了技术性的隐藏之后，将此篇著于卷首。由这一点细节，我们可以看出，家传本《心易梅花数》的编辑者，显然是有师承传授的，其对于师授的传统还抱有一定的敬畏。因此其在写作本书后面的"心易占卜玄机"篇时，还会特意注明："占卜之道，要在变通；而行占卜之妙，在于口授心传耳。"由这段文字中，我们同样可以看到编辑者的这种心理，其虽然在对外流通的这一版本中，隐藏了《梅花占》的基础钥匙；但对于自身的传承，显然还有着相当的感情，因此才会在此特意提示"口授心传"的重要。而这段文字，到了后期的版本，就已经被改写为："占卜之道，要变通，得变通之道者，在乎心易之妙耳"，其中已经没有了任何强调师承授受的痕迹。

这段占法总纲，在师承的系统中，要多两句话，全文是"观梅之占，静以观其体，动以著其象；寓至精之变，寄至微之理，非庸占俗卜可比论也"。这其中所讲的"体"是"事体"，"动"是指"八动占"，"变"是指"变占"。因此，这段话翻译过来，应当是"观梅占法，在占测之时，要对求测的事体进行细致的分析，以明了卦中所蕴含的'体'；占测之时，要用'动占'去观察卦中显示出的'征象'，以'变占'来体现卦体中精微之处，找寻其中微小的脉络，这些都不是庸占俗卜可以同语比论的啊"。以上这一段，就是实实在在的《梅花占》的总纲；而在去除了

55

"静以观其体,动以著其象"这两句文字后,这段文字后面的"变"也就失去了意义,而很容易被理解成"变化",从而使得这句话的释读就变成了"以下所述的'观梅'之学,其中蕴含着至为精要的变化,至为微妙的道理,非是外面的'庸占俗卜'可以相提并论的"。像这种看似"自吹自擂"的文字,对于后期的"合编本"的编撰者而言,因为不明了前面的渊源,就会自然而然地将这段话看作可有可无的存在而"删而去之"了。由此也可以看到,前期家传本《心易梅花数》与后期合编本的编著心理,以及对于客户人群的微妙变化。

[释]以下所述的"观梅"之学,在占测之时,要对求测的事体进行细致的分析,以明了卦中所蕴含的"体",用"动占"去观察卦中显示出的"征象",以"变占"来体现卦体中精微之处,找寻其中微小的脉络,这不是世俗中的庸占俗卜可以相提并论的。得此术数传承者,若能以真诚之心,求取卦兆,则所占无不神验,不可视之为浅近之学而轻视它啊。

第二章 起卦法

周易卦数

乾一，兑二，离三，震四。巽五，坎六，艮七，坤八。

起卦以八除之，皆不问数目多少，如不满八，即以作卦。如一八除不尽，再除二八，三八，直除尽八数，以零作卦。如得八数整，即是坤卦也，更不必除。

起爻以六除之，诸用重卦总数以六除之，以零作爻。如不满六，正用此数为爻，不必再除。如过六数，则以六除之，以零数为爻。如一六除不尽，再除二六、三六，直除尽六数，以零为爻。如看一爻，动者是阳爻，阳动则变为阴；二爻动者是阴爻，阴动则为阳也。

〔疏〕乾一、兑二、离三、震四、巽五、坎六、艮七、坤八的"周易卦数"，其原始作用，是标示以"洛书九宫""先天八卦"为坐标的"先天太极图"的基础循环轨迹；而《周易·说卦》中所记载的："分阴分阳，迭用柔刚，故《易》六位而成章。天地定位，山泽通气，雷风相薄，水火不相射，八卦相错"，正是这一卦数标记的原始记录。但自《周易》成书之后，先天八卦的这一原始记录就一直隐于道家，直至陈抟传至邵雍，才将此图公之于世。先天八卦与太极图，两者实为一个统一模型的一表一里；这个统一模型所昭示的，即是时空中事件运行的规律。

在物理学中，"一个事件是发生于特定时刻和空间中特定的一点的某种东西。这样，人们可以用四个数或坐标来确定它，并且坐标系的选择是任意的；人们可以用任何定义好的空间坐标和一个任意的时间测量。在相对论中，时间和空间坐标没有真正的差别，犹如任何两个空间坐标没有真正的差别一样。对于一些没必要搞清楚的东西一个例子就足以说得明明白白（其实这是一个普通的数学问题）。譬如可以选择一个新的坐标，使得第一个空间坐标是旧的，第一和第二空间坐标的组合……将一个事件的四坐标作为在所谓的时空的四维空间中指定其位置的手段经常是有助的……从一个事件散开的光在四维的时空里形成了一个三维的圆锥，这个圆锥称为事件的将来光锥。以同样的方法可以画出另一个称之为过去光锥的圆锥，它表示所有可以用一个光脉冲传播到该事件的事件集合：

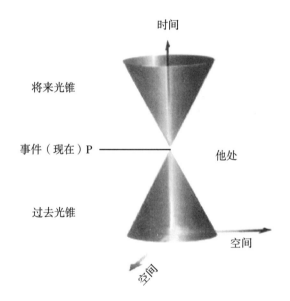

一个事件 P 的过去和将来光锥将空间——时间分成三个区域：

这事件的绝对将来是 P 的将来光锥的内部区域，这是所有可能被发生在 P 的事件影响的事件的集合。从 P 出发的信号不能传到 P 光锥之外的事件去，因为没有东西比光走得更快，所以它们不会被 P 发生的事情所影响。过去光锥内部区域的点是 P 的绝对过去，它是所有这样的事件的集合，从该事件发出的以等于或低

于光速的速度传播的信号可到达 P。所以，这是可能影响事件 P
的所有事件的集合。如果人们知道过去某一特定时刻在事件 P 的
过去光锥内发生的一切，即能预言在 P 将会发生什么……对于时
空中的每一事件我们都可以做一个光锥（所有从该事件发出的光
的可能轨迹的集合），由于在每一事件处在任一方向的光的速度
都一样，所以所有光锥都是全等的，并朝着同一方向。这理论又
告诉我们，没有东西走得比光更快。这意味着，通过空间和时间
的任何物体的轨迹必须由一根线来表示，而这根线落在它上面的
每一事件的光锥之内。"[①]

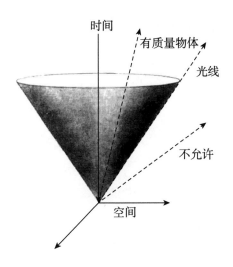

————————

① 史蒂芬·霍金：《时间简史》，湖南科学技术出版社，36～43。

让我们把时间光锥中的事件（现在 p）放大，就会得到一个"先天太极球"

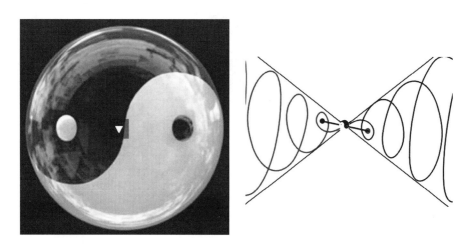

时间"乾"与空间"坤"相互作用，在时空中形成事件的"通道"。这个"通道"，就是太极球上的两个眼；而时空相互作用的轨迹，就是"先天八卦"与"洛书九宫"的结合。

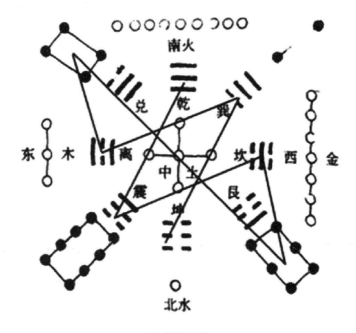

洛书配八卦

在上图中，"先天八卦"代表着"时"与"空"的定位，而"洛书九宫"则是"时空"运行的顺序。乾卦与坤卦确定"时空"的相互关系与基本参数，这就是"天地定位"。当乾卦与坤卦相互接近，就形成了"泰"卦与"否"卦，从而生出的"震"与"巽"。这一过程，因为是乾卦与坤卦相互接近、侵入而形成的，因此称之为"薄"，这就是"雷风相薄"。当"震"与"巽"继续运动，需要穿过"乾"与"坤"的区域，而形成"坎"与"离"，这一过程称之为"射"，因此称之为"水火相射"。射是穿过的意思，"坎"与"离"在时空的"域"的外围与"乾""坤"相交，并形成"艮"和"兑"，"艮"与"兑"又通过时空内部的通道相互连通，这一过程被称之为"通气"；而在整个的过程中，"时""空"始终是对立统一又互相依存的关系。古人将这一过程概括起来，就是《说卦》中的"分阴分阳，迭用柔刚，故《易》六位而成章。天地定位，山泽通气，雷风相薄，水火不相射，八卦相错"。将"洛书九宫图"与"先天八卦图"再进一步与"先天太极图"叠加，可以更清晰地看到这一演变的轨迹。

　　而从太极图的表面向内部延伸的坐标定位，就是邵子所谓"加一倍法"中八卦生成"伏羲八卦次序图"的卦序。

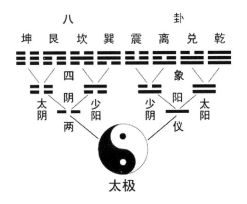

　　这一由外而内的坐标体系中，"时"与"空"的坐标相互作用，所产生的完整结构，就是邵子的"六十四卦方圆图"

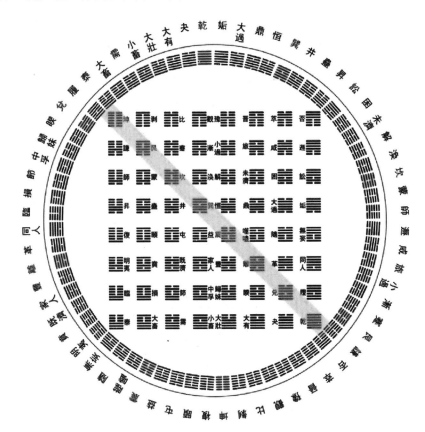

伏羲先天六十四卦方圆图

因此，邵子所传承的先天之学，是以图示意，以数演象，以易学模型对宇宙的基本"时""空"规律进行计算；以象形语言，对客观"事件"的运行变化规律进行模拟，从而揭示"事件"中"时空"的变化规律，其中蕴含着真实传承的"秘学"。邵子能以"先天之学"对后世易学形成深远的影响，是有着其真实内核的，但后世在邵子所传的基础上对其"先天之学"通俗化与江湖化，则又非邵子之本意了。

组成"卦"的基础是"爻"，若将八卦中"爻"进行数字化，将"阳爻"的值设定为 0，将"阴爻"的值设定为 1，按照二进制的规则排列出来，则是以下图示：

八卦	乾	兑	离	震	巽	坎	艮	坤
卦符								
二进制	000	001	010	011	100	101	110	111
八进制	0	1	2	3	4	5	6	7

而将六十四卦，按"先天六十四卦"方图排列，则正是二进制 0 到 63 的数列：

卦名	坤	剥	比	观	豫	晋	萃	否
卦数（二进制）	111111	111110	111101	111100	111011	111010	111001	111000
十进制	63	62	61	60	59	58	57	56
卦名	谦	艮	蹇	渐	小过	旅	咸	遁
卦数（二进制）	110111	110110	110101	110100	110011	110010	110001	110000
十进制	55	54	53	52	51	50	49	48
卦名	师	蒙	水	涣	解	未济	困	讼
卦数（二进制）	101111	101110	101101	101100	101011	101010	101001	101000
十进制	47	46	45	44	43	42	41	40

卦名	升	蛊	井	巽	恒	鼎	大过	姤
卦数（二进制）	100111	100110	100101	100100	100011	100010	100001	100000
十进制	39	38	37	36	35	34	33	32
卦名	复	颐	屯	益	震	噬嗑	随	无妄
卦数（二进制）	011111	011110	011101	011100	011011	011010	011001	011000
十进制	31	30	29	28	27	26	25	24
卦名	明夷	贲	既济	家人	丰	离	革	同人
卦数（二进制）	010111	010110	010101	010100	010011	010010	101001	010000
十进制	23	22	21	20	19	18	17	16
卦名	临	损	节	中孚	归妹	睽	兑	履
卦数（二进制）	001111	001110	001101	001100	000011	001010	001001	001000
十进制	15	14	13	12	11	10	9	8
卦名	泰	大畜	需	小畜	大壮	大有	夬	乾
卦数（二进制）	000111	000110	000101	000100	000011	000010	000001	000000
十进制	7	6	5	4	3	2	1	0

而按"一变而二，二变而四，三变而八卦成矣。四变而十有六，五变而三十有二，六变而六十四卦备矣"，[1] 层次推导出的六十四卦，展示的正是从太极图的外层向内层逐层演进的变化规则。

邵子作为北宋五子的代表人物之一，其以一己之力，创立先天象数易学，其传承的易学体系与其对易学的深入了解，确实有其渊源与脉络。邵雍所创立的先天象数易学，在北宋时代，即已对易学及理学的发展，产生了深远的影响。其所秉承的"万物皆有数，可各以类推之"的观念，也对后世的术数学中新方法的产生提供了理论的基石。但邵子之学，当世传者已鲜，后世对其易

---

① 宋·邵雍：《邵雍全集·三·观物外篇》，上海古籍出版社，1218。

学脉络知其然而不知其所以然，这也为先天易学后期快速庸俗化与江湖化种下了祸根。

邵子易学中的"图"与"数"的传承，是与其先天易学体系相为表里的，一个体系与体系中的运用方法，有着技术参数上的相关性，这是技术本身所决定的。技术本身的特定方法，如果超出其自有规则而相互借用，势必造成技术本身的错乱。"梅花占"的上古传承，本为"兆法"，是用枚卜取兆的技术方法；而随着先天易学在宋代的流行，以及宋代社会中因文人玩《易》而造成的术数的通俗化与简单化的趋势，产生了一系列基于"数占"的简单化的方法，已从根本上已经背离了古"梅花占"兆法体系的原则，从而也为《梅花易数》的彻底"无用化"埋下了伏笔。

通行本中的"周易卦数起卦法"本身就存在着一些缺陷，这些缺陷是技术设计中自然形成的问题，在成卦时，"周易卦数起卦法"的变爻只能是一个，而且没有静卦，这就使得卦占变化减少成为 $64×6=384$ 种，而且因为对于一次成卦而言，其变爻会因为重卦总数的奇偶而只能是在一、三、五爻或二、四、六爻中得其一种，所以这又使得卦占变化的结果进一步减少为 192 种变化，远远少于兆法与揲筮法所得卦变的 $64×64=4096$ 种变化。因此，利用这种"数占法"得出的结果，既与易学原始占法的卦数不符，同时又很狭隘与片面。

在周易卦数起卦方面，古人显然也曾经有过多种尝试，如"金口透易梅花占"的"端法起卦"，要运用到"太玄数"及"先后天八卦序数"。"端法"是《金口透易》独特的起卦法，外界未有使用者，其内容如下：

1. 卦引太玄本数：

甲己子午九，乙庚丑未八，丙辛寅申七，丁壬卯酉六，戊癸辰戌五，巳亥无干四。

2. 先天八卦序数：

乾一、兑二、离三、震四、巽五、坎六、艮七、坤八。

3. 后天八卦序数：

坎一、坤二、震三、巽四、中五、乾六、兑七、艮八、离九。

4. 占则：

不动不占，不因事不占，无人问不占。其法或闻人言，或见于异，则以年月日时，合太玄之数，数以八除，取先天卦数以为上卦；复以占者所居之方，取后天卦位，以为下卦；复以后天卦位返先天之数，与策数相合，除六，取余数而为变爻。"[①]

在"金口透易梅花占"的端法起卦中，要用到"先后天八卦序数""太玄本数""先后天八卦翻宫"等基础知识，通过求取年、月、日、时的太玄数合数得到上卦，再以求占者所在之方求得下卦，再通过"先后天八卦翻宫"求得爻数。这种方法，显然比《梅花易数》中所用的方法要复杂很多，从中也可以看到古人对"周易卦数"起卦的多种尝试；而从这些方法中的难易变化，也可以看出"周易卦数"起卦在技术上的演变脉络。

在"金口透易梅花占"的师承授受中，"金口透易梅花占"的基础起卦法是"铜钱卦"，也就是"枚卜兆法"的传承；而端法起卦被称之为"权宜之法"，也就是在万不得已的时候才会用的方法。由此也可以推知，这种方法在古人应用过程中，应当是试验过最终抛弃的方法的残留。

起卦法是一个术数求得模型数据的起始基础，若在这一基础门槛上就出现误差，则后面的方法再精，也难以得到正确的结

---

① 杨璞玄：《梅花讲记》，32。

果。这就象南辕北辙①的故事所讲的一样，如果一开始的方向错了，即使马再好、钱再多、驾车技术再高超，最终也难以达成预期。术数占测本身是一门技术，是有技术规则的；对于每一项技术规则的把握，都需要对术数原理的理解与对技术方法的坚守。

［释］周易卦数是：乾一、兑二、离三、震四、巽五、坎六、艮七、坤八。

起卦用八除之，不管数目多少，除至不满八，即取作为卦。如果一八除不尽，再除二八、三八，除八除到不能再除了，剩下的零余之数，即取作卦。如果除得了八的整数，即是坤卦，不用再除了。

起动爻用六除之，把所得重卦总数除以六，剩下的零余取作为动爻。如果不满六数，就用这个数作为动爻，不用再除。如超过六数，则把这个数除以六，剩下零余作为动爻。如果一六除不尽，就再除以二六、三六，直至除尽，剩下零余的数，就是动爻了。如果零余的数是一，代表一爻动；如果一爻是阳爻，阳爻动则变为阴爻；如果零余的数是二，则代表二爻动，如果二爻是阴爻，阴爻动则变为阳爻。以此类推。

互卦例

乾坤无互，互其变卦。互卦止用八卦，不必取六十四卦。互卦以重卦去初爻，又去了末爻，只用中间四爻，分为两卦，以二三四为下卦，三四五为上卦论爻。

［疏］互有交互的含义，六书通中写作互，正是上下相交而

---

① 《战国策·魏策四》："魏王欲攻邯郸。季梁闻之，中道而反，衣焦不申，头尘不去，往见王曰：今者臣来，见人于大行，方北面而持其驾，告臣曰：'我欲之楚。'臣曰：'君之楚，将奚为北面？'曰：'吾马良。'臣曰：'马虽良，此非楚之路也。'曰：'吾用多。'臣曰：'用虽多，此非楚之路也。'曰：'吾御者善。'此数者愈善，而离楚愈远耳。"

成太极之形象。我们前面讲过，"先天太极图"实际上就是以"上卦"为代表的"时"，与以下卦为代表的"空"相交互，所产生的事件的数理模型。在这个模型结构中，"时"与"空"在运动中不断相互纠结，从而产生了事件中各个因素的对立统一的关系。同时在这些关系的相互作用中，产生出对于事件发展的推动性力量。在"时"与"空"的相交互的关系中，由一、二、三爻组成的代表"空间"的下卦，在"金口透易梅花占"中称之为"地元卦"；由三、四、五爻组成的代表"时间"的上卦，在"金口透易梅花占"中，称之为天元卦；"时间卦"向"空间卦"交互时所形成的，是由三、四、五爻组成的上互卦，在"金口透易梅花占"中称之为"贵神卦"；而"空间卦"向"时间卦"交互时所形成的，就是由二、三、四爻组成的下互卦，在"金口透易梅花占"的传承中称之为"将神卦"；"天元卦、地元卦、贵神卦与将神卦"，在"金口透易梅花占"中，称之为"四象卦"。阴与阳是两仪，阴阳交互而生四象，因此称之为"阴阳交而四象立"，这就是两仪生四象的过程。互体的卦法，自汉代以降，研易者虽偶有论及，但已失其中四象的结构。这种缺失，代表了象数易学占卜系统中的基本框架在外界的失传；也正是因为这些象数易学占卜系统的基本框架的失传，造成了汉代以后象数易学的衰落，从而产生出"得易而忘象"的义理学派。

在此段文字中，家传本《心易梅花数》的编辑者，不知是有意隐藏，还是已经不知道"卦体"中原有的"四象"结构，而以延续于外界的"互卦"称之，虽然在其文中，特意指明"互卦止用八卦，不必取六十四卦"，相当于已经对一个卦体由"上卦、上互卦、下互卦、下卦"四个卦所组成有所暗示；但既不说明"四象卦"的基本定位，也不指出"四象卦"可以相互关联作用。至此，"四象卦"这一"梅花占"秘传体系中的基础框架就在本书中被隐藏了起来，从而只剩下四个独立的个体卦，这就使得"梅花占"的基础框架结构发生的崩塌。"四象卦"是"梅花占"体系中一把重要的"钥匙口诀"，古人常讲的"真传一句话，假传万卷书"中的一句话，就是指的这类"关窍"。

［释］乾卦与坤卦没有"互卦"，互其变卦。[①] 互卦只用八卦，不用六十四卦。互卦的求法，是以六爻卦去掉初爻与六爻，只用中间的四个爻，分成两卦，以二、三、四爻组成"下互卦"，以三、四、五爻组成"上互卦"。

起卦法

［疏］在"周易卦数"之后，家传本《心易梅花数》分列了二十七种起卦方法的细则。这些细则，若按起卦设计原理来划分，可分为五类：一是基于卦数与时间相配合的起卦方法，分别包括以年月日时的卦数相加、除而求得易卦的"卦数起例"；以物数与时数相配合，求得易卦的"物数占"；以声音之数加时数配合求得易卦的"声音占"。二是以书写文字的字占为基础的起卦方法，在字占起卦法中，又分为以笔画求数起卦的一字占、二字占、三字占、四字占、五字占、六字占、七字占、八字占、九字占、十字占，以字数求数起卦的十一字以上占。三是以长度的数值为基础求得易卦的"丈尺占"与"尺寸占"。四是以占测对象为分类标准的"为人占""占自己""占动物""占静物"。此外，在观梅占等八个卦例以后，家传本《心易梅花数》的编辑者又增加了"端法后天卦数"及"风觉鸟占""听声音占""形占""色占"等做为补充。由这五类起卦法的设计中我们可以看出，

［①］ 这一句是错误的表达，实际上，乾卦与坤卦也是有"互卦"的。只是乾卦的"上互卦"与"下互卦"都是"乾"，坤卦的"上互卦"与"下互卦"都是"坤"。

家传本《心易梅花数》的起卦设计，是极力将起卦法简易化与通俗化；而起卦法的简易化与通俗化的原因，就是术数占卜学习者层次的下沉。

术数占卜的通俗化与简易化，是技术下沉的必然结果。术数数千年的发展史，实际上就是一部衰落史。在朝廷之中，掌握术数官员从"通天人之德"的帝师，下沉到朝廷中起辅助作用的"士"，再被西方星占观测所替代，是这一下沉过程在官方的表现；而当官方的术数下沉到民间，底限就变得更低。唐以前，传之在师，在师徒的授受中，保持术数的技术核心，还能使术数保持基本的技术规则；而当宋代以后，图书的术数化，让术数的爱好者继续下沉为民间有爱好而无传承的"读书人"。参考前文所讲到的术数的图书化的基本特点，又使得术数的技术核心在术数的图书中也被人为的隐藏或忽视；而术数方法的易学性、通俗性、传播力，则变得更为重要，由此也为术数的继续下沉打开了通路。术数的通俗化与简易化，历经明、清直至于今日，是一个持续发展变化的过程，现代的电脑起卦、手机起卦，仍然是这一历程的延续。

由家传本《心易梅花数》中的起卦法设计中，我们可以看到几点特征：

一是起卦方法的基础参数设计错误。

术数的起卦、用式、用占，相当于是模型参数的写入，这个参数的写入方法，在最初设计的时候，就是与术数的特定占断方法相关联的，这也就是我们一直强调严格遵守起卦方法的原因所在，如"枚卜兆法""大衍筮法"，都是按照 $64*64＝4096$ 的起卦规则设计的，这个规则与太极图、河图、洛书等坐标参数相互关联，共同形成了易占的基础模型，而《心易梅花数》中各起卦法的起卦设计，是基于单爻变化为原则建立的，因此其成卦的数值是 64 * 6＝384，其数值所涵盖的范围远远小于易占类术数的需求。

二是起卦方法中内部参数的数据混乱。

在《心易梅花数》的起卦法中，即有以数加时的方法，又有以单纯数值为标准的方法，更有以人物形色等为标准的起卦方法，这些方法内部的参数实际是并不统一的；而各种数的产生，又多为人为的设定，如物数，声数及丈、尺之数，与年月日时之数，本身并不是一个数理规则产生的，且其中间没有连接的系统，即使是在"字占"之中，十字以下与十字以上的数值取得方法也不相同，将这些不同规则下产生的结果，强行规定为一个表象的"数"，显然无法在其内部参数上达到统一。

三是起卦法的基础内核违背了"无心"原则。

易卦与占卜的起卦法的基础内核是"无心"，所谓"易无思也，无为也，寂然不动，感而遂通天下之故"，对于易占的"无思"与"无为"，首先就体现在起卦法之中。《周礼订义·春官》载郑锷注云："三皇以来，已有卜筮人之于事不能无心。若夫龟筮，则何心之有？取决于此，欲托于无心而已。"[①] 宋沈括在其所著的《梦溪笔谈》中谈到："今之卜筮，皆用古书，工拙系乎用之者。唯其寂然不动，乃能通天下之故。人未能至乎无心也，则凭物之无心者而言之。如灼龟、罍瓦，皆取其无理，则不随彼理而震，此近乎无心也"，[②] 也是强调起卦方法的"无心"原则。所谓起卦法中的"无心"，是指"兆"与"数"的出现，不是以人为选择决定的，而是通过一定方法自然显现的。从现代科学的角度而言，按照爱因斯坦的相对论，每个人作为独立的个体，其个体的时空都会因其空间位置与质量的不同而产生微小的差异，这

①《文渊阁四库全书·经部·礼类·周礼之属·周礼订义》，卷四十二。
② 宋·沈括：《梦溪笔谈·象数二》。

一差异就是个体在时空中的标志。对这一具有标记的求测人的时空，用一种不因意识为转移的方法进行标记，这就是术数中起卦法的原理所限定的内核。这种方法，首先不能因为求测人的主观意识而指定，同时也不能因为占测者的主观意识而指定，而是通过求测人的某一特定行为（如摇卦、分蓍、灼龟）激发，而确定出来的求测人的时空中的特定的"时""空"定位。这个结果，必须是自然而产生的；这个规则，就是所谓的"无心"；而对于这一规则的设计，则蕴含着求测者自身独立时空的深层内涵。《心易梅花数》中，无论是对于笔画、尺寸的设定，还是对人物音声的选择，以及服色、人物属性的判断，都是占测者人为选择的结果。这一人为选择，在本质上是违背了易占的"无心"原则的。

四是起卦法的不可操作性。

术数占卜的起卦方法，要求其结果的"唯一性"，也就是针对一个事件，在一次占卜中，使用的方法得出的卦象应当是唯一的，这是起卦法在操作上的基本要求；而按照《心易梅花数》所列的起卦方法，有可能会产生多个可能，这实际上是操作方法模糊造成的。在方法设计上，没有实际的操作验证，而是充满了想当然，这是宋以后很多术数类图书的通病。以《心易梅花数》中的声音占为例，因为在一个时段内，声音并非唯一；那在起卦求数时，是选择一个时段内的一种声音，还是选择同属性的声音，对声音的长短、连续有没有要求，都是不易解决的问题。同样在字占中，折的笔画算一笔还是数笔，撇、捺在何种情况下算一笔，在何种情况下算两笔，都是操作中实际会遇到的问题。另如为人占中："凡为人占卜，其例不一。或听其语声，或观其人品。或取诸其身，或取诸其物。或因其服色，或触其外物。或以年月日时，或以书写来意。"在实际操作时，是先选语声，还是先观人品，或者先取服色？这一切的选择，如果都是来自于占测者的人为选择，则针对同一人、同一件事的占测，同一个占测者或多个占测者会因选择与操作而产生出多个不同的卦的可能。也就是说，从起卦法上来讲，这个卦的得出，既不是无心的，也不是唯一的。这种灵活性，对于术数图书的编辑者而言，相当于是漫天拉网，增加了不可知的神秘性；而对于实际学习术数的人而言，则是没有操作性的，同时也就陷入了"只可验卦，不可算卦"的怪圈。

卦数起例

年月日为上卦，年月日加时为下卦。复以年月日时总数取爻，年如子年一数，丑年二数，直至亥年十二数。月如正月为一数，二月为二数，直至十二月十二数。日如初一日一数，初二日二数，直至三十日三十数。又以年月日共计几数，以八除之，以零数作上卦。时如子时为一数，丑时二数，直至亥时十二数，又以年月日数上加时总数，除八，以零数作下卦。就以六除取爻。

［疏］此段起卦法所对应的，为后面卦例部分中的"梅花占"与"牡丹占"。年月日时占起卦法，是《梅花易数》的基础起卦法，在家传本《心易梅花数》中，也被列在首位。中国传统历法是阴阳合历，在中国传统的历法中，年、月、日、时都具有其天文学上的意义。如太阳历中的年是地球围绕太阳旋转一周的天文参数，月是地球围绕太阳公转的过程中的相对位置关系，日是从一个理想天文点开始的自转周期按十天一个小循环（十干）、十二天一个中循环（十二支）以及六十天一个大循环（六十甲子）而累积计算的积算数据，时是地球自转与太阳照射角度之间的对应关系。中国古代的占卜术中，凡是运用年、月、日、时占算

的，往往都与这几个天文参数有关，而相对于太阳历，太阴历则是以月球围绕地球旋转的相对位置关系产生的月相作为标准，是以月亮的升、降点与朔、望、晦标示时间，其意义在于更为直观地辅助判断时间。由前面的介绍可知，在这两种历法中，太阳历是占主要地位的历法，凡是农事、天文、星占，均是以太阳历的天文参数作为基础的；而太阴历，在阴阳合历中，则是以辅助性历法的身份出现。在古代历法中，太阳历与太阴历的表达方式也是不同的。太阳历是以干支来表达，比如庚子年，庚辰月，壬午日，戊申时。对于太阳历中的年与月，在古代还有专有的名称，按《尔雅·释天》记载：

"岁阳：太岁在甲曰阏逢，在乙曰旃蒙，在丙曰柔兆，在丁曰强圉，在戊曰著雍，在己曰屠维，在庚曰上章，在辛曰重光，在壬曰玄黓，在癸曰昭阳。

太岁在寅曰摄提格，在卯曰单阏，在辰曰执徐，在巳曰大荒落，在午曰敦牂，在未曰协洽，在申曰涒滩，在酉曰作噩，在戌曰阉茂，在亥曰大渊献，在子曰困敦，在丑曰赤奋若。

月阳：月在甲曰毕，在乙曰橘，在丙曰修，在丁曰圉，在戊曰厉，在己曰则，在庚曰窒，在辛曰塞，在壬曰终，在癸曰极。

月名：正月为陬，二月为如，三月为寎，四月为余，五月为皋，六月为且，七月为相，八月为壮，九月为玄，十月为阳，十一月为辜，十二月为涂。"

在《楚辞·离骚》中，屈原写道："摄提贞于孟陬兮，惟庚寅吾以降。"这里讲屈原出生的时间，是岁星在寅曰摄提格，月令在寅曰孟陬，所以屈原是生于寅年寅月庚寅日，这是他很自豪的一点。

太阴历的月令表达方法则是正月、二月、三月，以及初一、十五。在《心易梅花数》的年、月、日、时的起卦方法中，其使用的月令是正月、二月计数，日用初一、十五计数，这都是用的太阴历体系；而年与时，则使用的是太阳历的体系。通过这四个数据，是得不到有效的天文参数的。也就是说，在《心易梅花数》的年、月、日、时起卦体系中，虽然表面看是用到了年、月、日、时，但其组合并没有具体的意义，而只是为了通过这四个数的相加、除、余而求得一个"数"。从这个角度而言，这个"数"与后面诸占法中的声音数、物数、字数、笔画数没有任何区别。对于这个数的求得，后世诸多研究者也多有探讨，尤其是近代，术数之风正盛时，很多人提出自己的观点，主张用节气确定月令者有之，主张将年月日时全部转化成天干地支求数者有之，甚至用西历的数据相加的也有之；但从本质上来讲，这些方法与《心易梅花数》的方法并没有本质区别，也无讨论的必要。因为所求的无非是一个无意义的"数"，靠这个"数"起出来的卦，是无法保证起出来的卦有准确的意义的。对于一个起卦法已经如此无稽，更何论后面的断法？但《梅花易数》反而在这种混乱而无序的状态下，成为众人知之，追而捧之，百家争鸣而又无人能用的"神术"，这其中的种种营销设计，确实值得人深入研究。

［释］占卦，以求测的年、月、日作为上卦，用年、月、日加时作为下卦，再用年、月、日、时总数相加求得变爻。年数如子年为一数，丑年为二数，直到亥年是十二数；月数则正月为一数，二月为二数，直至十二月，为十二数；日数则初一日为一数，初二日为二数，一直到三十日，算作三十数。把年、月、日数相加，求得总数，除以八，用除后的余数作为上卦。时数则是子时为一数，丑时为二数，直至亥时，算十二数；再把年月日相加求得的总数再加上时辰数，除以八，用除后的余数作为下卦。再把年月日时的总数除以六，求得动爻。

声音占与物数占

物数占

凡见物有可数之数，即以起数，就作上卦，以时数配作下卦。却以卦数时数总除取爻。

声音占

凡闻得声音，数得几数，起作上卦，却加时数配作下卦。仍以总数除六爻。如闻动物鸣叫之声，或闻来人击敲之声，皆可起卦。

［疏］此处起卦法对应的是后面卦例中的"夜扣门借物占"。

"物数占"与"声音占"，在起卦法设计上，都是属于"数配时"的体系，只是求得上卦卦数的方法不同。由此一基础可以推而广之，只要可以取到数，就可以得出上卦；用取到的数，加上时，除以八，就可以求得下卦；用这个数再除以六，求得动爻。但是家传本《心易梅花数》的编辑者，或许是想要调和连接与后面的风觉鸟占类的"兆卜"起卦方法的关系，在原有的周易卦数之后，列出了"物数占"与"声音占"两种方法，其中，"物数占"是取"物"的"数"，"声音占"是取"声"的"数"，从而起到强调"数"的作用。但在物数占与声音占中，起卦的方法又有差别，物数占是用物的数除八作为上卦，用时辰数除八求得下卦，用总数除六，以零余之数求得动爻。声音占是用数出来的声音数起作上卦，再用这个数加时辰数除八取作下卦，然后用总数除六，以零余之数求得动爻。而到了与此起卦方法相对应的"闻声占例·夜扣门借物占"中，是以初扣、再扣来分别上下卦，再加时数除六，取得动爻。由此看来，其起卦方法在应用时的统一还是有难度的。

［释］物数占：凡是见到可以数出数量的物，就以数出的数作为上卦，用时数配作下卦，再用卦数加时数的总数除六，取动爻。

声音占：凡是听到声音，数出几声，除以八，以零余之数起作上卦；用这个数加上时数除八，以零余之数配作下卦；再用总数除六，用零余之数求得动爻。如听闻动物鸣叫之声，或听来人敲击的声音，都可以用来起卦。

字占

凡见字数，如停均，即分平半为上卦，平半为下卦。如字数不均，则以少一字为上卦，以多一字为下卦，盖取天轻清地重浊之义也。

一字占

一字为太极未判。如草字，混沌不明，不可取卦。如楷书，则数其字画，以居左者为阳，看得几数，起作上卦。以居右者为阴，看得几数，起作下卦。又以一字之阴阳，全画取爻。

左画：丿、丨、丿。　右画：一、乀、乙、二。

二字占

二字为两仪平分，一字为上卦，一字为下卦。

三字占

三字为三才，以一字为上卦，以二字为下卦。

四字占

四字为四象，平分上下。又四字以上，不必数画数，只以平仄声调之。字平声为一数，上声为二数，去声为三数，入声为四数。

五字占

五字为五行，以二字为上卦，三字为下卦。

六字占

六字为六爻之象。平分上下。

七字占

七字为七极数。三为上卦，四为下卦。

八字占

八字为八卦之数，分平上下。

九字占

九字为九畴之义，以四字为上卦，五字为下卦。

十字占

十字为成数，平分上下。

十一字占

十一字以上至于百余字，皆可起卦。但十一字以上，又不以平仄声音调之，止用字数。如字数平均，则以半为上卦，以半为下卦。如字数不均，则以少一字为上卦，多一字为下卦。又合卦之总数取爻。

［疏］此段起卦法对应后面卦例中的"声音占例·今日动静如何"与"字画占例·西林寺额占"。

字占部分在家传本《心易梅花数》中属于模仿"兆数"类的占法。"兆卜"是术数中传承很古老的类型，其渊源上溯可推及殷商的"龟甲占卜"之法。在中国传统的术数中，兆法是高于筮法的术数。按《左传·僖公四年》所载："初，晋献公欲以骊姬为夫人，卜之不吉，筮之吉，公曰从筮。卜人曰：'筮短龟长，不如从长。'"便是对这两种术数类型的评价，古人占卜，大事用卜，小事用筮，《礼记·表记》说："天子无筮"，注云："谓征伐、出师若巡守，天子至尊，大事皆用卜也。"也是说筮不如卜。"龟卜"中最重要的是"求兆"，甲骨文中的"兆"字写作八，《说文解字》中篆书"兆"字，写作川，即是甲或骨上兆纹的显现之形状。"兆"占卜的基础，相当于《周易》的起卦；因此，求得吉兆，便被称之为"好兆头"。甲骨占卜中的求兆，虽然只是看似简单的一条裂纹，但其中包含着很深的术数原理与推导方法；后世的"式法"类传承，大多与甲骨占卜的兆法相关。兆法的传承之中，有"兆象"与"兆数"之分别，兆象的传承向下演化，有"枚卜""风角""鸟占"等方法；而"兆数"传承，则演变出"筳篿""擗算"等杂卜之法。《心易梅花数》的字占部分，即是对这类"兆数"占法中的一种易学化模拟的尝试。

但在《心易梅花数》字占的占法设计中，同样也存在着基础规则不统一的问题，现在就其分别分述于下：

一、一至三字占

字占中的一至三字占，是以字的笔画为计数的标准，用来求得"兆数"，其类比的相当于是"筳篿""擗算"等杂卜的求数之法，在这里，字的笔画被看作为一根根的算筹，而不是实质的字，因此，数出来的是算筹的数，和字本身意义无关。这让人联想到金庸在《侠客行》中写到主人公石破天在侠客岛之上，见壁上武功秘笈，皆是飞剑、云气、蝌蚪而已，与其中文字全无关系。在一至三字占的方法设计中，所用的方法，也只是将组成字的笔画，看作一根一根的算筹，按字的多少、左右求出上下卦的兆数，这也就是后面卦例中"西林寺额占"为何添两钩就要加两笔计算的缘由。须知算筹可以弯而不可折，一折便算两根，所以在家传本《心易梅花数》的字占起卦中，就有了这个逢折就算两笔的让后世读书识字的学习者颇为不解的设定。

从这一点来看，家传本《心易梅花数》前面"字占"的占测方法，与后面五卷合编本中后两卷拆字占法的占算设计也完全不同。五卷合编本后两卷的拆字占，是以"花押相字"为基础的拆字法，在起算的基础设计中，五卷合编本的后两卷中的拆字占，

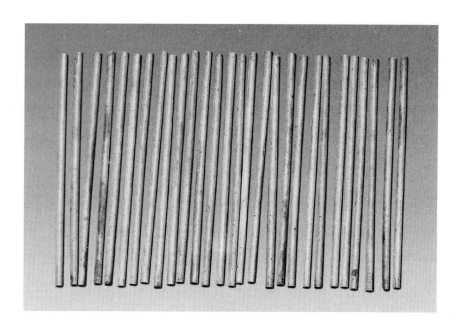

象牙算筹

是把"字"当成"字"来看待，按"字体五形""字意吉凶""拆字组字"为基础的字占法。如"字体五行"所谓，"富人字，多稳重无枯淡；贵人字，多清奇，长画肥大；贫人字，多枯淡无精神；贱人字，多散乱带空亡"，[①] 可以与现代的"笔迹心理学"相当。"字意吉凶"如："月星写于日午，定是埋光，椒桂芝兰，岂出常人之口"，是以字意比附吉凶与贵贱。"拆字组字"如："家字，凡人书此，家宅不宁，'空字头'，'豕'应在亥月也"，[②] "天字及二人，作事必有因。一天能庇盖，初主好安身"，[③] "如书'君'字，乃是'郡'旁，其人当得郡"，[④] 都是以拆字或加字形成新字来取意。这其中所蕴含的占算设计，是把"字"看成"字"，而不是看成算筹。因此，从占算的起始方法上来讲，与家传本《心易梅花数》就是不同的。后世的五卷合编本的编辑者，

① 《故宫珍本丛刊》第 415 册，64。
② 《故宫珍本丛刊》第 415 册，62。
③ 《故宫珍本丛刊》第 415 册，62。
④ 《故宫珍本丛刊》第 415 册，66。

第二章　起卦法

只是看到两种方法中都有"字占",就强行把这两种方法编辑到一起。由此也可看出,术数在后世的不断编辑中,信息不断失真,方法重重误化的脉络。

二、四字至十字占

字占中的四字至十字占,是以字的声音的平、上、去、入四声调分为一、二、三、四,作为计数标准,似想类比于邵子音韵之学。

邵子著《皇极经世书》,其卷三十五至卷五十,为律吕声音之术,其所传律吕声音之数,是用十声分配十天干,配乾兑离震四卦。十干配为十声,一干又分十六小卦,十干就是一百六十小卦。天门四卦各为七声,与十六小卦互相唱和得一百一十二声。十二地支为十二音,配坤艮坎巽地户四卦,每一支分别配十六小卦。地户四卦与十六小卦互相唱和,得一百九十二音。地户四卦中坤卦有音者九,坎艮两卦各有音者十二,巽卦有音者五。四大卦配十六小卦,得一百五十二数。用一百一十二声唱和一百五十二音,得一万七千零二十四数。声分平上去入,配卦乾兑离震,配数为一二三四,音分开发收闭,配卦坤艮坎巽,配数也为一二三四,以音唱声即为动数,以声唱音即为植数,再用动数与植数唱合,得二万八千九百八十一万六千五百七十六,谓之动植通数。其唱和用卦之法,如《皇极经世心易发微》所举例来看:"假如人来说"少"字,就用"少"字算,"少"字是古沼切,在二十七筱字,韵声属上声,音属齿音之第四声,属日月声轻,乃夬卦;音属收齿轻,乃比卦,▆▆▆,以夬卦居左,比卦居右,二卦相并。其外卦是兑与坎,合成困卦;其内卦是乾与坤,合成否卦,则合既济图,是会之元之运之元,困否入卦一图,乃大有卦也,断之曰:吉。"[①] 由此例可知,邵子音韵之学,要取"声"

_____

① 明·杨体仁著:《皇极经世心易发微》卷一《皇极起例》。

"音"唱和取数，其程序相当复杂，其中所包含着对传统律吕之数与声音频率的认识与尝试。

而家传本《心易梅花数》中所载"字占"，是以字所属读音的平、上、去、入四声，分配一、二、三、四之数，再用声调之数相加，分别求得上、下卦，再用上、下卦之数相加之合除六，求得动爻。实际上还是类似于随机取数的方法，与前面的诸占并无本质区别。

三、十一字以上占

字占中的十一字以上占，既不用笔画，也不用平仄声调，而是按字数来分配起卦，这种起卦设计，相当于是把单个的字，看作为算子；也就是说，当字数超过十以上时，把字本身忽略掉，而看作是一个一个的墨点，以这些墨点的数量，来做为起卦的数的标准。但家传本《心易梅花数》的编辑者，显然没有对这种方法进行深入考虑，按其所述方法"十一字以上，又不以平仄声音调之，止用字数。如字数平均，则以半为上卦，以半为下卦。如字数不均，则以少一字为上卦，多一字为下卦。又合卦之总数取爻。"来取卦，则因为平分或差一字分配上下卦的卦数，必然会产生上下卦相同或上下卦差一位的情况，如56数，则上卦为28数，除得震卦；下卦为28数，除得震卦。如57数，则上卦为28数，除得震卦；下卦为29数，除得巽卦，这样可以求得的卦，只有八纯卦与八个相临卦的组合，共十六个卦，连求出六十四卦的可能性都没有了。这不仅让我们想到《倚天屠龙记》中"乾坤大挪移"的第七层心法，是连创制的人都没有练过的，只不过是全凭想像，力求变化写出来的，想来"字占"中的十字以上占，就是这"乾坤大挪移"的第七层神功了。

综上所述，字占中虽罗列了十一项起卦方法，而各方法的规则并不统一，且其中还存在着设计上的缺陷，但其实质仍然是随机求得一个数，只是经过几层的包装，使得这一部分更有迷惑性而已。

［释］凡是以字数起卦，如果可均分，即一半为上卦，一半为下卦。如果字数不可均分，则以少一字的一半为上卦，多一字的一半为下卦，这是取天轻、清，地重、浊的含义。

一字占：一字为太极未分，如果书体为草书，则混沌不明，不能用来起卦；如果是楷书，则数字的笔画。以居左的笔画为阳，看数得什么数，除八起作上卦；以居右的笔画为阴，看数得什么数，除八起作下卦；再用这个字的所有笔画数相加除六，求得动爻。

左畫：丿、丨、丿。右畫：一、乀、乙、二。（五卷合编本此处将左右画改动为"彳、丿，此为左者；一、乀、丶，此为右者"，观其意，是用停笔来分配阴阳，落笔向左与向下的，为阳；落笔向右的，为阴。）

二字占：二字为两仪，平分一字作上卦，一字作下卦。

三字占：三字为三才，取第一字为上卦，后面两个字作下卦。

四字占：四字占为四象，平分上下，又四字以上，不用再数笔画了，而是用平仄声调来求得字的"调数"，声调之数的求法是，平声为一，上声为二，去声为三，入声为四。

五字占：五字占为五行，以前面两个字的声调求数除八，作上卦，后三字的声调求数除八，为下卦。

六字占：六字占为六爻之象，取上下平分各三字。

七字占：七字占为七星之象，取前三字作上卦，后四字声调求数作下卦。

八字占：八字为八卦之象，取上下平分各四字。

九字占：九字为九畴之象，取前四字声调求数除八作上卦，后五字声调求数除八作下卦。

十字占：十字为成数，取上下平分各五字。

十一字占：十一字以上至于百余字的，皆可以起卦，但十一字以上，又不再用平仄声调来取数，只用字数，如字数可以平分，就以平分数字的一半作上卦，平分数字的一半作下卦。如果字数不平均，就用少一字的数字作上卦，多一字的数字作下卦，再用总数除六，求取动爻。

丈尺占

丈尺占：丈尺之物，以丈数为上卦，以尺数为下卦。合丈尺之数取爻，寸数不系。

尺寸占：尺寸之物以尺数为上卦，寸数为下卦。合尺寸之数取爻，分数不系。

［疏］此段起卦法，后文无对应卦例。

丈尺之数，在传统术数中，属于律历占法的范畴。中国古代的度（长度）、量（容积）、衡（重量），都是基于音律为基准来设计的。律所表示的是声音的基准频率，"五声之本，生于黄钟之律，九寸为宫，或损或益，以定商、角、徵、羽。九六相生，阴阳之应也。律十有二，阳六为律，阴六为吕。律以统气类物，一曰'黄钟'，二曰'太蔟'，三曰'姑洗'，四曰'蕤宾'，五曰'夷则'、六曰'亡射'。吕以旅阳宣气，一曰'林钟'，二曰'南吕'，三曰'应钟'，四曰'大吕'，五曰'夹钟'，六曰'仲吕'。"[1] 律吕相应，是阴阳相配，《虞书》曰："乃同律度量衡"，[2] 是用律作为基本规则，来规定长度、容积与重量的单位。其取

① 《历代天文律历等志汇编》第五册，《汉书·律历志》上，中华书局，1384。
② 《历代天文律历等志汇编》第五册，《汉书·律历志》上，中华书局，1381。

法为：

"度者，分、寸、尺、丈、引也，所以度长短也。本起黄钟之长。以子谷秬黍中者，一黍之广，度之九十分，黄钟之长。一为一分，十分为寸，十寸为尺，十尺为丈，十丈为引，而五度审矣。

量者，龠、合、升、斗、斛也，所以量多少也。本起于黄钟之龠，用度数审其容，以子谷秬黍中者千有二百实其龠，以井水准其概。合龠为合，十合为升，十升为斗，十斗为斛，而五量嘉矣。

权者，铢、两、斤、钧、石也，所以称物平施，知轻重也。本起于黄钟之重。一龠容千二百黍，重十二铢，两之为两。二十四铢为两。十六两为斤。三十斤为钧。四钧为石。"

其设定方法，是先用中等大小的秬黍作为计量基准物，九十粒秬黍横排的长度，与黄钟律管的长度相较，若长度相同，则秬黍的长度符合标准，一百粒黍横排的长度为一尺。黄钟律管为九寸，一粒黍的宽度就相当于一分长。十分为寸，十寸为尺，十尺为丈，十丈为引。

秬黍

量度的确定，是将一千二百粒黍装入黄钟律管之中，校量其大小。若大小相当，即把这 1200 粒黍所占的容积称之为"一龠"。两龠为一合，10 合为一升，10 升为一斗，10 斗为一斛。

王莽嘉量

衡的权重，也是用黍作基准物，把一龠容量的黍，即一千二百粒标准黍的重量，定为十二铢。二十四铢为一两，十六两为一斤，三十斤为一钧，四钧为一石。

汉代铜权

度、量、衡的这种设计，将长度、重量与体积的测定，都统一到一个基准数据"黄钟律"之中，从而使得度、量、衡数据与音律相合。音律在传统术数、历法中，同样具有着统一数据的作用。《汉书·律历志》所载："黄帝使冷纶，自大夏之西，昆仑之阴，取竹之解谷生，其窍厚均者，断两节间而吹之，以为黄钟之宫。制十二筒以听风之鸣，其雄鸣为六，雌鸣亦六。比黄钟之宫，而皆可以生之，是为律本。至治之世，天地之气合以生风；天地之风气正，十二律定。"① "天地之气合以生风，天地之风气正，十二律定"是与节气相关的音律候气之法，其方法是"建一幢内外三重的房屋，把窗子封闭好，缝隙填涂好，再将四周密布缇缦，然后在房间里按八节的方位摆放十二张木案，木案内凹外凸，每张木案上安放一支律管，管内填好初生的苇膜，凡节气交天的时候，相应律管内的苇膜便会飞动起来。"

律管

依据天文数据所求得的二十四节气，分别与十二律吕相应；并依据节气与律的频率之间相应的前、后关系，推出气的迟与

---

① 《历代天文律历等志汇编》第五册，《汉书·律历志》上，中华书局，1384。

速。节气的位置与二十八宿坐标有对应关系，所以十二律与二十四节气、二十八宿之间也可以相互配置，《周礼注疏》引郑康成注："声之阴阳各有合，

黄钟，子之气也，十一月建焉，而辰在星纪。

大吕，丑之气也，十二月建焉，而辰在玄枵。

大蔟，寅之气也，正月建焉，而辰在娵訾。

应钟，亥之气也，十月建焉，而辰在析木。

姑洗，辰之气也，三月建焉，而辰在大梁。

南吕，酉之气也，八月建焉，而辰在寿星。

蕤宾，午之气也，五月建焉，而辰在鹑首。

林钟，未之气也，六月建焉，而辰在鹑火。

夷则，申之气也，七月建焉，而辰在鹑尾。

中吕，巳之气也，四月建焉，而辰在实沈。

无射，戌之气也，九月建焉，而辰在大火。

夹钟，卯之气也，二月建焉，而辰在降娄。"①

所述的就是这套系统，也因为此，音律也就成为天文、历法、节令、卦气以至于度、量、衡之间的媒介。《国语》载景王铸无射问律于泠州鸠，泠州鸠所说的："律所以立均出度也。古之神瞽考中声而量之以制，度律均钟，百官轨仪，纪之以三，平之以六，成于十二，天之道也。"② 就是这个道理，律可以做为制定规则的基础，所以就具有了可以协调各规则的能力。

所以古人无论是测度、量、衡还是节气，都可以转换成律，也就是一定的频率与数据。这一方法，向各方面演化，就是易纬、风角、卦气之术的基础。

---

① 《文渊阁四库全书·经部·礼类·周礼之属·周礼注疏》，卷二十三。
② 《国语全译》，贵州人民出版社，140。

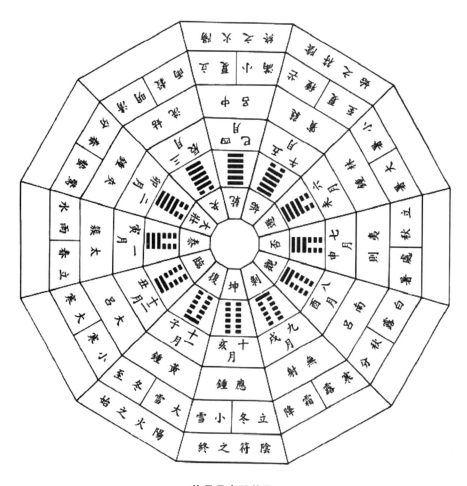

律吕月令配卦图

现世风水术中常用的"鲁班尺"法，也是以"律"为用的法门。对于建筑而言，如果依古法中的度、量、衡来建造，则其长宽与律相应，容积与律相应，材质配置也与律相应。在这种设计下，整栋建筑本身就具有了一个特有的频率。频率在空间内的震动，既与空间本身有关，也与这个空间的气口有关。如果将一栋建筑看作为一个乐器，正门就是主气口，相当于管乐中的吹口；而窗则是这个管乐的音孔，在一个乐器上，找到合理的进气口与音孔，则建筑形成的"乐器"就具有和谐的频率，可以吹奏出完美的乐章。如果设计不合理，则会造成"乐器"的频率混乱，自然无法合谐振动，则会对内部居住者造成恶劣的影响。而"鲁班尺"，就是在这个建筑上，找到门、窗合理的尺寸与位置的方法，因此，要想了解"鲁班尺"的真实用法，需要对"音律"有深入的研究。

家传本《心易梅花数》中的"丈尺占""尺寸占"，只用到了"丈""尺"的名，对于其中所包含的律度，没有任何涉及，所以只是虚名而已，其本质上还是为了取一个随机的"数"，在这一点上，与前面的各种取数法，并没有什么区别。且深入分析的话，如果是随机取数原则，按前面各占例，有加时，有不加时，若按"天清地浊"原则，"丈尺占"中的"丈数"代表着更大的尺度，有"重浊"的属性，应当属于"地浊"；"尺数"则代表着小的尺度，有"轻清"的属性，应当属于"天清"，所以应当以"尺数"做上卦，以"丈数"做下卦，"尺寸占"也是相同的道理。但在《心易梅花数》的起卦设计中，只是僵化地按照计量时的先后顺序取数，这也是不符合"天清地浊"的规则的。当然，从随机取数的视角来观察，"天清地浊"或"先后顺序"都无关紧要，因为这一堆的起卦法，都只是迷惑学习《心易梅花数》的读书人的噱头，无论用哪种方法，结果都无法准确。所以，这些方法除了让后面读书学习的人越学越混乱，越学越糊涂以外，倒也无伤大雅。

［释］丈尺占：凡是可以量出"丈""尺"长度的"物"，就用丈数作上卦，用尺数作下卦，合丈尺数之合除六取爻，寸数不考虑。

尺寸占：凡是可以量出"尺""寸"长度的"物"，就用尺数作上卦，用寸数作下卦，合尺寸数之合除六取动爻，分数不考虑。

为人占

凡为人占卜，其例不一。或听其语声，或观其人品。或取诸其身，或取诸其物。或因其服色，或触其外物。或以年月日时，或以书写来意。

听其声音者，如人说初一句，即以字数分之起卦。如人说两句，既用先一句为上卦，后一句为下卦。若语句多，则用初一句为上卦，末一句为下卦，余句不用。

观人品者，如老人为乾，少女为兑之类。

取诸其身者，如头动为乾，足动为震，目动为离之类。

取诸其物者，如其人手中偶执物，则看是何物。如金玉及圆物之属为乾，如土瓦及方物之属为坤之类。

因其服色者，如其人着青衣为震，赤衣为离之类。

触其外物者，如起卦之时，偶见水为坎卦，见火为离卦之类。

年月日时者，则如观梅占之类。

书写来意者。如人求占，或写来意，则以其字数占之。

［疏］家传本《心易梅花数》起卦法中的"为人占""占自已""占动物""占静物"的部分，相当于是《心易梅花数》起卦法的操作手册，是规定在具体起卦时的情境方法的规则，也正是在这一部分操作中，家传本《心易梅花数》的编辑者，巧妙地设计了一个针对"读书学易者"的心理陷阱。

美国心理学家，新行为主义心理学创始人之一斯金纳在其1948年发表的论文《鸽子的迷信》中，记录了这样一个试验："斯金纳将几只鸽子喂饱后，将他们的体重减轻到原体重的75％，这使得所有的鸽子在实验时都处于饥饿状态，从而增加了其寻找食物的动机。

　　每天这些鸽子都会被放进实验笼中几分钟。实验笼的料斗上连接了定时继电器和螺线管，同时使用一个时钟来定期释放料斗出料，间隔 15 秒分发一颗食物，这确保了料斗的出料和鸽子的行为无关。

　　通过几天相同的实验之后，75％的鸽子出现了明显的变化。有的鸽子开始进行逆时针转圈的条件反射，一般会在两次喂食强化之间转 2－3 圈；有的鸽子反复将头伸向箱子上方的一个角落；有的鸽子不停的将头进行上举；另外有鸽子形成了钟摆似的动作。以上这些行为，在实验前都没有在这些鸽子上观察到，虽然这些新行为和得到食物之间没有任何联系，但是鸽子们表现的就好像这些动作会让他们得到食物一样，也就是这些鸽子迷信了。

斯金纳的鸽子

　　迷信行为出现后，斯金纳将两次强化的间隔拉长到一分钟，结果显示鸽子们的动作变得更加明显。如何消除这些鸽子的迷信行为呢？在停止试验箱的强化之后，实验员们观察到鸽子最后大概重复了 10000 多次之后，迷信行为消失。这个实验证明了鸽子也会产生和人类类似的迷信行为，鸽子迷信行为的依据是掉落食物前曾经做过的动作与掉落食物之间的因果关系，虽然这种关系实际上完全不存在。"

在家传本《心易梅花数》编辑者的精心设计下，读这本书而想要学成"梅花易数"的学者，都成为"斯金纳的鸽子"，而这一陷阱是用以下几个条件设立的：

一、用神奇的故事与占例，让学易者在心理上产生对"梅花易数"的饥饿感。

二、设定多个起卦条件，如"为人占"中，起卦的方法有："听其语声、观其人品、取诸身、取诸物、看服色、触外物、年月日时计数、书写来意"，而在这些大项下，还有诸多小项：如听音声，还有听一句、听两句、听多句；书写来意，还有一到三字占、四到十字占以及十一字以上占。我们姑且不计小项，单以文中所列大项来考量，前述大项共有八项，按照周易的占测原则，以及我们前述的太极图时空原理，对于一个特定的事件，若按正确的方法起卦，则会有且是唯一的一个卦象组合与事件本身对应，这个组合的可能是 64＊64＝4096 种。周易占测，就是在这 4096 种组合中，找出与事件最为相关的一组卦。如果在一个事件中，有多个卦象，皆可对此事件进行模拟，且得出的结果相同，则证明易学的占测功能不成立。如果一个卦象组合，可以得出一个事件的正反不同结果，则易学的占测功能同样不成立。因此，针对一个特定事件占测的模型数据，应当是具有"绝对的对应性且结果唯一"的。由于梅花易数起卦法的先天缺陷，其能得出的卦象组合为 64＊6＝384 种，那么如果针对单一事件，按照梅花易数设定的起卦规则，只能得出 1/384 的概率，即梅花易数求得的卦象组合，远远小于正常易学占测模型所设定的卦象组合。鉴于《心易梅花数》的占断规则"体卦为主，用卦为事，互卦为事之中应，变卦为事之末应"，对于一个事件前期状态的描述，只需要用到贞卦的"体""用"而暂不考虑悔卦所代表的"末应"，因此，可以把这个概率，进一步缩小到1/64，即每占卜64件事，平均能有一次占卜结果与事件基本相应。以上所描述的，是用一种起卦法得到卦象的概率。若起卦法为多种，按前面所述"绝对的对应性且结果唯一"的原则，只有在多种起卦法得出的卦象为同一个组合且与事件具有绝对对应性时，此方法才会成立，那么，这个概率是多大呢？按为人占所列的八种起卦方法的大项计算，则其概率为1/64⁸，即1/281474976710656，这个概率已经基本上接近于零了。既然用八种起卦法起出同一个卦的可能性已经接近于零，那用八种起卦法起出8个不同卦的概率显然要大得多。我们进一步设想，如果我们用64种起卦法，同时对一个事件起出64个不同的卦，那么这64个卦是否都可以对这一个事件进行一致的描述呢？显然，如果是这个情况，那么只能证明这种占测方法是无效的。既然如此，那么家传本《心易梅花数》在设计起卦法时，为什么要设计这么多种可能呢？这就是这个心理陷阱的巧妙之处。假设针对一个事件，有64种方法可以求得64个卦象，则当占测者随机用这64种方法中的任意一种，求得一个卦象的时候，这个卦象对应事件的概率是1/64，而剩余的63种起卦法，对应事件的概率则为63/64。若占测准确，则占测者会认为自己随机求得卦象的准确率为100％。这个偶然的"准确"，实际上是在概率计算中可以推导出来的可能。在"斯金纳的鸽子"实验中，相当于是固定时间掉落下来的食物。若占测不准确，那么占测者会从剩余的63种起卦法中，找到一个和事件相对应的卦象，这个时候，占测者不会怀疑起卦法本身有问题，而是会懊悔自己随机起卦的水平不行，没有找到合适的与事件对应的起卦法。这一步相当于是引导鸽子产生迷信行为。

三、当《心易梅花数》的学习者在算卦不准，但总能从剩余的起卦法中找到与事件相对应的卦象时，《心易梅花数》的学习者的疑问，已经不是《心易梅花数》起卦法是否本身存在问题，而是变成"我如何每次都能从数种起卦法中，找到与事件相对应的卦的方法"。在这种情境下，《心易梅花数》的学习者，就变成了"斯金纳的鸽子"，会因为一个固定概率的奖励而重复尝试各种与奖励无关的动作，一旦某个动作多次与奖励出现相关性，则重复这一动作的机率就会增加；在这个时候，《心易梅花数》的学习者就会认为自己找到了真正的方法，而进一步形成"行为强化"。而即使这一方法最终证明无效时，也会对学习者形成一个"奖励机制"，让学习者认为自己已经接近真相了，只是某个方面还没有考虑到，因此会更进一步增加其尝试的行为。这种由于概率性给予结果，而行为者很难直观地判断机制是否失效，所以单次的失败不会给予明显的"惩罚"效果，终止行为者的习惯；同时会在固定概率激励的心理暗示下，让行为者的学习行为一直持续下去。这种心理，与赌徒玩老虎机的频繁尝试，或者清代买"花会"者，于丛冢之中，露宿达旦，借助梦兆求得花字[①]的行为，已经没有什么区别了。这一步相当于是对"鸽子"随机性行为与奖励之间的关系进行行为强化，而增强"鸽子"的"迷信"行为。

---

① 施鸿保《闽杂记》所言："闽中花会，无处不存，因而鬼卜之风亦盛。花会有三十六门，每门有一名字，每一名目皆有一鬼。如明珠为缢鬼，必得为男缢鬼之类，士人皆熟知之。凡打花会者，往往于丛冢之中，露宿达旦，是晚所得梦兆与何种鬼相符者，即以孤注博之，必可获中。得中以后，即以酒食祭之。洪山桥附近有官山，丛墓如麻。有一孩尸为野犬所啮，仅余头臂，有一人即以香烛祭祷，用锦被裹之家中，默数由山至家之步数，用三十六之数乘之，余数若干，即打花会第几门，居然获中。南校场行刑时，有人持秤而待。钢刀即下，人头落地，此人赶紧捧其首级，用秤秤之，约若干斤，即打花会第几门。"闽省上府各县往往有奇案。此等人以卖鬼卜为业，挑一香担，担上有极小之神龛，游行各村。凡打花会者，闻香担至，必就神前问卜，以定宗旨。每卜一次，得钱十余文。

至此，家传本《心易梅花》的编辑者，就通过这一系列巧妙的设计，让大量学习并尝试《心易梅花》占法的"读书人"变成了"斯金纳的鸽子"。

［释］凡是为别人占卜，其方法不一。或者听他说话的语声，或者观其人品相，或者取其身体部位，或者取其物品，或者看其所穿衣服颜色，或者看起卦时所接触到的外面的事物，或者用年月日时计数起卦，或者看其书写来意起卦。

所谓"听其声音"，如来人说第一句，就用字数拆分来起卦，如来人说两句话，即用前一句做上卦，用后一句做下卦，如果语句多，就用第一句作上卦，用最后一句作下卦，其它句子不用。

所谓"观人品"，如老人是乾卦，少女是兑卦之类。

所谓"取诸其身"，如头动变取乾，足动就取震，目动就取离之类。

所谓"取诸其物"，如其人手里偶尔拿着物件，就看是什么物件，如金、玉及圆的物件为乾，如土、瓦及方的物件属坤之类。

所谓"取其服色"，如其人穿青色的衣服为震，红色的衣服为离之类。

所谓"触其外物"，如果起卦的时候，偶然看到水，就用坎卦，见到火，就用离卦之类。

所谓"年月日时"起卦法，可参考"观梅占"之类卦例。

所谓"书写来意"起卦法，如果有人来求测，写下自己求测的来意，就用他写的字数起卦。

占自己

凡占卜自己，或以年月日时，或以所闻声音，或观当时有所

触之外物，皆可起卦。以上三例，与前章为人占同。

［疏］为自己占的问题与前述为他人占相同，实际上是同样的心理陷阱。

［释］为自己占卜，或者用年月日时起卦，或者用所听到的声音起卦，或者看当时有所触动的外物起卦，以上三种方法，与前面所讲的"为人占"相同。

占动物

凡牛马犬豕之类，初生则可以年月日时占之。或置买此等之物，亦可以初置买年月日时推之。

凡占群物之动，不可起卦。如见一物，则就以此物为上卦，动来之方位为下卦。合物卦数及方位卦数，加时取爻，而以此卦就断其物，如后天占牛鸣鸡鸣之类。

占静物

凡见静物，则如江河山石，一定不易之物，不可起卦。若屋宅、树木之类，则屋宅初创之时，树木初植之时，皆可起卦。至于器物，则初置时成器之时皆可占之，如椅、枕之类是也。余则无故不占，不动不占。若观梅，则见雀争枝坠地而占。如牡丹则因客问而占，如大树则因枝枯坠地而后占之也。

［疏］占动物与占静物的起卦方法，对应的是后面卦例中的牛哀鸣占、鸡悲鸣占与枯枝坠地占。

在此段文字中，有几个问题需要关注：

一、占动物与占静物的占法中，实际上包含着两类占法，其一是命数占，其二是兆数占，命数占似有依附于邵尧夫"万物皆有数"的传说而来，邵子"万物皆有数"的记录，经历过一个由理性到传奇的演化过程，从《皇极经世书·观物外篇下》所载

"有一日之物，有一月之物，有一时之物，有一岁之物，有十岁之物，至于百千万皆有之，天地亦物也，亦有数焉，雀三年之物，马三十年之物，凡飞走之物皆可以数推，人百有二十年之物。"[①] 这段内容所叙述的是事物因其天然属性而具有的"自然寿数"，到《曲洧旧闻》[②]记载"温公与尧夫水北闲步，见人家造屋。尧夫指曰：'此三间，某年某月当自倒。'又指曰：'此三间，某年某月为水所坏。'温公归，因笔此事于所着文稿之后。久而忘之，因过水北，忽省尧夫所说，视其屋，则为瓦砾之场矣。问于人，皆如尧夫言，归考其事亦同。此事，洛中士大夫多能道之"[③] 的故事中，记载的是万物因某个时间邵子偶占而得到的不可改移的"成坏之数"，再到后世《铁板神数》《邵子神数》中每个人因其出生的年月日时刻的不同，而可以推算出来其父母年寿、子女数量、妻子属相等等固定的"烙印"在命运之中的"定命之数"，这个定数，也渐渐脱离开了其朴素的本源，而变得日趋神话。

二、邵子的万物皆有数的观念，实际上是很朴素的自然观，即各种生物按其生物性质而应达到的平均自然寿命，或者物品按其材质属性而应达到的平均使用上限。按现代科学研究，哺乳动物的寿命相当于性成熟期的 8～10 倍，生长期的 5～7 倍，而人类的性成熟期为 14～15 年，生长期为 20～25 年，故人的自然寿命可达到 110～150 岁，或 100～170 岁。亦有研究指出，动物的自然寿命为其细胞分裂次数和分裂周期的乘积，人体细胞分裂次数约 50 次，每次分裂周期平均为 2.4 年，故人的自然寿命应为

---

① 《邵雍全集·皇极经世卷第十二·观物外篇下》，上海古籍出版社，1243。
② 《曲洧旧闻》，宋朱弁作，一卷。作者于南宋初年使金，留十七年，该书当作于留金时，但所记皆追叙北宋遗事，无一语及金，故曰"旧闻"。"曲洧"者，当指开封府之洧河水，借以表述思念北宋之忧国情意。它记述北宋各种遗闻轶事，间及诗活，文评、神怪传说，是较为典型的宋人笔记。
③ 宋·朱弁撰：《四库全书·子部·杂家类·曲洧旧闻》，卷二。

120 岁左右。这一数据，恰好与邵子所述的"人百有二十年之数"的数据相同。自然寿命是以生物或物品的自然属性确定的，是指其从自然出生到自然死亡或损坏的极限，这个"数"是隔离于外界影响与干扰以外的理想数据。

三、《曲洧旧闻》所记载的故事中的"数"，是成坏之数，这个数的概念，是与《心易梅花数》中"击鼠破枕占"与"仙人坏椅占"的理念是相同的。这种成坏之"数"中的"数"，是与物品的自然属性无关的，而是与事件的影响相关。这种数，可以称之为"兆数"，即因为某种不相关的"外因"加之于"物"上的影响而造成的"物"的"成毁"；占测者通过对另一不相关的"兆"的关注，而引发对"外因"的占测，从而得出"物"的"成毁"的结论。这种数的概念中存在一个严重的错误概念，即占测出来的结果是"定数"，是不可改变的，是否定人力干预功用的。在"仙人破椅占""击鼠破枕占""河边房屋占"中，占测者的作用都只是"预知"，而没有任何干预性措施；试想，若提前预知"椅子"会被人坐坏，为什么不进行加固？若所来的"仙人"不让他坐在这张椅子上，是否可以避免椅子损坏？河边如有人建房，那提前提出警告，适当加固周边的围堰，做好疏水导水，房屋是否还会"为水所坏"？如果知道房屋会"自倒"，提前提醒，对房屋的基础进行加固，增加承重设计，是否能避免"自倒"的发生？这一切，都是人力可以起作用的地方；但在《心易梅花数》的卦例以及宋人笔记的记录中，占测者所起到的作用，只是一个观察者，仿佛是一个游离于世外的"神"，是一个无法与世间发生关联的影子；虽然可以做出预言，但预言却无法对其针对的"物"产生影响。须知占测的功用，即是对占测的结果进行合理的分析，对占测的可能性在事件发展过程中进行观察并予以适度的规划与调整；这一过程，就是"趋吉避凶"。能够对事件的结果"趋吉避凶",首先是建立在对未来占测准确的基础上的；但若没有后期的"行为规避"，则前期的占测再准确，也是无意义的。由此可见，《曲洧旧闻》与《心易梅花数》中这种定数的设定，是先天具有逻辑上的问题的，是不符合现实认知的。

四、《铁板神数》《邵子神数》所标榜的，又是另一种"数"，即针对人一生的所谓"定数"，按这类"神数"所宣称的，一年有三百六十五天，一月有三十日，一日有十二时，一时又分八刻，一日共计九十六刻；世间八字之所以算得不准，是因为没有将刻计入其中，因此结果是有误差的，也无法算到细节；但铁板神数是将每个时辰分作八刻，每一刻出生的人命数又有不同，是以可以精确占测到细节。按《铁板神数·乾集》开篇所云："往往有八字相同，则贫富各异，皆因未认真刻分耳。唯前贤诸夫子秘传理数，从本人父母本身八字，配合五音八卦，每一时须推八刻，每一刻又推十五分。推衍之准时刻，自然全数悉合，祸福吉凶丝毫不爽。"[1] 按"铁板神数"类术数所宣扬的，如果刻分准确无误，则子女多少、父母寿数、妻子属相等等皆有"定数"；若按此说法，则同一时间出生的孩子，其父母属相、寿数、子女多少等这些都是因出生时间而规定好的，如"铁板钉钉"无可改移。若依此计算，按八字年月日时计算，全部可以推导出来的命运组合为 518400 种；若再将每个时辰分作八刻计入，则命运的组合可以上升为 4147200 种组合；而这是全部的命运总数，若将此数据限定为一年内，则只有 69120 种组合。按国家统计数据，2019 年，国内新出生人口总数为 1465 万人，用 1465 万人除以69120，则每个刻平均出生人数为 212 人；若将此数据扩展到每分钟，则一刻相当于 15 分钟，用 212÷15，则每分钟约出生 14

① 郑同：《邵子全书·第 11 册·铁板神数》，九州出版社，2017 年 12 月第 1 版，1。

人。我们在现实生活中，是否在妇产医院看到过这种情景，同一时间出生的婴儿，其父母的属相都相同？其家里的兄弟姐妹数量都一致？通过现实观察，前面所说的情况在现实社会中显然是不存在的。因此，"铁板神数"类术数，只需要用现代统计学上的数据，即可轻易揭示其中的谬误，只是不知为何现代还有大量学易者陷于此类江湖的谎言之中而乐此不疲。

定"数"的观念，发展到"神数"类术数，是此类术数彻底变异与江湖化的一个结果，其中所包含的，已是经过精心包装的江湖骗术，且其中藏着大量江湖隐语，将"天、乾、日、椿"等代表父亲；"地、坤、月、萱"等代表母亲；"比"代表兄弟；"比妹"代表姊妹；"金"代表丈夫；"木"代表妻子；"艮"代表儿子；"系"代表孙子；"行度"代表排行数；"木星辰"代表妻早子早；"水草"代表早婚；"妹"代表女命；"正卦"代表年运；"静"代表命差；"动"代表发达；"坎"代表上命；"观"代表中命；"晋"代表下命；"尾"代表终命；"小过"代表小运；"出"代表出家；"斗宫"代表考试得中；"血"代表学；"元"代表寿限；"屯"代表死亡；"升仙"代表死于何年；"白"代表孝服；"甲流度"代表甲子流年等，实际上已经演变为江湖内流传的骗术秘诀。

《铁板神数》类术数，又称之为"蠢子数"，据传说邵子所生的儿子资质愚蠢，邵雍为给儿子留下衣食之资，穷一生之学，著作了《铁板神数》。而据史籍记载，邵雍之子名邵伯温，官至果州知州，曾任提点成都刑狱、利州转运史等职。著有《邵氏闻见录》《河南集》等，于政治、文学方面，多有成就，显然不是《蠢子数》传说中的"蠢子"，那谁又是这个"蠢子"呢？按其故事所设定的情景，凡是读着这本《蠢子数》《铁板神数》之类的神数之书，并想象着其中有邵子终生所学的"读者"，应当便是这故事中的"蠢子"了。江湖中人，既赚了买书传书人的钱，同时还给买书人一个"蠢子"的名号，其中所蕴含着的江湖人的狡黠，读之可发一笑。

2011 年—2019 年中国出生人口走势

　　家传本《心易梅花数》中的"占动物"与"占静物"，所涉及的是上述所谓"数"占中的前两类，即"命数占"与"兆数占"。命数占方面，是以动物"初生、初置"之时的年月日时起卦，以静物"初创、初植、初置、成器"之时的年月日时起卦，对于此处起卦法的问题，仍然是起卦法的随意性增加的问题，即按不同的时间起出来的卦象肯定不同，应当以哪个为准的问题呢？若都准，则相当于多个不同的卦会指向同一结果，则卦象本身就没有了占测的意义；若都不准，则占测本身就变成了无用功，对于此项的相关问题我在前文已有述及。而"兆数占"部分，则既涉及起卦法的随意性问题，还涉及到"主观行为规避"是否有效问题，即人的行为对卦占结果是否能产生影响，若能产生影响，卦占结果是否可以改变；若不产生影响，则卦占还有没有意义的问题。

　　[释] 占动物：凡是占测牛、马、犬、豕等动物，或者按动物初生之时的年月日时起卦占测；或者购买这些动物时，也可以按购买时间的年月日时起卦占测。

　　凡是看到一群动物，则不能起卦，如果只看到单一的动物，就用这个动物做上卦，用其所来的方位做下卦，把此动物的卦象数与方位卦的卦数相加，加时辰数求得动爻，就可以用这个卦来对这个动物进行占测了，如后天占中的"牛鸣""鸡鸣"占，就是这一类占法。

　　占静物：凡是看到静物，如果是江、河、山、石这种一直没有变化的东西，是不可以起卦占测的。如果是屋宅、树木之类，则可以在屋宅初建的时候，树木初植的时候，都可以用这个时间起卦。

　　至于器物，则可以在初制成器时，或者刚刚购买时，按当时的年月日时起卦，如椅、枕之类，就是这种占法。

　　其余情况，则要遵循"无故不占、不动不占"的原则。比如"观梅占"，则是在看到麻雀争枝坠地后，起卦占测；比如牡丹占，则是因为有客人询问而起卦占测；比如大树，则是因看到枯枝附地而后起卦占测。

端法后天卦数

物卦起例

后天端法以物为上卦，方位为下卦。

右合物卦之类与方位卦数加时数，以取动爻。

［疏］"端法后天卦数"中的"端法"，是指的"方"，"梅花易数"的占法，从术数技术流传与演变的角度来考察，与天心派秘传的"金口透易梅花占"渊源颇深。若将"金口透易梅花占"中的"八动占""四象占"等基础占法钥匙口诀去掉，则很容易形成世传的"梅花易数"的形态。这其中的脉络，以理推之，尚有据可寻。天心派秘传的"金口透易梅花占"是属于天心派"宗门八法"中"杂法门"中的"金口透易"中的"观枚占"的传承。按天心派"宗门八法"有"端法门"，是属于"正法七门"中的第一法。此处"物卦起例"中前缀"后天端法卦数"中的"端法"，似还在名称上保留着秘传体系的某些痕迹，但其方法，则已大异。

金口诀中的"端法"，是金口占法的起首之法，其中所蕴含的"理"，无论是从眼界，还是从数理上，都有很深的渊源；而到了《心易梅花数》中的"端法"，则无论从眼界上还是理法上，都缩水很多，且其占法，了无端绪；再与"风角鸟占"之术更相掺杂，其中已无精华可言；虽对于保留《易经》"卦象"有些许之功，但于实用，已无意义。

《周易·系辞上》曰："《易》有圣人之道四焉；以言者尚其辞，以动者尚其变，以制器者尚其象，以卜筮者尚其占。"[①] 但无论是"辞、变"还是"象、占"，其上面都还有个"法"；这个"法"，就是技术规则，所谓"有法可依，条分缕析；无法可依，荒草萋萋"。有技术规则的支持，则"辞变象占"就都有"法"可依；若没有技术规则的支持，则"辞变象占"，就只能是"无源之水、无根之木"。自汉代以降，易学有"义理派"与"易象派"之分，尚秉和先生在《周易尚氏学·总论·第十二论·易理

---

① 《周易·系辞上》。

易象失传后之易派》中讲道："凡春秋人说《易》，无一字不根于象，汉人亦然。惟古书皆竹简，本易散亡；王莽乱起，中原经兵燹者十数年，至汉末，西京易说皆亡，独存孟、京二家，以无师莫能传习。于是韩宣子所谓易象者，颇多失传。东汉儒者，知说《易》不能离象也，于象之知者说之；其不知者，则当敬阙其疑。乃虞翻浪用卦变，郑玄杂以爻辰，虚伪支离，使人难信。王辅嗣遂乘时而起，解缚去涩，扫象不谈。唐李鼎祚所谓野文也。自是易遂分为二派，其以辅嗣为宗者，喜其无师可通，显于晋，大于唐，而莫盛于宋，所谓义理之学也。实所谓义理者，于易理无涉。"① 依尚秉和先生所言，易学中"义理"之学的形成，实际上与汉易中的易象传承失传有关；而尚秉和先生所没有讲到的是，汉易中的易象失传，实际上与易学占卜技术方法的失传有直接关系。失去了技术规则的"易象"，就如同没有图纸的一大堆机器零件，依靠后人很难把这些零件再拼接起来；而随着时间的延续，后人更是连安装的与维护的想法都已放弃；等到后人再想把这个机器恢复运转时，却发现机器连零件也已经不完整了。所以，后来人中的聪明人干脆把这台机器变成了一个图腾，将其供在神坛之上，只向人形容这台机器有多么神奇，却不再让机器真实运转；这样，这台机器中的零件就变得更无用处。《易经》就是这台机器，无论是"易象"的失传，还是"义理"派的广泛流行，都与这台机器的安装图纸与操作手册的丢失有直接关系。

《心易梅花数》的"端法"起卦，既可与前文"占动物"与"占静物"相联系，更与后文"风觉鸟占"起卦法有直接关联，但在此处独立列出，仍让人感觉颇为奇怪。通观《家传邵康节先生心易卦数》全书，此处"端法"起卦法后面所附"八卦万物属

---

① 张善文校理：《尚氏易学存稿校理》第三卷，中国大百科全书出版社，22。

类"，与后文"八卦所属内外动静之图"内容颇多重复；而且在"八卦所属内外动静之图"后，尚附有更加详细的"八卦万物类占"。如果把"端法"起卦从本书中删除，对于本书的整体性也毫无影响。从技术的角度，"端法"起卦虽然借用了"金口诀"中的端法之名，却没有"金口诀"的端法之实；其理论的境界狭窄，可操作性也比较差。如后文"物卦起例"中，"乾卦"为天、老人、父、马，试想一下情境，其中"老人、父、官贵"可以依"为人占"中的"观人品"起卦，但若此"官贵"为一"童子"，是按"官贵"的"乾"起卦，还是依艮卦中的"少男"或"童子"起卦？"乾卦"动物所属有"马"，而依《易经·说卦》所言："震为善鸣、騝足、作足、的颡之马，坎为亟心、下首、薄蹄及曳马"，试问若南方有一马，是以乾卦起卦，还是要先看马是否善鸣，是否薄蹄？此外，新的事物是不断出现的，而且很多"物"都具有不同的属性，比如"电视"，有人以具有画面的特征，而指向为"离"；也有人以其具有科技的属性，而定位为"兑"。再如"飞机"，既有人指向为"乾"，也有人指向为震，这些都是操作上实际会遇到的问题。后世学习《梅花易数》往往会被困在此类问题之中，纠结于起卦方法中"取象"是否准确，外应中读象是否有"规律"等等，都与《心易梅花数》中对于起卦用"象"与解卦用"象"的模糊有关；而正是这一类模糊性的设定，为《梅花易数》成为一门千年不倒的"神术"打开了大门。

［释］后天的端法起卦，以"端"方的物为上卦，方位为下卦，将物卦所代表的数，与方位卦数加上时数除六，求取动爻。

八卦万物属类 并为上卦

凡见所属之物，就起上卦。

乾：天　老人　父　马　金玉　国　物　骨　头　官贵
　　冰　木　刚物　果　　镜　珠宝　冠

坤：地　母　老妇　腹　土　牛釜　文章　布　车　方物
　　辇　柄　服裳　黄色　瓦器　黍稷　黑色　柄土

震：长男　足　发　百虫　蹄　竹木　树　萑苇　木　核
　　草木　柴　繁鲜　雷　青碧　绿色　乐器　竹器　龙

巽：长女　僧尼　仙道鸡　工匠　百禽　直物　草木　羽毛
　　工巧之器　枝竿　风　绳　股　气香　木鱼　青色洁白

坎：中男　雨　月　冰雪　耳　血　黑色　月轮　水　酒
　　有核之物　豕　水族　鱼　盐　盗

离：中女　日　电　霞　霓　文人　花火　文书　眼　目
　　心
　　火　甲胄　炉灶　兵戈　雉　龟　螺　鳖　红紫赤色
　　槁木
　　有壳之物　干燥之物　蟹

艮：少男　童子　手指　鼻　嘴长之兽　山土　藤瓠　木果
　　狗　啄觜之禽　道路　鼠门　禽　百禽兽　石背　黔喙
　　之属

兑：少女　巫妾　歌女　口　舌　金　钟　五金　缺器
　　断刀
　　肺　羊　泽　有口之器　器物之类　白色　乐器

已上八卦属物　凡此并起作上卦

［疏］这一段为端法起卦中物卦易象所属，其中部分内容延续了《系辞·说卦》中的卦象内容，如乾为马、坤为牛等，而《系辞·说卦》中八卦所属，其中部分卦象实际上与易占传承中的“变占”有关，“变占”的传承，是用一卦变六十四卦之法，汉代焦延寿所著《焦氏易林》即是“变占”的传承。

《说卦》中所列之卦象，既有本象，也有变象；而自"变占"之法隐传于秘，后人不知其法，而将《说卦》中所列的卦象全部归之于易卦"本象"之下。这一情形，也与《易经》占法的技术性缺失有关。如乾为马、坤为牛之类卦象，都是属于"变占"传承的应用。且如《说卦传》中离卦之下有"其于人也为大腹，为乾卦"，[①] 是离卦又为乾卦。后人解曰："乾，音为 gan，谓干燥，《正义》'为大腹，取其怀阴气也，为乾卦，取其日所烜也'，《尚氏学》：'乾'疑取物欲乾燥，必须近于火，热之义"，[②] 此便是无解而强解。不知即然是"干"，为何后面还要加一个"卦"字？离为乾卦，实际上便是"变占"的规则，古人称之为"乾舍于离，相与同居"。[③]《左传·闵公二年》鲁恒公占卦"又筮之，遇'大有'之'乾'，曰：'同复于父，敬如君所'。"大有卦上为离，下为乾，乾卦则上下皆为卦，所谓"同复于父，敬如君所也"，是变占中乾离同舍的表述。后世"变占"之法既隐，世人不知其法，而卦象皆归于"本象"，此是易象淆乱之一源。家传本《心易梅花数》中所列的卦象，既然已非根本，则以此起卦，自然更属无稽。

　　［释］本章内容浅显，认真读原文即可。

八卦方位 并为下卦

乾西北方　坎北方　艮东北方　震东方

巽东南方　离南北　坤西南方　兑西方

　　右以上八卦方位。凡此属之物自此方来者，或物在此方者，并起作卦。

---

① 黄寿祺、张善文撰：《周易译注》，上海古籍出版社，2001 年 9 月第 1 版，631。
② 黄寿祺、张善文撰：《周易译注》，上海古籍出版社，2001 年 9 月第 1 版，640～641。
③ 张文智著：《周易集解导读》，齐鲁出版社，2005 年 12 月第 1 版，159。

第二章　起卦法

[疏] 此处方位，为后天卦位。

后天八卦分配方位

加时数取爻

乾一金　离三火　兑二金　坎六水

坤八土　巽五木　震四木　艮七土

[疏] 此取数，用先天八卦。

先天八卦配数

附录:《金口透易·梅花占》中的起卦法

"金口透易·梅花占"是天心派金口秘术中杂法门的传承,梅花占,古称"观梅占",其渊源与"观枚"古法有关,中国古代术数传承中有"枚占"之法。江陵王家台秦墓出土《归藏》简,其中简文有"节曰:昔者武王卜伐殷,而受占老考,老考占曰:"吉。……"①清马国翰辑《玉函山房辑佚书》辑《归藏》有"明夷曰:昔夏后启筮:乘飞龙而登于天,而枚占于皋陶,陶曰:吉。"②其中所载的"受占""枚占"即"枚占"之法。"枚占"是用三枚竹片起卦,以竹青为阳,竹黄为阴,抛之而占。其占法传至秦后,以秦半两钱天圆地方,规制清晰,易于分辨阴阳,且日用易得,是以枚占演变为"以钱代筮"之法,而"枚占"一词反而隐而不为世人所知。"枚占"之法的名称,也称之为"观枚占",至宋代,因图书编辑而演绎出"邵子观梅"的故事,从而变为"观梅占",是以演变成现代所称的"梅花易数"的方法。

古法"枚占"的传统,起卦是用竹片三枚,分辨阴阳,抛之而成卦,后世用钱,也是因为阴阳易于分辨,其具体起卦方法如下:

由求测人自行摇卦,不可代摇代占,求测问题须清楚明朗,要遵循"不疑不占、不动不占、无事不占"的规则。

一、以钱三枚,由摇卦者自定阴阳,按阴阳多少,以定卦爻。

二、两阳一阴,为少阳。

三、两阴一阳,为少阴。

---

① 《江陵王家台 15 号秦墓》,荆州地区博物馆。
② 《玉函山房辑佚书》之《归藏·郑母经》。

四、三阳为老阳，化而为阴。

五、三阴为老阴，化而为阳。

举例如下：

以三枚铜钱摇卦，依次得

第一次：两阴一阳。

第二次：两阳一阴。

第三次：三阳。

第四次：三阴。

第五次：两阴一阳。

第六次：三阳。

按金口透易·梅花占起卦法，起卦为：

山风蛊化雷水解

其中，山风蛊称为贞卦，雷水解称为悔卦。

针对前文所论述的家传本《心易梅花数》的起卦法中的问题，我们以"梅花占"的起卦法与之相较：

一、起卦方法的基础参数设计问题。

家传本《心易梅花数》起卦法的基础参数设计，如果按"加时"计算，可以起出来的卦的变数为 64＊6＝384，如果不加时计算，则起出来的卦的变数为 64＊3＝192 卦；而"金口透易·梅花占"的"枚占"卦法，起出来的卦的变数为 64＊64＝4096 卦。4096 卦是周易卦法的原始起卦的变数规则，从"起卦法应当与卦占之法规则统一"的角度讲，"观枚占"的起卦法是完整合规的起卦法。

二、起卦方法中起始参数的数据统一问题。

家传本《心易梅花数》的起卦法，其规则既有卦数起卦，又有端法起卦，加之后面再引入其称之为"先天之易"的"灵应占"，在起卦之初，即设定了多个起卦条件，而且各起卦条件之间自行独立。在占测的操作者而言，首先的第一步，不是占卜起卦，而是选择起卦方法，而对于多个起卦方法而言，按前文中我们所做的计算，多个起卦方法得到相同的卦的可能性基本接近于零。也就是说，多个起卦方法的设定，可以让占测的操作者，因为前期选择的不同，而对同一个事件的占测起出不同的卦来。这其中就存在着一个悖论，即如果卦具有占测功能，则在特定时空针对特定事件起出来的卦，应当是与事件完美对应的，这样的"卦"才能对事件的状况表现、未来走向进行模拟与占测。如果对于特定时空中的同一事件，起出来的卦不同，但都能与事件——对应，这相当于 64 个卦都能指向同一个事件的同一个结果。如果是这样，显然无论是起卦法还是占卦法都失去了占测的功能。若所有的起卦法，无论怎样选择，得到的结果肯定是同样的与事件对应的"卦"，而这种情况我们在现实中又无法做到。那么，这样设定多种起卦法的意义是什么呢？这其中的意义，实际上就是为了给《心易梅花数》的学习者，提供足够多的选择备份。

按前文《心易梅花数》起卦法的设定，占卦的操作者一旦选择了一种起卦法，得到卦象，其它起卦法就定位成了"起卦备份"；若占测的结果"偶中"，也就是得到的"卦象"能够与"事件"对应，则"起卦备份"自动失效；若起出的"卦"无法与事件相对应，则其它起卦法的"起卦备份"就成为"备选席"，占测的操作者会想当然的认为自己的起卦方法的选择出现了问题，而对"起卦备份"进行"复盘"。因为这个"起卦备份"的可选择度足够大，因此占测的操作者有很大概率会在"备选席"的"起卦备份"中找到与"事件"结果相对应的"起卦法"。这就使得《心易梅花数》的研习者，会一直认为是自己对于起卦法的选择有问题，所以得出的结果才会有问题；而对于起卦法的选择，家传本《心易梅花数》的编辑者提出的要求是："更在圆机，不可执滞"，这样一个近似于玄学与宗教的标准，这就使得《心易梅花数》的学习者，在"起卦法"这一步，就落入了"圈套"，会一直徘徊在验与不验的"迷茫"之中，即使是到了近现代，情况依然如此。

现在的实验室，操作规则的固定与操作方法的统一，是实验设计的重要前提。对于一个标准模型而言，基础参数的唯一性与操作方法的固定性是必然的标准。只有做到基础参数的唯一性与操作方法的固定性，操作者才会有章可循。在出现问题时，可以找到其中的问题所在，而不是徘徊在操作方法的规范与参数的筛选上。"金口透易·梅花占"的起卦法，用三枚铜钱为显示"阴、阳"的基础工具，设定唯一的操作规则，从而保证了基础参数的唯一性与操作方法的固定性，只有这样，才能让起出来的卦，具有唯一性；而卦占的结果，也才具有可回溯性与覆验性。

三、起卦法的"无心"问题

真实的"起卦法"是遵循"无心"原则的，即起出来的卦是来自于"兆象"自然显现的结果，起卦者只是操作者，而非选择者，这样起出来的卦，才是脱离开求测人的主观意识的自然显兆。由于《心易梅花数》的起卦法的多样性，使得占测者在起卦时，就须对起卦法进行选择，这种人为的干预，从本质上违背了"无心"的原则，而"金口透易·梅花占"的起卦法，其求测人只是操作者，其无法通过自己的干预来指定兆象，因此，这一起卦法是符合"无心"原则的起卦法。

四、起卦法的“操作性”问题

基于前文所述，起卦法要求其结果具有唯一性，这样，才能使卦象与事件具有相对应性，而且这一结果的得出，要具有“无心”与“数据统一”的特征。《心易梅花数》的起卦法模糊性设定，会因占测者的意识不同，选取起卦方法不同，对起卦条件的判断不同而得到的卦象结果不同，这种操作上的问题，实际上是家传本《心易梅花数》编辑者所设立的一个心理陷阱，“金口透易·梅花占”的起卦法，规则清晰，操作简便，从而保证了起卦法的实用性。

对于占测而言，运用标准规范，符合数理的起卦法，才能得到可以准确对应事件的卦象，在这个基础上，即使占测者对于事件的占测出现误差，也可以及时找出原因，而不会徘徊在起卦法的迷宫中找不到方向。

风觉鸟占

[疏] 风觉鸟占，原录于家传本《心易梅花数》中的“占例”之后，这就使得同为起卦法的“风觉鸟占”内容，被单独地孤立了出去，在整体书的章节中，形成了一个类似于“附录”的排布结构，从起卦法的内容考察，《心易梅花数》中的风觉鸟占，实际上还是属于“端法”的起卦，如风觉占中所言：“风觉鸟占者，谓见风而觉，见鸟而占也，然非风鸟而占而谓之。风觉鸟占者，凡卦属物，皆谓之风觉鸟占也。”此段的大意是：虽然“风觉鸟占”以“风”“鸟”为名，但“凡卦属物”皆可为占，这就与前面所列的“端法后天卦数”所述的以物卦为上卦、以方卦为下卦的起卦法在原理上有相同之处，但是“风觉鸟占”类的起卦法，与端法起卦有两个本质的不同：一是“端法”起卦专取物类，而

"风觉鸟占"类的起卦法中既包括风占、鸟占，物类占，又包括声音占、形占、色占，这相当于将端法起卦法的模糊性进一步增强了；第二是"风觉鸟占"类起卦法是不加时取动爻的，这就使得其起出的卦象，在同一基础上与"端法起卦"完全不同，若是在实际操作时，起卦者会在这两种自相矛盾的起卦法中产生选择的障碍，从而对起卦法本身产生怀疑。因此，家传本《心易梅花数》的编辑者，将"风觉鸟占"的内容单独拿出来，放到"占例"的后面相当于附录的位置，可以看作是"以备一说"，以期解决其与"端法"起卦法不统一的问题。至于"风觉鸟占"中"物类"起卦法与"端法"起卦法不统一问题的形成，应当与《心易梅花数》的形成历史有关。从技术角度看，"风觉鸟占"从名称上承接了术数中的"风角鸟占"之术，但在方法上，将"风角鸟占"中的式法、音律、候风、望气、五音、六情之术尽数去除，然后装上了一个万物卦的壳子，这是此类起卦法的第一步；从技术上来讲，这一步是相对比较直观而且易于形成的，其内容应当与《心易梅花数》中的"卦数"类起卦并非同源。

在后期《心易梅花数》中的"年月日时"等"卦数"类起卦法形成之后，"风觉鸟占"类的起卦法，应当与"卦数"类起卦法有一个融合时期。在这个时期，"风觉鸟占"中的"物类"起卦法，为了在形式上与"卦数"类起卦法相关联，将"端法后天卦"作为一个独立的方法，在其变爻步骤增加了加时取数的法则，从而与"卦数"类占法在形式上形成关联；此后再在此起卦法基础上，在占例中形成了"老人有忧色占""少年有喜色占""牛哀鸣占""鸡悲鸣占"及"枯枝坠地占"五个占例，从而成为现在我们看到的版本形式。因此，我们在阅读占例中的五个"端法后天占"的占例时，会感觉与前面五个"卦数"起例的例子从行文、用词等方面，会有微妙的差别。这种差别，有点象写作的文风，是可以在阅读的过程中感觉出来的。术数类书籍的编撰与传播，往往非一代一人而为，而是经过数代不断地演变而形成。李零先生认为，象术数这一类实用性书籍，有点象"新瓶装老酒"，瓶虽然是新的，但酒却可以是老的。[①] 因此出现这种"新老混杂"的现象，正可以看出《心易梅花数》中方法演变的脉络。此外，"风觉鸟占"章节的内容，还另有巧妙之处，我们在后文中会予以详细解读。

风觉鸟占者，谓见风而觉，见鸟而占也，然非风鸟而占而谓之。风觉鸟占者，凡卦属物，皆谓之"风觉鸟占"也。如易数，总谓之"观梅"之类也；有谓之"风觉鸟占"者，不晓其义也。

［疏］家传本《心易梅花数》中的"风觉鸟占"与上古术数传统中的"风角鸟占"音同而字异，"风角鸟占"中的"风角"之术，按北周庾季才撰，宋于大吉等重修的《灵台秘苑》卷五所述："世传以巽为风，于五行在木，于八音为角。"[②] 是以名之为"风角"，其角音 jué，与"觉"同音。"风角鸟占"之术的起源很早，与气象占候之术及兵阴阳有很深的关系。古代华夏属地，大部分位于北温带地区，其气候特点是："四季分明，季风气候显著，季节风向与温湿度变化明显"，其中风向的变化，对于季节变化与寒温的迟速指示尤为明确。

按《史记·天官书》所言："凡候岁美恶，谨候岁始，岁始或冬至日，产气始萌，腊明日，人众卒岁，一会饮食，发阳气，故曰初岁。正月旦，王者岁首，立春日，四时之卒始也。四始者，候之日，而汉魏鲜，集腊明、正月旦决八风，风从南方来大旱；西南小旱；西方有兵；西北，戎菽为，小雨，趣兵；北方，

---

① 李零著：《中国方术考》，东方出版社，2001 年 8 月第 2 版，29～30：古代的实用书籍与现代的物理教科书类似，内容不断积淀，版本反复淘汰……"瓶"虽然是新的，但"酒"却可以是老的，在实用书籍中，这是带有普遍性的现象。

② 北周·庾季才撰、宋·于大吉等重修：《灵台秘苑卷五·风·序略》。

为中岁；东北，为上岁；东方，大水；东南，民有疾疫，岁恶；故八风各与其冲对，课多者为胜，多胜少；久胜亟；疾胜徐"，[①] 即是以年初的四个标准时间点"冬至、立春、正月旦、腊明日"[②]为基准，测算节候迟速与对国家政治、农业丰欠影响的记录。古代中原四季分明，鸟类活动也与季节息息相关。如七十二候中，即有"候雁北、仓庚鸣、玄鸟至、鹃始鸣、鹰始鸷"等与鸟类相关的节候。鸟类活动的地域性与时令性都很强，而气候的寒温对鸟类活动的影响也比较明显，因此，观察鸟类的活动便成为古代气象学中的重要标准。

《邵氏闻见录》记载邵雍：治平间，与客散步天津桥上，闻杜鹃声，惨然不乐。客问其故，则曰："洛阳旧无杜鹃，今始至，有所主。"客曰："何也？"康节先公曰："不二年，上用南士为相，多引南人，专务变更，天下自此多事矣！"客曰："闻杜鹃何以知此？"康节先公曰："天下将治，地气自北而南，将乱，自南而北。今南方地气至矣，禽鸟飞类，得气之先者也。《春秋》书'六鹢退飞'、'鹳鹆来巢'，气使之也。自此南方草木皆可移，南方疾病瘴疟之类，北人皆苦之矣。"

杜鹃北飞，是因为适应其生息的气候发生变化，其活动的界限北移造成的。考察宋代气象记录，自公元960年开始，中原气候逐渐增暖，1040年～1110年，年均气温较现今高0.5℃，至平元年（1064年）"自冬无雪，大寒不效"。[③] 至平二年三月，范镇的奏文中称"臣伏以去冬多南风，今春多西北风，乍寒暑欲雨不雨，又有黑气蔽日。"[④] 这些现象，即是邵雍所言的南气北行的具

---

① 《史记·卷二十七·天官书》。

② 《说文》曰："腊，冬至后三戌，腊祭百神也。"戌排在地支的第十一位，三戌即三十三天。《太平御览·时序部》说"腊"条载"博士张亮议曰：腊，接也，正宜在新，故交接也，俗谓之腊。明日为初岁，秦汉以来有贺。

③ 宋·宋祁：《景文集》卷四十八，《北岳祈雪文》。

④ 范镇：《上仁宗论黑气蔽日及风寒暑变异》，《宋名臣奏议》卷四十。

体表征。与气候增暖相对应的，是中原地带干旱频仍，蝗灾不断。

自 1065 年开始，中原地区进入长达二十年的干旱期，气候的变化对农业生产与国家储备也产生了严重的影响，加之因宋代立国国策所造成的"三冗"即"冗兵、冗官、冗费"问题日益严重，范仲淹指出："自庆历以来，南北饥谨相继，朝廷大臣……思所以存活之，其术不过发常平、敛富民，为粥之养，出糟糠之余，以有限之食，给无数之民。某原其所活者百未有一，而死者白骨已被野矣。"[①] 正是这一系列的问题，使得朝廷试图振时兴治，摆脱长期以来国家积贫积弱的窘境，从而起用王安石实施"熙宁变法"。由上可知，虽然只是简单的杜鹃北飞，其中实际上蕴含了气候变化对政治的深层影响，这也是"鸟占"类术数的基础应用。[②]

"风觉鸟占"在军事上的应用，主要在两个方面，一个是对军事气象学的应用，一个是兵阴阳中音律、占法的应用，这一应用的传统也很早。《史记·律书》记载的："武王伐纣，吹律听声"，《左传·襄公十八年》"晋人闻有楚师，师旷曰：'不害！吾骤歌北风，又歌南风。南风不竞，楚必无功'"，都是早期风角鸟占之术应用的实例。战国军中有专门的阴阳官"视日"，其职责便是观星望气与择日，《开元占经》引《太公》："凡行军动众陈兵，天必见其云气，示之以安危，故胜可逆知也。其军中有知晓时气者，厚宠之，常令清朝，若日午，察彼军及我军上气色，皆须记之，若军上气不盛，加警备守，辄勿轻战，战则不足，守则有余。察气者，军之大要，常令三五人，参马登高若临下察之，

---

① 宋·范仲淹：《范文正公政府奏议》卷上，《答手诏条陈十事》。
② 葛全胜等著：《中国历代气候变化》，科学出版社，2011 年 1 月第 1 版，385。

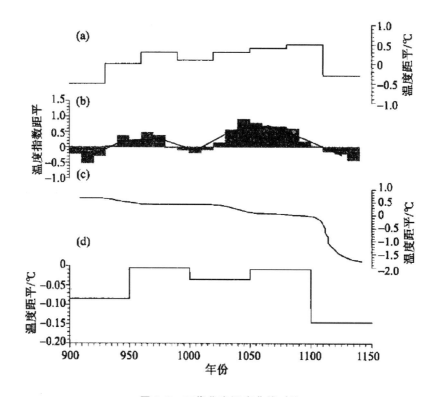

图 9.3　五代北宋温度曲线对比

（a）过去 2000 年我国东中部地区冬半年温度距平序列中的五代北宋部分（公元 900～1150），30 年分辨率，以 1951～1980 年为基准年（Ge et al. , 2003）；

（b）过去 2000 年中国温度指数序列中的五代北宋部分，灰柱每 10 年，粗实线每 30 年（Yang et al. , 2002）；

（c）过去 5000 年中国温度变化序列中的五代北宋部分（竺可桢，1973）；

（d）近千年中国年均气温变化序列中的五代北宋部分，50 年分辨率（王绍武等，2007）

进退以气为候。"[①]《六韬·龙韬·王翼》中记录将军幕府人员配置，包括"天文三人，主司星历，候风气，推时日，考符验，校灾异，知人心去就之机。"《墨子·迎敌祠》中记录望气之术，有"凡望气，有大将气，有小将气，有往气，有来气，有败气，能得明此者可知成败、吉凶。"

中国古代战争很大程度是士兵人数的较量，参战人数多，规

---

① 《开元占经》卷九十七：猛将军阵胜负云气占。

模大，公元前 303 年～前 301 年，齐、魏、韩攻楚，出兵二十万，败楚于垂沙；公元前 300 年～前 296 年，赵攻中山，也是出兵二十万，灭中山国；公元前 260 年的长平之战，白起坑赵降卒一次就杀了四十万。战争首先是双方大规模的人员聚集，几万、几十万人聚在一处，要扎营，要生火烧饭，要吃喝拉撒，对于环境的影响是巨大的。通过特定的方法，观察军队上空的"气"的变化情况，或者在晚间观察军队驻地"火光"的情况，可以了解敌方军队的布置、人数的多少、士气的旺衰、军纪的优劣、给养的足歉，这是军事侦察学中的内容。通过比较双方军队"气"的不同，而比较其中的"盛衰、有余、不足"，可以对军事决策起到辅助的作用。

人类的聚集活动，对于环境的影响，势必也会影响到区域内的动物与鸟类。鸟类可鸣可飞，观察起来容易，对于行军与安营的情况，都会有标识作用。古代战争，常取山林之险，或在旷野之地，都是鸟类丰富的环境，人群的聚集，对于鸟类的"惊、飞、鸣、聚、方"都会产生影响。通过对鸟类的惊起规模、飞行方向、起落状态、鸣叫高低等的观察，同样可以对军队的行进与驻扎提供指示。《左传·襄公·襄公十八年》记载："齐侯登巫山以望晋师。晋人使司马斥山泽之险，虽所不至，必旗而疏陈之。使乘车者左实右伪，以旗先，舆曳柴而从之。齐侯见之，畏其众也，乃脱归。丙寅晦，齐师夜遁。师旷告晋侯曰：'鸟乌之声乐，齐师其遁。'杜尧叟注称：'鸟乌得空营故乐也'。"[1] 晋国与齐国交战，齐师夜遁之后，山林恢复原始，鸟鸣之声自然与人群聚集时不同，就是"鸟乌之声乐"的道理。

"风角鸟占"在军事上的另一个重要用途是"候风与占风"。

---

[1] 《左传杜林合注》卷二十八。

古代战争，无论是野战还是城守，风向都很重要，谁占上风，谁占下风，一直是表示胜负优劣的传统说法。黄帝战蚩尤，蚩尤兴风雨大雾，黄帝九战不胜，最后得风后、玄女之助，方才打败蚩尤。玄女是式法之祖，风后应当和风角之术有关。《明史·本纪第五·成祖一》记载："王荡其左，景隆兵乃绕出王后，大战良久，飞矢雨注。王三易马，矢尽挥剑，剑折，走，登堤，佯引鞭若招后继者。景隆疑有伏，不敢前，高煦救至，乃解。时南军益集，燕将士皆失色。王奋然曰：'吾不进，敌不退，有战耳。'乃复以劲卒突出其背，夹攻之。会旋风起，折景隆旗，王乘风纵火奋击，斩首数万溺死者十余万人。"[①] 朱棣在白沟河之战中，本已被围，形势危急之时，忽然有一阵大风突起，飞沙走石，朱棣在上风头，李景隆军在下风，大风又把李景隆军中主帅的帅旗吹折，南军因此大乱，朱棣乘胜奋击，再加上纵火用火攻，李景隆大军被踩踏而死者数万，沿白沟河数十里的战略防线被冲垮。燕王朱棣的靖难之役从此迎来转机。这也是"风"在战争中作用的示例。因此，在战争中，占测风向，让军队处于"上风"，就变得尤为重要。

占风的工具名为"相风乌"，其方法是："凡候风，必于高平畅达之地，立五丈竿，以鸡羽八两为葆，属竿上，候风吹羽葆平直则占。亦可竿首作盘，作三足乌于盘上，两足连上而外立，一足系下而内转，风来则乌转，廻首向之，鸟口衔花，花旋则占之。"[②] 由此可知，占风定候也是有专门的工具与地点要求，有具体的操作规则的，而不是感觉到一阵风吹过来就可以占断。

---

① 《明史·卷五·本纪五·成祖一》。
② 《开元占经·卷九十一·风占》。

相風銅鳥
東淇

　　有了占风的工具"相风鸟"后，将风的大小、风向与节候时日相配合，判断吉凶的方法，是"风角鸟占"中的"占断"法门，其方法与术数传承中的"式法""律历"等方法有直接的渊源。其方法是：将声音分为"宫、商、角、徵、羽"五音，再分配"六律六吕"，用十二律吕而分"五音、六属、纳音、刑德日辰"诸占。如风声占，则"宫声如牛鸣牢中，隆隆如雷；徵风声如奔马，炎上如缚虓骇起；商风声如离群之羊，如叩铜钟，如飞集之羽，如流水汲汲，咨嗟声感人；羽风声如击湿鼓，如流水扬波，激气相磋，如麋鹿之鸣子也；角风声如千人语，然令人悲哀，如人叫啾啾，如千人呼啸，如鸡登木。"再以"宫为君、商为臣、角为事，徵为令，羽为数"分配尊卑，再将十二地支分配五音，则子为阳宫土，丑、寅为阳徵火，卯为阳羽水，辰为阳商金，巳为阳角木，午为阴宫土，未、申为阴徵火，酉为阴羽水，戌为阴商金，亥为阴角木。以五音配六属，则是"庚属震，辛属巽，戊属坎，己属离，丙属艮，丁属兑，子午属庚，丑未属辛，卯酉属己，辰戌属丙、巳亥属丁"，将"五音风""五音方""六属""六情""刑德""鸟鸣方"等相为配合为占，这是"风角"之法中"式占""律历""卦气"类的占法。

由上可知，"风角鸟占"之术，是包含了古代气象学、兵阴阳、军事侦察学、式法、音律等一系列术数方法的综合应用之术，其拥有丰厚的学术传统，并非只是"见风而觉，见鸟而占"的杂占之术。家传本《心易梅花数》将"风角"之术的"角"字转为同音的"觉"，进一步引申出"见风而觉"的说法来，已是不经，而又进一步与端法后天卦数相比类，称之为"凡卦属物，皆谓之风觉鸟占也"，从字义到内容，都对原始的"风角"之术进行了通俗化与世俗化，这也是术数传承从图书化走向民俗化的必然结果。

[释]"风觉鸟占"者，是指见到风而有所觉，见到鸟而有所占也，但是并非只有"风"与"鸟"可以占卜，所以才称之为"风觉鸟占"。凡是见到"物"可以比附于卦的，都可以称之为"风觉鸟占"。这就如同"心易卦数"，统称之为"观梅占"一样；但有人把"观梅占"也视为"风觉鸟占"，是不了二者真实含义。

风觉占

风觉占者，谓见风而觉也，占之便看从何方来，以之起卦。又须审其时，察其色，辨其声势，然后可以断其吉凶。

风从何来者，如从南来，谓风火家人，东来为益卦之类。

审其时者，如春为发生和畅之风，夏为长养万物之风，秋乃肃杀之风，冬为凛冽之风。

察其色者，或风带烟埃，云气相从，有色可见。其色黄者，祥瑞之气，青者半吉半凶。白者刀兵之气，昏黑者凶，红赤者灾，红紫色者吉也。

辨其声势者，其风之声如阵马者主斗争，如波涛者主惊险，如哽咽者有忧虑，如奏乐者有喜事，如喧呼者主争斗，如烈焰者有火惊。其声详缓而来，徐徐而去，吉庆之兆也。

〔疏〕家传本《心易梅花数》中的"风觉占"，实际上糅合了三大类占法，第一为风从何方来，属于"端法"类占法，第二为审其时的物候类占法，第三为风色占，第四为风声占，这两类属于兆占类占法。

端法类的"风从何方来"的起占法，是将风概念化，以风为巽卦，因此，"风从何方来"的方法，可以起出八个卦来，即"巽为风、风火家人、风地观、风泽中孚、风天小畜，风水涣、风山渐、风雷益"，这实际上是把风视为"物"而起卦的"端法"。

"审其时"，是风觉鸟占中的物候占法，《尚书·洪范》中记载："各种征兆：一是下雨，二是天晴，三是温暖，四是寒冷，五是刮风。如果这五种征兆俱全，并各自按时序发生，那么各种草木庄稼就会茂盛生长。如果其中一种天气过多，年成就不好；如果其中一种天气过少，年成也不好。"[①] 就是这一类的占法。

"察其色"与"辨其声"类占法的渊源与符瑞兆占之法有关，古代军占术数中有望气之法，如唐人李贺《雁门太守行》诗载："黑云压城城欲摧，甲光向日金鳞开。角声满天秋色里，塞上燕脂凝夜紫。半卷红旗临易水，霜重鼓寒声不起。报君黄金台上意，提携玉龙为君死。"中的"黑云压城城欲摧"，即是指的兵占望气之法。《六韬·兵征》中记载"望军气"有云："凡攻城围邑：城之气色如死灰，城可屠；城之气出而北，城可克；城之气出而西，城必降；城之气出而南，城不可拔；城之气出而东，城

---

① 《尚书·洪范》"庶征：曰雨，曰旸，曰燠，曰寒，曰风。曰时五者来备，各以其叙，庶草蕃庑。一极备，凶；一极无，凶。"

不可攻；城之气出而复入，城主逃北；城之气出而覆我军上，军必病；城之气出高而无所止，用兵长久。凡攻城围邑，过旬不雷不雨，必亟去之，城必有大辅，此所以知可攻而攻，不可攻而止。"唐杜佑《通典·风云气候杂占》所记"观气说"："或有黑气如幢，出于营中，上黑下黄，敌欲来求战，无诚实言，及九日内，必觉备之，吉。凡敌上有气色如马肝，如死灰，或类偃盖，皆败征。或黑气如坏山，堕军上者，军必几"即是这一类的望气法，但这一类望气法，对于望气的时、地都有严格要求，并非随时可。

辨声之法，也是古代兵占中常用的法门，但人耳辨声不易。古代兵阴阳中的辨声之法，也需经专门训练，且要用专用工具，如《六韬·五音》所载：武王问太公曰："律章之声，可以知三军之消息、胜负之决乎？"太公曰："深哉！王之问也。夫律管十二，共要有五音：宫、商、角、徵、羽，此其正声也。万代不易，五行之神，道之常也，可以知敌。金、木、水、火、土，各以其胜攻之。古者三皇之世，虚无之情以制刚强。无有文字，皆由五行。五行之道，天地自然。六甲之分，微妙之神。其法：以天清净，无阴云风雨，夜半，遣轻骑往至敌人之垒，去九百步外，遍持律管。有声应管，其来甚微。角声应管，当以白虎；徵声应管，当以玄武；商声应管，当以朱雀；羽声应管，当以勾陈；五管声尽，不应者，宫也，当以青龙。以五行之符，佐胜之征，成败之机。"武王曰："善哉！"太公曰："微妙之音，皆有外候。"武王曰："何以知之？"太公曰："敌人惊动则听之，闻枹鼓之音者，角也；见火光者，徵也；闻金铁矛戟之音者，商也；闻人啸呼之音者，羽也；寂寞无闻者，宫也。此五者，声色之符也。"①

---

① 《六韬·龙韬·五音》。

这是兵法中的正规听律之法，要用到律管类的工具，有专人及距离、地点等要求。此类占法，流入民间后，逐渐民俗化，加之与"万物有灵"及"天人感应"之说相交互，所形成的即是《心易梅花数》中所述的风声占及望气占的方法。与正统兵占类辨声与望气法相较，民间应用的灵活性更强，对于时间、地点的要求不高，所占之事也更倾向于俗间杂事，其随意性更强，但也因此而使得这类方法最终沦为民间杂卜法门。而在实际应用中，因为风并非一个"时间点"上的自然现象，而是一个时间段的自然现象，所以无论是风向、风色、风声，实际上都是不易评价的标准，如果单靠"觉"或"心动"并不易把握，这也为《心易梅花数》中的风觉占增加了不确定性因素。《心易梅花数》中的"风觉占"里面"望色听声"的占法，在章节中真正起的作用只是以概念渗透的方式"循序渐进、引出重点"，那么这个重点是什么呢？让我们接着看后续的"鸟占"内容。

［释］风觉者，谓"见风"而觉也，占卜的方法是，看风从哪个方向吹过来，就以此来起卦，此外，还须审其时令，察其颜色，辨其声势，然后可以占断事情的吉凶。

风从何方来：如从南方来，就是"风火家人"卦，从东方来，就起"风雷益"卦。

审其时令：如春天之风主"生发阳气"与"温和舒畅"，夏天之风主长养万物，秋天之风有肃杀之气，冬天之风有凛冽寒意。

察其色：有时风伴有烟尘云气相从，有色可见，其颜色发黄者，为祥瑞之气，颜色发青的，主半吉半凶，颜色发白的，为刀兵之气，气昏黑的，主凶，红赤色的，主灾，红紫色的，主吉。

辨其声势：如果风声如同战阵上的战马之声，主争斗，如果风声如波涛之声，主惊险，如果风声如哽咽之声，主忧虑，如果风声如同奏乐之声，主喜事，如果风声如同众人喧呼，主争斗，如烈焰燃烧之声，主火灾惊惧，如果风声祥和缓慢，徐徐而来，主吉庆。

鸟占

鸟占者，见鸟而可占也。凡见鸟群，数其只数，看其方所，听其声音，辨其物色，皆可起卦。审其名义，察其鸣叫，以断吉凶。

见鸟而占者，数其只数，一只属乾，二只属兑之类。

看其方所者，即如离南坎北之类。

听其声音者，如鸟呼一声属乾，二声属兑之类。此为起卦声音也。若夫鸣呼之喧唎者主口舌，鸣呼之悲咽者主忧戚，鸣呼之唎亮者主吉庆也。此乃取断吉凶之声音。故察其鸣呼可断吉凶也。

察其名义者，如鸦报凶，鹊报喜，鸾鹤为祥瑞，雕鹗为妖孽之类也。

［疏］在"风觉鸟占"的鸟占章节中，揉和的占法有"物数占""声音占""端法方位占"及"物象占"。其中，"物数占""声音占""端法方位占"的规则，与前文的起卦法中的物数占与声音占及风觉占有相同之处，但细节处又似是而非。那么为什么家传本《心易梅花数》的编辑者要在讲完起卦法，并且讲完卦例之后，在后面附录相当篇幅的"风觉鸟占"呢？我们前文讲过，"风觉鸟占"与《心易梅花数》前面的起卦法有着细微的差别。家传本《心易梅花数》的编辑者，在附录此章的时候，也对这些差别进行了模糊化的处理，但如果只是为了聊备一说，那么将这一段完全从书中删除，实际上更有利于全书的完整性。但家传本

《心易梅花数》的编辑者，即使是冒着内容重复与起卦法不统一的风险，也要保留这一章，则其内容必有不可舍弃之处，这其中原因就值得我们深思了。

考察"风觉鸟占章"的全文，其与前面起卦法最大的不同，实际上是"物象占"法的引入。"物象占"是以某种事物或现象的征兆来判断吉凶的占卜方法，《汉书·艺文志》中将此类方法统归于"杂占"。现代学者李镜池先生认为"杂占皆以物象为占卜依据"，于是将其称为"物占"，在其所著《周易探原》中称："所谓物占，就是《汉书·艺文志·术数略》所谓'杂占'之类，杂占以'物象'候吉凶，今改名'物占'（也可以叫'象占'）。"[①]李镜池先生的定义概念简单明了，比较清楚地反映了这一类占法的特点。

"物象占"类的术数，具有原始宗教"万物有灵"及"天人合一"的某些特征，其起源相比于"卜、筮"类方法要更早一些。如《汉书·艺文志·杂占之属》所记："桑谷共生，大戊以兴；雊雉登鼎，武丁为宗。"《周易·旅卦》："上九，鸟焚其巢，旅人先笑后号咷。丧牛于易，凶。"皆有早期"物象占"的痕迹。"物象占"的组成与起源比较复杂，既与原始巫术有关，也与正规术数中的部分方法有着形式上的关联。其比较常见的方式，是用自然界的某些现象（风、雨、寒、温、雷、雹、霰等）及某些动植物的变动与异常来（鸟鸣占、符瑞兆应、精怪鬼物等）判断吉凶的方法。这类方法的特征，按李镜池先生所总结，有以下七点："一、由"物"所显示之"象"，可以推知未来的善恶吉凶；二、推知之法，或由性质，如熊罴兆生男，虺蛇兆生女之类；三、或因变化，如蟓化鱼、旐为旟之类是；四、或因怪异，如桑

① 李镜池：《周易探源》，中华书局，1979 年第 1 版，379。

谷生于朝，一暮大拱，飞雉升鼎耳而雊，鹳鸲来巢之类是；五、或因灾变，如多麋，有蜮，有蜚之类是；六、或因事物出现之非时非地，如西狩获麟是；七、或认为祥瑞，如凤至、图出是。"[①]总结而言，"物占"是以物象之特殊显现而推究未来之吉凶的方法。[②]

在《汉书·艺文志·术数略》的分类中，"物象占"之所以被称为"杂占"，一是因为其体系比较杂乱，二是因为其与"术数略"中的天文、历谱、五行、蓍龟、形法等其它术数，有着一个本质上的区别。即蓍龟类术数，是因事情之有疑难而求教于"兆、数"以谋求答案；而杂占，则是因为某种特殊事物与现象的显现，而昭示吉凶。这两种方法，一种是"人谋"，更依托于技术；一种是"天启"，更接近于巫术。从本源上而言，实际上是不同的。

"物象占"的演进，从国家层面，发展出"符瑞"之说，即以"世上罕见之动、植物及古之宝器"的出现，表达天人之间祸福灾异的预示，为国家政治实施提供预兆的方法。从民间日用方式而言，"物象占"则向着更为民俗化的方向发展，演变出"梦兆、物兆、鸟鸣占、灵应占、眼瞤、耳热、报应等诸多方法。在这些方法中，"灵应占"是观察与感悟外界的"兆应"进而求得结果的方法。家传本《心易梅花数》在"风觉鸟占"章中所引入的，即是这种"灵应占"的方法。所以，家传本《心易梅花数》中的"风觉鸟占"内容的重点，实际上是"鸣呼之喧唧者主口舌，鸣呼之悲咽者主忧戚，鸣呼之唎亮者主吉庆也。此乃取断吉凶之声音。故察其鸣呼可断吉凶也……如鸦报凶，鹊报喜，鸾鹤为祥瑞，雕鹗为妖孽之类也"。这种并非起卦法，而是"物象占"

---

①　李镜池：《周易探源》，中华书局，1979 年第 1 版，381～382。

②　李镜池：《周易探源》，中华书局，1979 年第 1 版，380。

的内容。这类内容，与前面的起卦法相互杂糅，在形式上进行了巧妙的衔接，对阅读者产生了前后内容一贯的误导，进而为后文断卦中的"克应"占法做好了铺垫。

从技术及内容分析，家传本《心易梅花数》中对"克应"占法的引导，对其图书的流传，具有着重要的意义。这个意义不是指的技术上的高端性与占断结果的准确性，而是非常好的弥补了家传本《心易梅花数》起卦与断卦的缺陷。从前文疏证可知，家传本《心易梅花数》乃至后期的"五卷合编本"《梅花易数》的起卦法，都有着规则混乱、参数不统一、随意性过强、系统不完整等一系列问题。这样势必造成起卦结果不统一，对同一事件不同人起卦不同，或起卦中有多重选择的状态发生，而在其后面的占断环节，因为基础占法被人为隐藏，所以《心易梅花数》在占断时，很难得到稳定、准确的结果。这种情况长期积累下去，读书学习者会发现其方法无法掌握，占断没有准确率，从而进一步怀疑其术数本身有问题，进而影响到这本书的口碑与传播。而事实上，《梅花易数》的方法，自宋元以降，流传近千年而不衰，在某种程度上，更是成为神话型的存在，被很多人反复炒作为最高级别的"神术"，其原因，就在于"克应占法"的引入。

《梅花易数》对"克应占法"的引入，采取的是逐层渗透——渐次深入——最终替代的步骤，而家传本《心易梅花数》中"风觉鸟占"便是这一过程的第一步，是把起卦法与"物象占"的内容先进行绑定，在"风觉鸟占"的章节中，每节前面的内容是衔接书中的物数占、端法等起卦法的内容，而到各节的后半部分，则替代为了"物象占"，这种过渡很巧妙，使读者在不知不觉中，就将这两种方法认同为一个体系的内容。

第二步是在家传本《心易梅花数》的"心易卦数"章，自揭伤疤，提出问题："易者，变易而已矣。占卜之道，如今日观梅，得革兆，有女子折花；异日观梅，复得革，亦云有女子折花，可乎？今日占牡丹之姤兆，为马所践伤；异日占牡丹复得姤，亦谓之有马践伤，可乎？且兑之属类，非止女子；乾之属类，非止马也。谓他人折花，他物毁花皆可，而见之切验之真如此，是必有术矣。占卜之道，要在变通"。

这一段的意义在于，读书学习《心易梅花数》的读者，在读过前面的起卦法、卦例后，当自己试着占算时，势必会发现结果与想象的大相径庭，根本无法达到书中所讲述的神奇的程度，由此自然会对这门术数产生疑问，与其让疑问发酵，不如自己提出问题，并指出："之所以你的占断无法达到书中所讲述的神奇的效果，是因为你不知道'变通之道'。"

那"变通之道"是什么呢？《心易梅花数》在后面的"次看克应"中进一步指出："三要灵应之类，如闻吉说、见吉兆则吉，闻凶说、见凶兆则凶，见圆物事易成，见缺物终毁之类；则事之难易，复验已成之动静。坐则事应迟，行则事应速，走则愈速，卧则愈迟。数者皆备，可以尽占卜之道矣。然须以易卦为主，体用克应次之。俱吉则大吉，俱凶则大凶。有凶有吉，则观其卦辞，及体用克应之类，详审轻重，以断吉凶也。更在圆机，不可执滞"，即断卦不只要看体用、卦辞，还要看"克应"，这个"克应"的占法，因为前文已经在"风觉鸟占"中进行了第一步的绑定，因此在这里提出来，并不显得突兀，而会给人以"山穷水复疑无路，柳暗花明又一村"的感觉。

在将"克应"的概念引入之后，家传本《心易梅花数》的编辑者，又在后文中对"体用"占法作了进一步的否定："凡占卜决断，固以体用为主，然有不拘体用者……盖易断卦，当于理胜处验之，不可拘执于一也"，进一步提出了"不可拘于体用、于理胜处验之、不可拘执于一"的递进式观点。至此，对于家传本

《心易梅花数》对于读者的驯化已趋于完成，至于真正的"克应"的应用，"不可执一、于理胜处验"要如何操作，在家传本《心易梅花数》中并没有解答，而是在读者不知不觉中，做好了另一本书的推广，这本书的名字就叫做《三要灵应篇》。

《三要灵应篇》在家传本《心易梅花数》中一笔带过，却是在《梅花易数》的图书体系中，起着至关重要的作用，其内容的设计，可以视为《心易梅花数》的姊妹篇。

现在可知的对于《梅花易数》最早的记录，是正统六年（1441 年）编撰成了《文渊阁书目》，在《文渊阁书目》的《先天观梅数》一部一册、《观梅数》一部一册后，是《三要灵经》一部一册。这部《三要灵经》与后世合编本《新刻增定邵康节先生梅花观梅拆字数全集》第二卷中的《三要灵应篇》应当为同一本书。由此可知，在早期的版本中，《心易梅花数》与《三要灵经》是分开的两本书，而这两本书的内容，是有衔接关系的。因此，在后世编辑合编本的时候，就自然而然的将《三要灵经》附在了《心易梅花数》的后边，形成了《三要灵应篇》的内容。

但既然《三要灵经》的内容与《心易梅花数》是姊妹篇，而且在家传本《心易梅花数》中又提到《三要灵应篇》的内容，为什么在早期版本中是分开独立成册的呢？考察两本书的内容，这其中应当是包含着一个客户读者筛选的考量。即进一步购买《三要灵应篇》的读者，应当是购买过《心易梅花数》并经过研究后，产生疑问的客户。这部分客户，对于《三要灵应篇》的内容的接受程度应当会更高；同时，由于《三要灵应篇》中是以"灵应占"对《心易梅花数》中的体用占进行表面上的升华，实则是以"灵应占"彻底否定《心易梅花数》中的体用占，所以分成两部来编辑，也更不容易让读者产生疑惑。

在《三要灵应篇》起首的序文中，编辑者首先提出："夫

《易》者，性理之学也，性理，具于人心者也，当其方寸湛然，灵台皎洁，无一毫之干，无一尘之累。其时也，性理具在而易存吾心，浑然是易也，其先天之易也。"① 将"灵应占"推向了"性理之学"的高度。

"性理之学"是宋代理学中的三理（物理之学、义理之学、性理之学）之一，其宗旨在于由人性贯通天理，形成人格本体与宇宙本体的统一性。这种由人性贯通天理的思维模式与理论体系有两个特点：其一是人性在其理论体系中居于核心地位；其二是人性与外在的宇宙本体相通。

邵雍是宋代"性理之学"的代表人物之一，其在所著《观物内篇》中指出："人之所以灵于万物者，谓目能收万物之色，耳能收万物之声，鼻能收万物之气，口能收万物之味"②，而圣人，则是"能以一心观万心，一身观万身，一世观万世者焉；又谓其能以心代天意，口代天音，手代天工，身代天事者焉；又谓其能以上识天时，下尽地理，中尽物情，通照人事者焉；又谓其能弥伦天地，出入造化，进退古今，表里人物者也"③。

由上文，或许会让人以为，邵子所说的"性命之学"中的"目、耳、鼻、口"与"三要灵应篇"中所述的"耳、目、心"之"三要"有相通之处，而其所称的"上识天时、下尽地理、中尽物情"与《三要灵应篇·序》中所称的"运乎三要，必使视之不见者，吾见之，听之不闻者，吾闻之，如形之见示，如音之见告，吾之了然鉴之"，④ 亦有相通之处，但细究邵子的"性理之学"的实质，其在《皇极经世书》中所称的"观物之学"，实际

---

① 《故宫珍本丛刊》第415册，《新刻先天后天梅花观梅拆字数全集》海南出版社，2000年10月第一版，30。

② 宋·邵雍：《皇极经世书·观物内篇》卷十一。

③ 宋·邵雍：《皇极经世书·观物内篇》卷十一。

④ 《故宫珍本丛刊》第415册，海南出版社，2000年10月第一版，30。

上更接近于"自然之理"，即天地本原的规律，所谓"万物受性于天，而各有其性，在人则为人之性，在禽兽则为禽兽之性，在草木则为草木之性"，[①] "天下之物，莫不有理焉，莫不有性焉，莫不有命焉"。[②] 即人为万物之灵，其人性高于物性的表现，不仅表现为有灵性、有智慧、有意识，而且表现为有道德、有伦理、有价值理想。可以通过对"自然之理"的认识，不断提升自性，从而达到与道合真的境界，这是邵子的"性理之学"的本质。而《三要灵应篇》借用"性理之学"的名词，以静心澄意，方寸湛然的对灵应之兆的"观法"，替换掉了对"自然之理"的感悟，这一偷换概念的作法，为"灵应占"找到了具有相当高度的理论基础。

在提高了"灵应占"的理论高度后，《三要灵应篇》中对"心易"的研习者，也提出了修为上的要求，即："吉凶悔吝有其数，然吾预知之，何道欤？必曰：求诸吾'心易'之妙而已矣。于是寂然不动，静虑诚存，观变玩占，运乎三要：必使视之不见者，吾见之；听之不闻者，吾闻之；如形之见示，如音之见告，吾了然鉴之。则《易》之为卜筮之道，而《易》在吾心矣。"[③] 这就叫"术不够，神来凑"，用"寂然不动、静虚诚存"这种似是而非，即没有一定标准，又很难自行判断的修炼境界，为"三要灵应"背书，从而使得研习《三要灵应篇》的读者，在"灵应占"的实际应用中，如果无法达到预期的准确率，会首先想到"自己的修为不够，无法达到'寂然不动、静虚诚存'的境界"，从而避免了读者对《三要灵应篇》中"灵应占"法本身问题的探究。当今社会中，文化水平普遍提高，个人获得信息能力全面增

---

① 宋·邵雍：《皇极经世书·观物外篇上》，卷十三。
② 宋·邵雍：《皇极经世书·观物外篇上》，卷十二。
③ 《故宫珍本丛刊》第 415 册，30。

第二章 起卦法

强，但很多学习《梅花易数》的爱好者，在准确率无法把握之时，依然会自欺欺人地宣扬"'外应占'才是《梅花易数》的最高法门。但学习《梅花易数》的外应占，要有修炼的功夫，要达到'寂然不动、圆通三昧'的境界，才可以达到'灵应'的效果"，其根源，即在于《三要灵应篇》序中的这段铺垫。

《三要灵应篇》在序文中，达成了"提升基调、铺垫退路"的效果后，即展开了对《心易梅花数》中的"体用占"的颠覆。

第一步：为"三要灵应"定义。

在《三要灵应篇》序文之后的卷首，编者定道："三要者，运耳、目、心三者之要也。灵应者，灵妙而应验也。人耳之于听、目之于视，心之于思，三者为人一身之要，而万物之理不出于视听之外，占决之际，寂闻澄虑，静观万物；而听其音，知吉凶；见其形，知善恶；察其理，知祸福，皆可为占卜之验。如谷之应声，如影之随形，灼然可见也。"[①] 占卜之时，要静心澄虚，静观万物，以求兆应，这实际上就是"灵应占"的方法。

第二步：重新定义内外卦。

按照《易经》占卜的原则，一个六爻卦中，位于下位的称之为"内卦"，位于上位的称之为"外卦"，但在《三要灵应篇》的"十应目论"及"内外论"中，将内外卦的定义修改为："体用中的体卦为主，体卦中的用卦，为内用卦；外应中的'天时'、'地理'等兆应，为外用卦。

第三步：抬升"灵应占"的地位。

在"十应目论"之后的"遗论"一节中，降低《心易梅花数》中"端法、卦数、起例"的地位，同时对"灵应占"的地位进行抬升，即"寓物、卦数"起例，是平常而不深入的方法（泛

---

① 《故宫珍本丛刊》第 415 册，30。

泛之诀），而"灵应占"的克应之法，是高级的方法（传授之诀）。"又观寓物、卦数、起例之篇，止用内卦，不用外卦，何也？盖泛泛起卦之诀，'十应'为传授之诀。"①

第四步：增加"灵应占"在决策中所占的份额。

在"遗论"之后的"体用"一节中，进一步增加了"灵应占"在决策中所占的份额。"凡占卜成卦，即画成三重：本卦、互卦、变卦也。使于本卦分体用，此一体一用也。以卦五行明生克比和之理，此一用卦。最切看主卦变卦，互变亦用也。此内之体用也。又次看应卦，亦用也。此合内外之体用也。然则不止一体一用，所谓体一用百也。"② 这就将"灵应占"在占断中所占的比例提升到了"体一用百"的程度。

第五步：完成"灵应占"对"体用占"的替代。

在"体用"一节中，《三要灵应篇》在提升了"灵应占"在占断决策中所占的比例之后，进一步提出："生克既分体用，则论生克。生体则吉，克体则凶，比和则吉，不必论矣。"③ 至此，"体用占"已是"不必论矣"，"灵应占"对"体用占"的替代完成。

这一替代过程的巧妙之处在于，在对原《心易梅花数》的读者进行筛选后，采用逐层递进的方式，渐次深入，一步一步将新的概念以"升级"的模式向读者推动，读者在被不知不觉引入一个新的圈套之后，还会对这套方法深信不疑。

至于"灵应占"中又蕴含着什么样的"圈套"，可参考附录中的"《梅花易数》外应欺骗性的研究"一文。

［释］所谓"鸟占"，即见鸟而可占测，凡是看到鸟群，可以

---

① 《故宫珍本丛刊》第 415 册，36
② 《故宫珍本丛刊》第 415 册，36。
③ 《故宫珍本丛刊》第 415 册，36。

数鸟的只数；或者看其方位，听鸟的声音，分辨鸟的颜色，都可以用来起卦。也可审辨鸟的种类，或者观察鸟的鸣叫，来判断吉凶。

用鸟的只数占断：数鸟的只数，如一只属乾，二只属兑之类。

看鸟的方位：如南方为离，北方为坎之类。

听鸟的声音：如鸟鸣一声为乾，鸟鸣二声属兑之类，此是用声音起卦的方法。如果听到鸟的鸣叫象争吵喧闹，则主口舌，如听到鸟的鸣叫象悲伤呜咽的，主忧愁悲戚，鸣叫的声音响亮，主吉利喜庆，这是可以判断吉凶的叫声，所以通过分辨这些鸣叫的声音就可以分辨吉凶了。

审其名义：如乌鸦报凶、喜鹊报喜，鸾鹤是祥瑞的征兆，雕与鹗之类主妖孽灾异之类。

听声音占

听其声音者，如静室无所见，但以耳中所闻起卦，或数其数目，验其方所；或辨其物声，详其所属，皆可起卦。察其悲喜，断其吉凶也。

数其数目者，如一声属乾，二声属兑之类。

验其方所者，声在南方为离，北方属坎之类也。

辨其物声者，如人语声及动物呼鸣之类，其声自口出者属兑。而物扣击槌打之声属震，金声属乾，钟磬钲铎之声是也。木声属震，鼓板打拍刀斗击柝之类是也。水声属坎，雨溜泉瀑溪流波涛之声是也。火声属离，烈焰信炮爆竹之声是也。

此乃变其物声，详其所属也。至于察其喜悲，断其吉凶者，如闻笑语及谈诗书，或云吉祥之言，而有笑声娱意者，有喜也。

如闻悲怨愁叹之语，及憾怒骂詈穷困之声者，不吉祥也。

［疏］"听声音占"中所涉及的起卦法有"卦数占""方位占"及"物象占"。其中的"物象占"与后世合编本《三要灵应篇》中的"复明言语之应"与"复明声音之应"相类，这是进一步与《三要灵应篇》中的"灵应占"相绑定的节奏。

［释］听声音的占法，如果在静室之中，无所可见，可以以耳中所听到的声音来起卦，可以数声音的数目，核验声音来源的方位，分辨何种物体发出的声音，详辨声音的属性。都可以起卦占断，此外，分辨声音的悲喜，也可以用来判断吉凶。

数其数目：例如一声为乾卦，二声为兑卦之类

验其方所：如声音在南方，则为离，在北方，则属坎之类

辨其物声：如人语声、动物呼鸣的声音，其声音是出于口的，就属于兑卦，如果声音是因为物体扣击、搥打而发出的，就属于震卦。金属性的声音是乾卦，例如钟、磬、钲、铎之类的声音。木属性的声音属震卦，譬如鼓板打拍子、击打刁斗、梆子的声音。水属性的声音属坎卦，例如下雨之声、檐下滴水之声、泉水瀑布之声，溪流波涛之声。火属性的声音属离卦，如烈焰之声、号炮之声、爆竹之声等等。

这就是分辨何种物体发出的声音，详辨声音的属性的方法。

至于察其喜悲，断其吉凶的方法，如听到笑语以及谈诗书，或是说吉祥话儿，而有欢声笑语的，主有喜事。如听闻悲苦、幽怨、哀愁、叹息之类的声音以及悍恨、恼怒、责骂的声音，主不吉。

形占

形占者，凡见物形，可以起卦。如物之团者属乾，刚者属

兑，方者属坤，柔者属巽，仰者属震，覆者属艮，长者亦属巽，中刚外柔者属坎，内柔而外刚者属离，干燥枯槁者亦属离，有文彩者亦属离，覆护之物、障碍之势，亦皆属艮。物之缺者亦属兑也。

［疏］在以"风觉占"渗透概念，以"鸟占"与"听声音占"完成对"灵应占"的引导之后，家传本《心易梅花数》的编辑者见好即收，在"形占"的章节中，回复到"物卦"起卦法的内容，即见"物形"而起卦，这样做的好处是，首先有利于让"风觉鸟占"中的内容可与前文起卦法的内容再进行一次衔接，从而让"风觉鸟占"中对读者"灵应占法"的驯化变得更加隐蔽，其次是在完成了"灵应占"的渗透后，以两段普通的内容进行结尾，可以使得结束之处不至于过于突兀。

［释］所谓的"形占"，即见到物品的形状也可以起卦，如物是圆形则属乾卦，物坚刚的属兑卦，方形的属坤卦，柔软的属巽卦，口朝上的属震卦，口向下的属艮卦，长的物也属于巽卦，内刚外柔属坎卦，内柔外刚的属离卦，干燥枯槁者也属于离卦，有纹、彩的也属于离卦，覆盖、防护之物，有障碍之势的物，都属于艮卦，物品有缺损的，也属于兑卦。

色占

色占者，青色属震，红紫赤属离，黄坤，白兑，黑坎之类是也。

［疏］至"色占"一节，家传本《心易梅花数》对于"灵应占"的渗透已经完成，因此匆匆收束行文。

［释］所谓"颜色占"，即青色属震、红、紫、赤色属离、黄色属坤、白色属兑、黑色属坎之类。

附录:《梅花易数》中"外应占法"欺骗性的研究

世传《梅花易数》的"灵应占"法,是很多学习《梅花易数》的易学爱好者所深深困扰的一个难点,也是很多《梅花易数》的学习者所期待破解的"不传之秘"。在某些《梅花易数》的学习班中,"灵应占法"已经被包装成了术数中最高级别的占卜之术。

《梅花易数》中的"灵应占",外界又称之为"外应占",在一些学习班中,对《梅花易数》的"灵应占"是如此描述:"《梅花易数》是最重要的易学必修课。因为,阴阳是一切易学的基础,万物类像又是一切占测的基础。而阴阳成象却是《梅花易数》的基础。又有多少人苦背成象而不知道各种成象之源起?更可以毫不夸张地说,《梅花易数》是最高深最精微的一门易数。而非仅仅是一种术。因为他符合事事相关,物物相合的宇宙至理。全息论,因果论,梅花统而用之。一个心动,一个征兆,一个外应,能让精通观梅数的人,达到想到即知之境。洞测先机,世间各人各物之吉凶、善恶、祸福了如指掌,这是什么样的概念?想知即知,这岂非神仙之境?是的。故梅花《三要灵应》中有言:'造之深,中以入道;用之久,可以通神'。"在这一类的描述中,《梅花易数》中的"灵应占"已不止是占测的方法,而是由术入道、通天达人、以术通神的神仙之法,是易学中的最高境界。也正因为此类说法的流行,让越来越多的人深陷于对"灵应占"的破解之中,为达到这种"易学的最高境界"付出大量的时间与精力。

如果说《梅花易数》中的灵应占法,是一个"欺骗性"的方法,也许很多易学的爱好者都无法接受,但从术数方法的角度来考量,现在流传的《梅花易数》"外应"占法确实蕴含了很大的欺骗性成份。在没有基础骨架的情况下，梅花占的外应只能称之为"灵应"或"猜应"，是不具有实际操作性与准确率的，但在《梅花易数》近千年的流传之中，仍然有很多易学爱好者沉迷于"外应占法"之中而无法自拔，其中的原因值得我们深思。

《梅花易数》中的"灵应占"，以其对读书习易者心理的深入把握，为读书习易者设计了一个精妙的陷阱，让大量的"读书人"陷在"灵应占"的迷宫之中，找不到正确的道路，下面就其中蕴含的几点误导设计为大家做一点分析：

一、外应的多样性，造成了外应占法的灵活性，同时也为取应的随意性或随机性，保留了充分的余地。

《梅花易数》的外应法则，如果没有准确率，而又要让学习者能够长期相信，不生疑心，首先需要这个方法有足够的灵活性。从《梅花易数》三要、十应篇中可知，《梅花易数》的外应可分为"天时、地理、人事、时令、方卦、动物、静物、言语、声音、五色、写字"十应，同时又有"正应、互应、变应、方应、日应、刻应、外应、天时应、地理应、人事应"等另一种说法。要知道，在占测的时候这些外应是同时存在于我们身边的，比如一个人求测官职，测得震卦为"体"，如果按十应的法则来考量，逢"天元云霁，天朗气清"，则为乾卦主应，测之不吉；而如果一边有"茂林修竹"则应之主吉；若同时林中有羊，则为兑卦主应，测之又为不吉。同样以静物为例，须知我们生活在世间，我们身边的事物从来不是单一的。比如一个人坐在桌边，那他的前面可能有纸、笔、书本、电脑、水杯等等。同理，一个人站在路边，他面前的外应同样也不是单一的。比如一个老人走过来的同时，或许会有一个女孩一起走过来；同时在占测者与老人之间，又有树木、车辆、路标等物。从外应的角度来讲，这些事物都可以取为外应，那取哪个为准呢？以《梅花易数》中所讲的方法，是"于闹喧市缠之地，人物杂扰，群物满前，何事拓何物为吉？吾占卜之应，此又推乎理而合其事。盖于群动之中，或观其身临吾耳目之近者，可以先见者，或以群事分明者，或吾之一念所在者，此发占之所用"。这里面提到了几个标准，一是临着近的、先看到的，二是和求测的事情相应的，三是求测者一念认可的。这三个标准哪个作为第一标准，哪个作为第二标准呢？因此，总结起来讲，就是占测者自己来选，这一点，看似不起眼，但已经为后面如果测不准是如何处理埋下了伏笔。

二、三要与十应理论上的不统一，同样为外应占法的随意性或随机性，保留了充分的余地。

在《梅花易数》的外应占法中，三要与十应在理论上是不完全统一的，在《梅花易数》的《十应奥论》中讲到："十应固出于三要，而妙乎三要。但以耳目所得，如见吉兆而终须吉，若逢凶谶不免乎凶，理之自然也。然以此而遇吉凶，亦有未然者也。黄金白银，为世之宝，三要得之，必以为祥。十应之决，遇金有不吉者，利刃锐兵，世谓凶器，三要得之，亦以为凶；十应之说，遇兵刃反有吉者。又若占产见少男，三要得之为生子之喜，十应见少男则凶。占病遇棺，三要占之必死，十应以为有生意。例多若此，是占卜物者，不可无应也。"也就是说，三要讲到的吉兆，在十应里同样可以论凶，但十应中的"十应"又同样有吉有凶；而对于同一个"应"中，因为事物的多样性，则同样也可以有吉有凶；而对于吉凶的选择，则同样是取乎于占测者自己。

三、对于同一事物的解释的多样性，同样为外应占法的随意性或随机性保留了充分的余地。

《梅花易数》中三要灵应篇中所讲"人事之应"："若逢童子授书，有词讼之端；主翁笞仆，防责罚之事。讲论经史，事体徒间于虚说；语歌词曲，谋为转见悠扬。见博赌，主争斗之财；遇题写，主文书之事。偶携物者，受人提携；适挽手者，遇事牵连。"其中"童子授书"也可以解释为"消息当至"，"讲论经史"也可解释为"提携授受之恩"，"适挽手者"也可解释为"相携共进之机"，至于如何解释，则同样取决于占测者的选择。民间流传的邵康节测占的例子中，就有很多这种两面性的解释内容。如"妇人测夫"的例子中，邵子的徒弟因为扇的纸面脱离竹筋而掉落，而认为是"骨肉分离"，见不到；而康节先生则说："穿衣见父，脱衣见夫，现在脱衣了，今晚必到！"就是很明显的多样性的解释。至此，《梅花易数》绕了很大一个圈子，已经把学习《梅花易数》的学子们绕在其中了，同时也为《梅花易数》的外应占法如果测不准时如何应对做好了充分的准备。

前面讲到《梅花易数》外应占法绕了一个很大的圈子，给学习者一个多方面的选择，因此，很多学习《梅花易数》的爱好者往往会在学习《梅花易数》的时候，感觉无法捡择，不知道如何取应；而对于占测的结果，同样没有把握。我们常常看到很多学习了多年《梅花易数》的学习者，占对一卦后欣喜非常，这本身对于占测者而言就不应当是一个正常的心态，须知"占测"是对未来的选择；在占测结果出来前，所有的占测的准确率为零；而对于占测的准确率的计算，也不应当是象外界说法中提到的，前一卦准确率为百分之八十，后一卦准确率为百分之四十，两卦相加除二，准确率为百分之六十的计算方法；而应当遵循木桶的"短板原理"，即木桶能装多少水，取决于木桶最短的那块板。由此可知，占测的准确率应当按最低的准确率来计算，而非多次准确率比值相加除以次数，很多学习《梅花易数》的研究者，恐怕都很难保证占测的稳定性，因此才会在偶中后欣喜不已。

如果《梅花易数》中的外应占法，具有如此的欺骗成份，而大家在占测的时候，又很难保证占测的准确率，那为什么很多学习者会沉溺于此中，很难真实地去考虑其中的欺骗性，反而为这种骗术推波助澜，鼓吹不已呢？后面，就要给大家讲一下《梅花易数》的外应占法如何在别人测不准的时候，让大家不认为是"外应占法"的问题，这部分是《梅花易数》外应占法中欺骗性最高明之处。

一、外应的多样性，为占测结果提供了多种可能，从而为占测后的"验卦"保留了充分的余地。

前面我们讲过外应占法中蕴藏了丰富的因素，而占法中各种"应法"的不统一，及各种"外应"的丰富性，为占测时如何选择带来了很大的难度，很多沉迷于《梅花易数》外应占的学者，往往在断卦是为选择哪个外应而大伤脑筋。但《梅花易数》"外应占法"中各种"应法"的不统一，及各种"外应"的丰富性，却为占测结果出来后，如何解卦提供了多种可能。我身边很多学习《梅花易数》的研究者，往往在占测结果出来后，懊悔不已，认为自己当时如果选另一个外应，则占测结果就会准确，而到了再占测的时候，则又为选择哪一个外应伤透脑筋，如此循环，周而复始，很多学习者就是陷在了这种《梅花易数》"只能验卦，不能算卦"的怪圈中无法自拔。

二、《梅花易数》外应占法的神学化，为占测的不准确提供了一个更好的解释。

在现代流通的合编本《梅花易数》"三要灵应篇"序中，序文作者朱虚写道："夫《易》者，性理之学也。性理，具于人心者也。当其方寸湛然，灵台皎洁，无一毫之干，无一尘之累，斯时也，性理具在，而《易》存吾心，浑然是《易》也，其先天之《易》也。乃夫虑端一起，事根忽萌，物之著心，如云之蔽室，如尘之蒙镜，斯时也，汩没茫昧，而向之《易》存吾心者，泯焉尔。故三要之妙，在于运耳、目、心三者之虚灵，俾应于事物也，耳之聪，目之明，吾心实总乎聪明。盖事根于心，心该乎事，然事之未萌也，虽鬼神莫测其端，而吉凶祸福，无门可入。故先师曰：'思虑未动，鬼神不知；不由乎我，更由乎谁？'故事萌于心，鬼神知之矣。吉凶悔吝有其数，然吾预知之，何道欤？必曰：'求诸吾心易之妙而已矣。'于是寂然不动，静虑诚存，观变玩占，运乎三要，必使视之不见，吾见之；听之不闻者，吾闻之；如形之见视，如音之见告，吾之了然鉴之；则《易》之为卜筮之道，而《易》在吾心矣。三要不虚，而灵应之妙斯得也。是道也，寓至精至神之理，百姓日用而不知，安得圆通三昧者，与之论欤！"

在这篇序文中，朱清灵子提到，要想学会"三要十应"，就要做到"当其方寸湛然，灵台皎洁，无一毫之干，无一尘之累……寂然不动、静虑诚存"，同时要"必使视之不见，吾见之；听之不闻者，吾闻之；如形之见视，如音之见告，吾之了然鉴之。"前面的要求已经接近于佛教"四禅定"的境界，而后面更是将佛教修炼之"圆通三昧"与之相较，从而为《梅花易数》外应占的神学化奠定了基础。现今很多《梅花易数》的研习者，一旦准确率不够，则抱怨自己的修为不足，更有甚者，有《梅花易数》的宣传者提到学《梅花易数》易学难精，因为要学《梅花易数》，是要修炼神通的。须知占测术本身只是一门技术，其对占测者的要求只是要占测者"无为"，这里的无为，并不是修炼上的无为炼心，而是要求占测者在占测的时候要站在一个旁观者的角度，不能掺杂主观的判断；而所谓的"学《梅花易数》要修炼通神"则为《梅花易数》戴上了一顶高不可攀的高帽。

经过这一系列的设计，《梅花易数》的编辑者针对"读书习易"的"读书人"布局了一个巧妙的心理骗术，至此，《梅花易数》的"外应占法"，完成了一整套包装，成为很多人多年无法参悟的"最高术数法门"。

第三章　断卦法

心易卦数

心易占卜玄机

天下之事有吉凶，托占以明其机。天下之理无形迹，假象以显其义。故乾为健之理，于马之类见之。坤有顺之理，于牛之类见之，故占卜寓吉凶之理，相卦象内见之。然卦象虽云一定不易之理，而无变通之道，不可也。

易者，变易而已矣。占卜之道，如今日观梅，得革兆，有女子折花；异日观梅，复得革，亦云有女子折花，可乎？今日占牡丹之姤兆，为马所践伤；异日占牡丹复得姤，亦谓之有马践伤，可乎？且兑之属类，非止女子；乾之属类，非止马也。谓他人折花，他物毁花皆可，而见之切、验之真如此，是必有术矣。占卜之道，要在变通。而得占卜之妙，在于口授心传耳。

［疏］家传本《心易梅花数》中"心易卦数"一章，是编辑者精心设计的"抽撤口"，所谓"抽撤口"，即是退身之路。若精心看过《心易梅花数》前面的章节的，依着其中的方法实际占算，必然达不到书到所言的神妙境界；不只如此，恐怕连占测最基本的准确率都无法保证。若是买书的人多了，口碑流传出去，这书可就卖不动了。因此，《心易梅花数》的编辑者，在文章中用了一章的篇幅，设计了一个巧妙的迷魂阵，不只让读者觉不出书中的问题，还能让读书的人为这本书扬名，同时为后面的新书

《三要灵应篇》做了铺垫。

这"抽撤口"的第一步，就是在"心易占卜玄机"中自揭伤疤，同时对"易"的概念进行了曲解，在"心易占卜玄机"起首一段中，《心易梅花数》的编者先把"易"作了新的定义，即所谓："易者，变易而已矣"，《易》之所以为"易"，就是因为"易"道讲的是变易的道理，这句话，实际上是把"易"的定义给片面化了。

《易》的本义，本有"三易"之说，按《周易郑康成注》所云："易之为名也，一言而含三义，易简一也，变易二也，不易三也。""易之三易"即"简易、变易、不易"，看事情，首先要有"不易"的规则，只有知道"不易"才能做到事有准的；在"不易"的基础之上，要做到"变易"，即依据"不易"的规则，寻找事物的具体表现，这一具体表现是因事物的时、空不同，而有所不同的；而学习与掌握这一方法的规则，应当简单明了，具有基础原理属性。即这个做为基础原理性的规则，是"不易"的；基于这一不易的规则之上的表现形式，是"变易"的；这一基础原理本身，应当是"简易"的。

"心易占卜玄机"一节，在文字开始，即把易中的"三易"删减为了一"易"，从而把"简易"与"不易"的规则，从概念中抽离了出去，这一偷换概念的作法，为后面的"心易"的推出，提供了原始的理论基础。

从前文的论述可知，《心易梅花数》中的"灵应占"，实际上是一种"物象占"，而这一"物象占"本身，除了临事之时的"灵机一动"，是无法找到其它规则的。这种"灵机一动"的方法，应对的是外界的万事万物的丰富的显象。这些纷繁复杂的"象"，根本无法在占测时准确选择；但同时，又可以在"覆占"时，为占断的不准确提供大量的补充答案。所以，在文章起首之处，先对"易"的定义进行处理，抽离"不易"的根本，彰显"变易"的功用，就显得尤为重要。

《心易梅花数》的编辑者，在对"易"进行了重新定义之后，开始自揭伤疤，指出书中理论的问题："占卜之道，如今日观梅，得革兆，有女子折花；异日观梅，复得革，亦云有女子折花，可乎？今日占牡丹之姤兆，为马所践伤；异日占牡丹复得姤，亦谓之有马践伤，可乎？且兑之属类，非止女子；乾之属类，非止马也。谓他人折花，他物毁花皆可，而见之切、验之真如此，是必有术矣"这一段，实际上就是针对"读书习易"者内心的疑惑所说，"如果《心易梅花数》能象书中所言的邵子的卦例那样神奇，为什么买了这本书的人，却达不到这种境界呢？"是因为书中还有更多的内容没有披露出来，而没有披露出来的内容，则与"变易"有关。

要想求得这"变易"的方法，按《心易梅花数》编辑者的说法，是"而得占卜之妙，在于口授心传耳"，从字义上讲，《心易梅花数》的编辑者，至少还保留了一点"师承"的良心。从技术的层面考量，如果把《金口透易·梅花占》中的"四象占""八动占"等基础骨架强行拆离，将其"体用"方法中的"动"强行解释成"动爻"后，即可形成现在流传的《梅花易数》的体系。《金口透易·梅花占》中的"四象、八动"体系，是"梅花占"体系中"不易"的部分，若此部分内容缺失，则占测的准确率就无法保证，因此，《心易梅花数》的编辑者，才会增加"灵应占"的部分，用来自圆其术，这其中的设计思路，是可以依据逻辑推导而知的。

人为隐藏的"四象占"与"八动占"，即是《梅花易数》系统的"钥匙"，因此，若有缘能得到精通《梅花占》的师父的引领，打开《梅花易数》并非难事。在《金口透易·梅花占》的系统中，"四象占"共 8 句口诀，"八动占"共 32 句口诀，也就是说，学习者只需要把这 40 句共 280 个字的口诀背过，即可正式进入"梅花占"的大门，这也就是古人所说的"真传一句话，假传万卷书"的道理。虽然对于大多数的购书者而言，寻找"师承"无异于"镜中之花、水中之月"，但从《心易梅花数》编辑者的字里行间之中，我们还能看出其对于师承的一点内心的尊重，而到了后世五卷合编本《梅花易数》中，这句话变成了"占卜之道要变通。得变通之道者，在乎心易之妙耳"，[①] 则已是连师承的痕迹也已经消失，变成了赤裸裸的"心易"占卜的广告了。

[释] 天下之事，有吉有凶，假托于占卜以彰显其中的机窍，天下之理，了无开迹，只能假托于"象"来显明其意义，是故乾卦蕴含有"健"的道理，所以可以类推为马；坤卦中蕴含着"顺"的道理，所以可以以理类推为牛。因此，占卜就是寓意吉凶的道理的方法，观察卦象就可以分析，然而，卦象虽说有"一定不易之理"，若没有"变通之道"是不行的。

"易"的本义，本来就是"变易"而已，占卜之道，如今天观梅求得"革兆"，有女子折花的应验，改日再观梅，求得革卦，还可以说是"有女子折花"吗？今天占牡丹求得"姤卦"，断牡丹被马所践踏而损伤，改日再占牡丹，又求得"姤卦"，也可以说是"牡丹被马所践伤"吗？况且"兑卦"所代表的，不只是女子，"乾卦"所代表的，也不只是马，在观梅占与牡丹占的卦例中，说是别的人来折花或者别的东西来毁花都是可以的，而在占断的时候，能够占断准确，结果灵验到这种地步，是因为其中一定有着更深入的方法。占卜之道，其中的关键在于变通，而要想得到这其中的妙理，还是需要口授心传的。

---

① 《故宫珍本丛刊》第 415 册，23。

占卜统说

大抵占卜之法，成卦之后，先看《周易》爻辞，以断吉凶。如乾卦初九"潜龙勿用"，则诸事未可为，只宜退隐伏藏之类；九二"见龙在田，利见大人"，则宜于谒见贵人之类。余仿此。

次看卦之体用，以论五行相克相生，即动静体用之说。以体为主，用为事之应。用生体及比和则吉，体生用及用克体乃不吉之兆。

［疏］此"占卜统说"一节，与"次看克应"一节，按语句分析，上下内容连属，应是将一篇文字分为两段，家传本《心易梅花数》的编辑者，在为"心易"做完广告之后，又往回拉了一点儿，让"心易"方法的提出，不致于太过突兀。因此，在"心易""变通"之后，家传本《心易梅花数》的编辑者又提出了另两条占断规则。这两个规则，一是看《周易》爻辞，二是看体用。《周易》这本书，本身是古代易学方法师承授受的教材，其中必然蕴含着一定的占断规则；这些占断规则，反应到"爻辞"之中，对吉凶是有着一定的指示的。这个占断规则的有效性，依据《梅花易数》中单爻动的占断方法与《易经》的爻辞规则相比较，其有效性的比例大致上在 20％左右。

如乾卦"初九：潜龙勿用"，是因为乾卦初九变动后，变为"天风姤"卦。天风姤卦天元卦、贵神卦、将神卦皆为乾卦，地元卦为巽卦，为三金克一木，在"金口透易·梅花占"中称之为"问招卦"，口诀为"外边取索多谋害，人在家中访不宜"，占事不宜外出，安居则吉。巽的地支寄宫中有"辰"，辰为龙，巽卦居于"地元"，"地元卦"在"四象占"中为地为潜，故此卦在《易经》爻辞中称之为"潜龙，勿用"。又如坤卦"初六：履霜，坚冰至"，是因为坤卦初六变爻后，变为"地雷复"卦，天元卦、贵神卦、将神卦皆为坤，地元卦为震，按"金口透易·梅花占"的八动占规则，为鬼动悔折卦，口诀为"乖佞损害病伴合，讼牵他人宅不宁"，震卦寄宫有卯木，坤卦寄宫有未与申，申金为秋令第一月，为霜为冰，三金相重为凝冰格，申金克卯木，卯临申为绝，主财帛车马损伤，路途有阻；震见坤为隔，又主阻隔，这就如同人要远行，但前途有重重险阻，当遇到第一重阻隔之时，要知道后面还有更多的险阻，自身更要多加注意，提前准备，所以称之为"履霜，坚冰至"。

由此可知，若按《易经》的爻辞规则，《梅花易数》中的单爻动变后，是有一部分可以用《周易》爻辞来解释的，但这一部分内容在整个《周易》的爻辞体系中占的比例很小。若《梅花易数》中依爻辞来判断吉凶，其准确率应当只能达到20%左右。

《心易梅花数》的"体用"占规则，依其原文为："次看卦之体用，以论五行相克相生，即动静体用之说。以体为主，用为事之应"，这段文字叙述简略，其中蕴含着一个巧妙的转换，以"金口透易·梅花占"的原始占测规则，"体"是指"事体"，"动"是指"八动占"，因此，这段话的意思，实际上在原始的规则中是"其次要看卦的'体'与'用'，以五行的相生相克来评判，这就是'动静体用'的规则，是以事体为主，以'八动占'做为对事件判断的标准"。但到了家传本《心易梅花数》中，这段话的意思则被解释成了以有动爻的卦为用，以没有动爻的卦为体，其规则为"用卦生体卦为吉，体卦克用卦为吉，体卦生用卦为不吉，用卦克体卦为凶，体用比合则吉"，在这个规则中，与"金口透易·梅花占"中八动占相似的只有"用卦生体卦为吉"这一条，且因其是以动爻分配"体、用"，所以其只有一半规则与"金口透易·梅花占"相同，即当"用卦生体卦"时，"梅花易数"所反映的吉凶与"金口透易·梅花占"的占断是相同的。由此推知,《心易梅花数》中的"体用"占断,其准确率与"金口透易·梅花占"相比只有 6.25％,而且这个准确率只是吉凶的推断,没有具体事件的显象,从这个比率来看,《心易梅花数》中的"体用"占的准确率是很低的。也正因为此,即使是《心易梅花数》书中的卦例,也没有办法完全按这个"体用"规则来占断,而不得不在"卦断遗论"一节中,自行将"体用"规则推翻。由此可知,家传本《心易梅花数》的编辑者是明了"体用"占法之不可用的,因此才会推出一系列的理论来弥补其原始理论的不足。

虽然"占卜统说"一节中所述的"爻辞法"与"体用法"两种占法的准确率很低,但也因为这 20％与 6.25％的准确率,让学习《梅花易数》的读书人,在某些条件达成的时候出现"偶中"甚至"神断"。也往往是这一点神断的卦例,会成为支撑《心易梅花数》学习者继续学习与探索的动力。但从占测的技术角度来讲,每一次占断都是独立的事件,因为占测本身是对事件未来发展方向的评估,当占断时,占测者是无法知道自己的结论准确率的。因此其准确率的计算,需要遵循"短板原理";占测的基础准确率,应当以最低的占测准确率为准。基于前述《心易梅花数》中的"爻辞法"与"体用法"的理论准确率的比率,其不准确肯定是大大多于准确的;因此,由于基础理论的缺陷,《心易梅花数》的学习者,即使其偶尔出现"神断",也因为无法保证长期占测的稳定准确率。所以其对事件占测的准确率,以及对现实的指导性,在实际上为零。学习者也因此而长期徘徊在"神准"与"全不准"的困惑之中,无法自拔。这其中的一部分人,会进而去研究学习"三要灵应",转而掉进一个更大的"陷阱";另一部分人会因为这种术数的准确率无法把握,而选择放弃，但即使选择放弃的人，也会因为这一点"神断"的经历以及家传本《心易梅花数》的编辑者在各方向的铺垫，而认为自己的占断不准确是因为没有参悟"心易变通之道"，而将学不会的原因归咎于自身。这也是《梅花易数》这一术数，即使是在准确率不足的情况下，依然会被传为"神术"，并被大量学习者颂扬的原因。

［释］占卜的大致方法，是起卦之后，先看《周易》爻辞，用来判断吉凶，如乾卦"初九：潜龙勿用"，则一切事情都不可以做，只适合于退隐、伏藏之类；"九二：见龙在田，利见大人"，则适合于去拜谒贵人之类，其余的爻辞以此类推。

其次要看卦的"体用"，是用五行的相生相克来判断的，这就是后面所要陈述的"动静、体用"之说，以"体"为主，"用"是事的兆应，用生体或体用比和则吉，体生用或者用来克体，则代表着不吉的征兆。

次看克应

三要灵应之类，如闻吉说、见吉兆则吉，闻凶说、见凶兆则凶，见圆物事易成，见缺物终毁之类；则事之难易，复验已成之动静：坐则事应迟，行则事应速，走则愈速，卧则愈迟。

数者皆备，可以尽占卜之道矣。然须以易卦为主，体用克应次之。俱吉则大吉，俱凶则大凶。有凶有吉，则观其卦辞，及体用克应之类，详审轻重，以断吉凶也。更在圆机，不可执滞。

［疏］在对"爻辞"与"体用"稍稍推送之后，家传本《心易梅花数》编辑者笔锋一转，将话题再次引回到"克应"占法之中，这一推一转之间，读书习易者对"心易"的憧憬又深入了一层。

此节篇首提出"三要灵应"之名，是对《三要灵应篇》的推广，后世五卷合编本因《三要灵应篇》已合编入一书，故将此句删去，直接引入正题。且将两段文字复归于一篇，五卷合编本的修改虽然合乎这段文字结构，但也失去了家传本《心易梅花数》将"次看克应"单独出来以作强调的本意。

"灵应占"法的问题，前文已有述及，此段不再赘言，"灵应占"的根本还在于对外界"物象"的"兆"的观察，但这些所谓的"观察"实际上与"卦"本身，并无本质的关联，因此，两种方法完全可以单独应用的，而实际上，后世对于《梅花易数》的应用，确实也出现了这种趋势。

清代纪晓岚所著《阅微草堂笔记》中记载："甘肃李参将，名璇，精康节观梅之术，占事多验。平定西域时，从大学士温公在军营，有兵士遗火，焚辕前枯草，阔丈许，公使占何祥，曰：'此无他，公数日内当有密奏耳。火得枯草，行最速，急递之象也；烟气上升，上达之象也，知为密奏。凡密奏，当焚草也。'公曰：'我无当密奏事。'曰：'遗火亦无心，非预定也。'既而果然。其占人终身，则随手拈一物，或同拈一物，而所断又不同。至京师时，一翰林拈烟筒，曰：'贮火而其烟，呼吸通于内，公非冷局官也。然位不甚通显，尚待人吹嘘故也。'问：'历官当几年?'曰：'公毋怪直言，火本无多，一熄则为灰烬，热不久也。'问：'寿几何?'摇首曰：'铜器原可经久，然不见百年烟筒也。'其人怏去。后岁余，竟如所言。又一郎官同在座，亦拈此烟筒，观其复何所云，曰：'烟筒火已息，公必冷官也。已置于床，是曾经停顿也。然再拈于手，是又遇提携复起矣。将来尚有热时，但热又占与前同耳。'后亦如所言。"[1]

——————
① 清·纪晓岚著：《阅微草堂笔记》，卷十四，《槐西杂志》四。

在这段笔记的记载中，李参将所使用的"康节观梅之术"，已经连起卦的程序都省略了，而是直接以"物、象"起占，其虽尚称之为"康节观梅之术"，但从应用来看，实际上已经彻底抛弃了卦象、体用、爻辞，回归了"物象占"的本意。

"次看克应"一节，虽然开篇讲述了"观兆吉凶、观物圆缺、观动静迟速"等"物象占"的基本应用，但也只是聊述梗概，此段的本意，还是文末"更在圆机，不可执滞"一句，不断地陈述"更在圆机，不可执滞"，才是家传本《心易梅花数》的编辑者真正要对读此书者灌输的理念。而后世习《梅花易数》者，又有多少人是被绕在这句话之中，欲进退而不得的呢？而观家传本《心易梅花数》的编辑者，在这一番"推拉"之中，已将"心易"的概念润物无声般地渗入读书习易者的思维之中，这其中却已是深得"更在圆机，不可执滞"之道了。

［释］其次再看"克应"，如"三要灵应"中所说的那样，如听到"吉言吉语"，则为吉兆，如果听闻"凶言凶语"，则为凶兆，看到"圆物"，则主事情易于成就，如果看到破损之物、终了毁伤之类，则事难成。

再以动静占断事情成败的迟速，如是静坐，则主事应验得慢；如果是在行走之中，则事应验得快，走得越快，事情应验得越快，如果是躺着，则应验得会更慢。

以上数条，占法齐备，可以穷尽占卜的道理了，但还须以"易卦"为主，体用、克应次之。以上数项，如果全吉，则主事体大吉；如果全凶，则主事体大凶；有凶有吉，就要观其卦辞、体用、克应之类，详细审辨较量其中的轻重，以判断吉凶；更要圆通机变，不可固执拘泥。

占卜论理诀

数说尚矣，必以理论之而后备。苟论数而不论理，则拘于一见而或有不验矣。盖如饮食得震为龙，以理论之，则龙岂可食乎？以类推之，则鱼类是也。如占天时得震为雷，当有雷声，若冬月占之得震卦，以理论之，冬月安得有雷？当以风撼震动物声之类是也。心易之学，既知已上数条之诀，复明乎理，则占卜之道无余蕴矣。

[疏] 在强调过"更在圆机，不可执滞"之后，家传本《心易梅花数》的编辑者，又适时地推出了"不可执滞"的衍伸释例，以加深读者的印象，那就是"占卜论理诀"。在实际的占卜应用中，论理实际上是一个基本规则，即"任何对事件的占测，都不能脱离事件的本身的规则，而事件本身的规则，是受事件所处环境的整体规则所限制的"。我们所生活的社会，是一个由规则所构成的社会，规则既包含着自然规则，也包含着生物规则与社会规则。规则普遍地分布于人类社会中，且规则及其体系一经形成，就独立于个人意志之外，具有难以撼动的稳定性；而占测既然是对事件的模拟，则必然受到规则的限制。转而言之，对于一切占测而言，规则就是占测中思维的框架。对这个框架中的矛盾与矛盾的解决进行模拟，从而计算出这个事件未来的发展方向与可能，就是占测的基本功用。由此可知，对于规则的基本认识本身就是占测的基本功之一，这也就是真正师传的术数很少讲"分类占"的原因。

在术数化的图书中，有着一类很特别的门类，即"分类占"。在术数类书籍中，分类占一般是对各占测种类的断语的汇总。如《心易梅花数》中的疾病占第十五所述："凡占疾病，以体为病人，用为病证。体卦宜旺不宜衰，体宜逢生，不宜逢克。用宜生体，不宜克体。是故体克用，则病易安。体生用，则病难愈。"这种断语型的汇总，从表面看"提纲挈领"，可以使学习者清楚明白地了解占断规则，实际上对人的束缚性极大。须知事件的规则是与社会相统一的，也就是说，社会有多复杂，事件的规则的指向性就有多复杂；模拟社会的复杂性，甚至比模拟宇宙大爆炸还要难很多。因此，在对于事件的占测时，如果希望以简单的断语的罗列就可以对事件的占测提供标准，必然陷入"缘木求鱼"的窘境。

占测的对象是"事件"，而一个事件又是由无数的更小事件所汇聚而成，同样以前文所述"占疾病"为例，在一个针对疾病的求测中，实际上可能包含的小问题有"占病因、占病症、占求医、占何方求医、占问药、占药有效否、占病何时愈、占生死、占亲人求医，占亲人生死"等一系列的小问题。在一个实际的"疾病占"占测中，因为求测人所处的事件中的节点不同，对应的角度不同，其所对应的问题的规则也会有很大的变化；而相对于对应规则的变化，占测模型中的各要素的对应性也会不同。显然，针对这种规则的要素的对应性的变化，靠一两句断语是解决不了问题的。

那么，在真实的占测实战中，要如何理解"理"呢？这就需要占测者对数理模型中的基础规则的了解与对事件对应的社会规则的了解相结合。在"金口透易·梅花占"中，这个数理模型的基础规则就是"四象占"与"八动占"。"四象占"是针对"事件"模型中所针对对象的对应关系的定位，而"八动占"则是对事件所对应的对象的矛盾关系的模拟。由于"四象占"是一个对应结构的基本规则，其本身具有"其大无外、其小无内"的特性，因此，四象占可以把一个事件的结构分解成简单的四个层级；而"八动占"，则是对这四个层级中各要素的相互关系的模拟。这一相互关系的模拟，可以概括为"矛盾与矛盾的解决"；将这个模型中的"层级关系"与"矛盾关系"代入到社会的规则之中，就叫做"明理"。在术数的占测中，对于术数中的"层级关系"与"矛盾关系"的理解，可以认为是"术内"的技术，而将这些关系代入到"社会的规则"之中，则是"术外"的修养。所以我们在教学中讲到，搞占测要"知人事"，这个"知人事"，实际上就是"明理"。能明了事件中的"理"，再将占测的模型中的各层关系代入到事件的"理"之中，这个占测的过程是开放与交流的，也是顺畅的；而局限于"分类占"这类条文之中，则必然会陷入到"狭窄"与"僵化"的教条主义之中。

以上所讲的，是占测中"规则"的理，这是广义上的"理"，而家传本的《心易梅花数》中的理，则只限于"取象"的狭义的"理"。这个"理"虽然也可以称之为"论理"，但基于其所举例证及最后的结论，实际上是把这个"论理"限定向了"心易之学"的"灵应占"的取象。因为"灵应占"本身是没有基础框架支撑的，所以这个所谓的"论理"也就变成了一个非常狭窄而且不易操作的概念，其所例证的"不可执滞"，到这里也就变成了"见风使舵"；而其所论述的"论理"，在后世更是变成了"察言观色"的代名词。

［释］前面所论述的一系列规则，已经很完备了，但断卦的时候，一定要按"道理"来占断，占测方可以做到事体完备。如果只论"数理"而不论"道理"，那就容易拘于一见，而在一些时候无法达到"准验"。比如占测"饮食"，求得震卦，震的易象为"龙"，但龙是可以吃的吗？若以理类推，则鱼类也是可以的。又如占测天气，若得震卦，依易象而言，震当为雷，但应当有雷声之应；但如果是在冬天，占卦求得震卦，按道理来讲，冬天哪

里会打雷啊？应当以风声撼物之声来判断就对了。所以说，"心易之学"如果已经明了前面所述的数条口诀，再明了这个"理"，则"占卜之道"就没有什么没讲清楚的了。

先后天论

先天断卦凶吉，止以卦论，不用易爻之辞。后天则用易辞，兼以卦断。何也？

盖先天未得卦，先得数，是未有易书，先有易理，是无卦画，无易书之谓也。故不用易书之辞，专以卦断。

后天则已得卦，是有卦画，有易书之谓也，故用易书之辞，兼用易卦之断也。

又起后天卦与先天不同，然其要则一。今人多以坎一、坤二、震三、巽四、中五、乾六、兑七、艮八、离九此数为用。盖圣人作易画卦，始于太极、两仪、四象、八卦加一倍数，自成一乾、二兑、三离、四震、五巽、六坎、七艮、八坤。故凡起卦，只合以此数为用。

又今人起后天卦，多不加时，得此一卦，止以此一爻动变为断，更无移易，岂变易之谓乎？故后天卦卦爻既定，必加以时而后可也。

又先天卦定事应之期，则取诸卦焉。如乾兑则应于庚辛及五金之日，或乾应于戌亥月日时，兑应于申酉月日时。震巽当应于甲乙及五木之日，或震取寅卯，巽取辰巳之类。仿此。

后天则以卦数时数总之，而分行坐立卧之迟速，以为事应之期。然卦数时数者，应近而不能决诸远，必合先天后天之卦数，通用取决可也。

又凡占卦中决断吉凶，其理洞然，可止于全卦体用生克之理，及参以易辞凶吉，斯可矣。今人后天卦却于六十花甲子之日，取其时方魁破败亡灭迹等，以取断决。此乃历家选时之法，并与《周易》不相干涉，何可用之。

[疏] 在《心易卦数》这一章的"先后天论"一节中，看似严谨的对"先天卦、后天卦"的论述，实际上是一个过渡话术，在对"更在圆机，不可执滞"进行了一番推动后，家传本《心易梅花数》的编辑者再次将话题拉回，用一大段论理的文字转移话题，对读者的情绪与观点进行调适，为后面的"卦断遗论"一节做好铺垫。

同时家传本《心易梅花数》的编辑者，在此节之中，为前文"占卜统说"中的"大抵占卜之法，成卦之后，先看《周易》爻辞，以断吉凶。如乾卦初九'潜龙勿用'，则诸事未可为，只宜退隐伏藏之类。九二'见龙在田，利见大人'，则宜于谒见贵人之类。余仿此"一段，设置了一个"抽撤口"。由于《心易梅花数》中的占断方法及起卦法的先天不足，其所得出的卦象，既无法"稳定唯一"，也无法与"易经占法"的模型结构相应；因此，在用《心易梅花数》占测时，必然会出现"体用生克为吉，卦爻辞为凶；或体用生克为凶，卦爻辞为吉"的情况发生。

虽然家传本《心易梅花数》的编辑者推出了"须以易卦为主，体用克应次之。俱吉则大吉，俱凶则大凶。有凶有吉，则观其卦辞及体用克应之类，详审轻重，以断吉凶也"的说法，调整其中的矛盾，但仍然难免读者会在应用中对此方法本身产生疑惑。因此，在"先后天论"中，《心易梅花数》的编辑者用"先天卦、后天卦"中"先有数后有卦与先有卦后有理"的推导，对"体用生克与卦爻辞"之间的矛盾进行了弥合的尝试，但这一说法，显然并不严谨。如"先天起卦法"因"未得卦，先得数，是未有易书，先有易理，是无卦画，无易书之谓也，故不用易书之辞，专以卦断"，那么按此说法，所有端法以外的其余"卦"的起卦法，如"大衍筮法、铜钱卦"等方法，都是"未得卦，先得数"，或是"未得卦，先有兆"，这其中的"数"与"兆"，都是"无易书之谓"的，那《易经》的起卦法，就只能是端法起卦了。

［释］用先天起卦法所起出的卦，其吉凶只需按卦本身的体用生克判断即可，不需要参考《易经》中的卦爻辞。用后天端法起卦，则需要用《易经》中的卦爻辞与卦本身的体用生克相互参照来判断吉凶。

之所以如此，是因为先天卦是没有求得卦之前，先得到的"数"，而这个数，是《易经》成书之前，就具有的"易理"，是与"卦画""易书"无关的。因此，先天起卦所得的卦象，是不用《易经》中的卦爻辞来参考判断，而只以卦的"体用生克"来判断吉凶的。

后天端法所求得的卦，是直接用象得卦，是有了"卦画"以及《易经》成书之后的应用，因此要兼用《易经》的卦爻辞来参考判断。

先天易数的起卦法，与后天端法的起卦法，虽然起卦方法不同，但其要点则是一致的。现在的人，多用"坎一坤二震三巽四中五乾六兑七艮八离九"的数来起卦，其实，圣人作《易》、画卦，是始于"太极、两仪、四象、八卦"，是用"加一倍法"天然形成"乾一、兑二、离三、震四、巽五、坎六、艮七、坤八"的卦数，因此，凡是起卦，只应当用这个数就可以了。

此外，现在的人，用后天端法起卦，多不加时；得到卦象后，就以求得这个卦象的数除六求得动爻，再以动爻的"动变"做为判断的依据。如果是这样，那么求得卦象后的数，因为奇偶的属性，必然只能得到阴、阳中各三个动爻的变动的可能，而没有了六个爻变动的可能因素，这又怎么符合"变易"的道理呢？

因此，用后天端法起卦后，一定要再加上时数，而后方可以求得动爻。

又论：用先天起卦法起出卦后，其占断事体的应期，要取其卦气来判断，如乾卦兑卦，则应期当在"庚辛"或"五金"之日，或者"乾卦"的应期是"戌亥"月、日、时，"兑卦"的应期当在"申酉"月、日、时，"震卦、巽卦"的应期，则应当是"甲乙"或"五木"之日，或者"震卦"取"辰巳"之类。

用后天起卦法加时得出卦象及动爻后，更要看"外应"的"行、坐、立、卧"等迟速的感应，以判断应期的快慢，但用卦数时数，判断应期，只能看眼前的事情，对于长久的应期则不易判断，必须以先天、后天的"卦数"配合来求取应期方可。

又论：凡是占卦时决断吉凶，其中的道理已经讲得很清楚了，用全卦的"体用生克"之理再参照"易辞"吉凶来判断，就可以了，现在的人用后天端法起卦后，却用六十花甲子之日，取其时、方的"魁罡、破败、往亡、灭迹"等来判断吉凶，这种方法乃是历家"选择时日"的方法，与《周易》并不相干，怎么可以用呢？

卦断遗论

凡占卜决断，固以体用为主，然有不拘体用者。

如起例中，西林寺额得山地剥，互变俱比和，则当吉矣，而乃不吉，何也？盖寺者，纯阳人所居之地，而爻有纯阴之象，是为群阴剥阳之义显然也。此理昭然，又何必拘体用之论也。

又若有人问："今日动静如何？"得地风升初爻，用克体卦，互俱不生，无饮食矣，而亦有人相请，虽饮食不丰，而有人请，何也？此又当时必有他应，有以"如何"二字带口，为重兑之义。未详是否。

又有用不生体，而互变俱生之为吉者，如少年有喜色，占得山火贲是也。

有用不克体，而互变俱克之为凶者，如牛哀鸣占得地水师是也。

盖少年有喜色，而略知其有喜，而易辞又有"束帛戋戋"之吉是也。二者俱喜，互变俱生，愈见其吉也。虽用不生，不害其为吉也。

牛鸣而哀，则知其有凶，而易爻辞复有"舆尸"之凶，加以互变俱克，愈见其凶也。虽用爻不克，不能掩其凶也。

盖易断卦，当于理胜处验之，不可拘执于一也。

［疏］"卦断遗论"一节，在《心易梅花数》全书中具有着重要的位置，此节实际上已经是对《心易梅花数》一书中所述"体用"方法的全面否定，但因为前面的文字中所做"心易占卜玄机、占卜论理"等一系列的铺垫与推拉，使得这一节的论述，虽然是对"体用生克占法"占测结果无法准确的真实确认，但却并不使读书者觉得《心易梅花数》中的"体用生克方法"有问题，而是在断卦时，要"于理处验之"，要结合"灵应"，要"不可执一"。从而将这所谓的"论理""灵应""圆机"认定为更高层次的方法，这就为后面的《三要灵应篇》中的"灵应占"彻底替代"体用生克占"铺平了道路。

在"卦断遗论"的第一段文字中，开宗明义的"凡占卜决断，固以体用为主，然有不拘体用者"，这是本节的主要观点。既然《心易梅花数》的占卜决断，是以"体用"为主，当"不拘体用"这四个字出现的时候，实际上就相当于是宣布了"体用"断法是不可以为"典要"的。

如前文所述，《易》有"三易"，是指"不易、变易、简易"，对于一个占测的技术而言，首先需要掌握的是"不易"的规律，而这个"不易"的规律，应当具有"普适"的特征，在"不易"的基础上，可以依据事件的具体时空属性而对事件进行有对应性地分析，这个过程，可以称之为"变易"。在《心易梅花数》的体系论述中，实际上一直是把"卦爻辞"与"体用生克"做为不易的基础来介绍的。如"次看克应"一节中所称"然须以易卦为主，体用克应次之"，即是对"卦爻辞"与"体用生克"的"不易"属性的确认。但在"先后天论"一节中，《心易梅花数》的编辑者先是将"卦爻辞"的应用范围进行了缩减与区别，而到了"卦断遗论"一节中，更是对"体用"的占断进行了否定。由此，《心易梅花数》的占测体系中，实际上已经没有了"不易"的技术指标；取而代之的，则是潜移默化之中，"易者，变易而已矣"的观点在占测体系中的突显，那么，在《心易梅花数》的应用中对"不拘体用"是如何论述的呢？后面我们来逐层分析。

在"开宗明义"之后，"卦断遗论"先就"论理"对"体用生克断法"的影响展开陈述："如起例中，西林寺额得山地剥，互变俱比和，则当吉矣，而乃不吉，何也？盖寺者，纯阳人所居之地，而爻有纯阴之象，是为群阴剥阳之义显然也。此理昭然，又何必拘体用之论也"，在这一段文字中，实际上有一个概念的偷换，就是对"体用生克断法"进行了"降级"。须知在《心易梅花数》中，"体用生克断法"应当是承担着占测体系中基础框架结构的作用，能够承担这种作用的应当是"普遍规律"。"普遍规律"是指事物的共同规律，具有最大的普遍性。"普遍规律"的正确性是能被验证的，是可以在普适环境下应用的规则。如《金口透易·梅花占》中的"八动占"，所应用的规律即是"对立统一规律"。"对立统一规律"是指世界上任何事物的内部和事物之间都包含着矛盾，矛盾的双方既对立又统一。事物的运动发展在于自身的矛盾运动，矛盾的斗争性和同一性、普遍性和特殊性统一于客观事实。对立统一规律揭示了事物发展变化的源泉和动力，即一切事物的发展，都是矛盾与矛盾的解决的结果。

因此，"体用生克断法"如果是《心易梅花数》中的基础框架，其本身应当具有"普遍规律"的特性；这就如同能量守恒定律是自然界普遍的基本定律，其正确性是不能被证明的，而只能被验证。因此，无论是在地球或者太空，能量守恒定律本身都应当是普遍适用的；同理，如果"体用生克断法"所遵循的是"普遍规律"，其应用应当具有普遍性原则；而文中所引例证中的佛寺为"纯阳之地"，只是一个社会结构的框架，其层级远远低于普遍规律。若因为这种层级的影响，就会影响到"普遍规律"的应用，那么只能证明这个规律本身不具有"普遍规律"的特征。所以，对于《心易梅花数》中"西林寺额"的上述文字例证，实际上是一个偷换概念的误导。

"又若有人问：'今日动静如何？'得地风升初爻，用克体卦，互俱不生，无饮食矣，而亦有人相请，虽饮食不丰，而有人请，何也？此又当时必有他应，有以'如何'二字带口，为重兑之义。未详是否？"

这一段，是从"灵应占"的角度来否定"体用生克断法"，所引卦例同样为《心易梅花数》中无法用"体用生克"来解读的"声音占例·今日动静如何"，按"体用生克断法"的规则"用卦生体卦为吉，体卦克用卦为吉，体卦生用卦为不吉，用卦克体卦为凶，体用比合则吉"，而在此例中，地风升初爻动，是巽卦为用卦，坤卦为体卦，是典型的"用卦克体卦"为凶，但其占断结果为"有人请"。详究其占断的规则，是"升者有升阶之意，互见震、兑，为东西席之分。卦中兑为口，坤为腹，为口腹之事，故知有人相请。客无多者，坤土独立，无同类之卦气也。酒无醉者，卦中无坎。味止鸡黍者，坤为黍稷耳。又卦无相生之义，故知品味不至丰也"。

这些断语之中，"升者有升阶之意"，是以卦名推衍。但这一推衍本身，是不具有唯一性的，升同样也可理解为"升堂"。"震、兑为东西席之分"的推衍，也有同样的问题。如《仪礼·士丧礼》所述，家中有丧礼，有宾客吊唁，则"丧主进屋，坐在尸床之东。丧主之兄弟、堂兄弟皆面向西站在丧主之后。丧主之妻妾面向东坐于床西"，同样也是东西席之制。为什么在这里的东西，就是宴席而不是丧礼呢？这个问题，《心易梅花数》的编辑者显然自己也无法自圆其说，因此说出了一段"此又当时必有他应，有以'如何'二字带口，为重兑之义。未详是否"的推论，来给自己解围。但这一基于"灵应占"的字占的解释，同样无法自圆其说。若以"今日动静如何"的字形组合来推导，则"日"为二口相并，"动"中有"力"，"静"中有"争"；"如何"二字，又见二口。按"兑卦"为"口、口舌、谗毁、谤说"，六个字中见到这么多"口"，又有"力、争"，为什么不是"口舌、谗毁"呢？

"又有用不生体，而互变俱生之为吉者，如少年有喜色，占得山火贲是也。有用不克体，而互变俱克之为凶者，如牛哀鸣占得地水师是也。盖少年有喜色，而略知其有喜，而易辞又有'束帛戋戋'之吉是也。二者俱喜，互变俱生，愈见其吉也。虽用不生，不害其为吉也。牛鸣而哀，则知其有凶，而易爻辞复有'舆尸'之凶，加以互变俱克，愈见其凶也。虽用爻不克，不能掩其凶也。"

此一段是以"查颜观色"与"卦爻辞"来例证"体用生克断法"的不可执一，如"少年有喜色占"中的"盖少年有喜色，而略知其有喜"，是"察颜观色"的判断，占测的规则，要求占测者本身要拥有"观察者"的视角，但这个"观察者"的视角，并不是让占测者去"察言观色"，而是要求占测者站在比事件更高的上帝视角上去观察事件，这就是《系传》中所讲的"无思也，无为也，寂然不动，感而遂通天下之故"。① 占测者在占测时，应当是"无思、无为、寂然不动"的，即不能掺杂自己的主观判断与情绪因素，只以卦象本身的客观指示来占测，这样才能"感而遂通天下之故"。至于"灵应占"中的这种"其人忧终有忧、其人喜还须有喜，故当观色察形，以为决意断心"，② 到后世也顺理成章地变成了"江湖"的见风使舵。

"少年有喜色占"中的悲喜，至少还是对人，而在"牛哀鸣占"中，察言观色的对象则变成了"牛"，这里面所蕴含的，则不只是占测者的自我定位问题了。在《庄子·秋水》篇中，有这样一个故事"庄子与惠子游于濠梁之上。庄子曰："儵鱼出游从容，是鱼之乐也。"惠子曰："子非鱼，安知鱼之乐?"庄子曰："子非我，安知我不知鱼之乐?"惠子曰："我非子，固不知子矣；子固非鱼也，子之不知鱼之乐，全矣!"在这段辩论，称之为"濠梁之辨"。"濠梁之辩"之思想主题，旨在论证"知他心"的问题。在这场辩论中，在对于儵鱼的认识上，庄子是将主观的情意发挥到了鱼之上，惠子则是站在分析的立场，来分析"儵鱼之乐"所存在的实在性。抛开"濠梁之辨"中的"道性"的理解，单独对故事中的庄子而言，其感悟到的"儵鱼之乐"，实际上是"儵鱼"的游动形态投射到庄子情绪上的感应；而这个感应，是庄子的，而非鱼的。因此，惠施才会问庄子"子非鱼、安知鱼之乐"? 同理，所谓的"牛哀鸣"，同样也是牛的声音投射到占测者自身的情绪之上而形成的反映，这个反映同样也是占测者的，而

---

① 《易经·系辞传上》第十章。
② 《故宫珍本丛刊第 415 册》，46，《万物赋》。

非牛的。若"少年有喜色占"中的悲喜，还是人类同种情绪的共感，到了"牛哀鸣占"中的悲喜，连共感都算不上，只能算作是占测者自己情绪掺杂其中的感应了。这个情绪的感应，既背离了术数中的旁观者视角，同时也没有了真实性，因此也是违反了占测的客观性原则的。

当然，《心易梅花数》的编辑者在"卦断遗论"一节中的一系列论述，主要目的还是为了推出文末的那一句"盖易断卦，当于理胜处验之，不可拘执于一也"。虽然其中的论辨内容经不起推敲，但历代研习《梅花易数》者，能够深入推敲的又有几人呢？

［释］凡是占卦决断的时候，固然是以"体用"为主，然而也有拘于"体用"的，如起例中"西林寺额"占，起卦得山地剥卦，互、变都比和，按说应当是吉兆，而判断却是不吉，是因为什么呢？因为寺庙是纯阳之人所居的地方，而卦得出的却是纯阴爻组成的卦，所以有"群阴剥阳"的含义是很明显的，这个道理是显而易见的，又何必拘泥于"体用"之论呢？

又比如有人问"今日动静如何"的例子，占得"地风升"卦，初爻动，用卦克体卦，互卦都不生助体卦，应当是没有饮食的事情啊，但也有人相请，虽然饮食不丰盛，但有人请是因为什么呢？起这个卦的时候，肯定还有别的"外应"，又或者是"如何"两个字都带"口"，是重兑的意思，不清楚是不是这个原因。

又有用卦不生体卦，但互卦与变卦都生体卦，所以断吉的，如"少年有喜色占"，占得"山火贲"卦的例子就是这种情况。

也有用卦不克体卦，但互卦与变卦都克体卦，所以断凶的，如"牛哀鸣占"，占得"地水师"卦的例子，也是这样。

大概是因为先看到少年面带喜色，而约略知道其有喜事，而易辞中又有"束帛戋戋"的吉辞，因此两者都为喜事，互卦与变卦又与体卦相生，更可以看出其中的"吉兆"，虽然用卦不生体卦，也不会影响到这个卦判断为吉。

"牛哀鸣占"中则是听到牛的叫声悲哀，因此知道其有凶祸发生，而易辞之中又有"舆尸"的凶辞，再加上互卦与变卦都与体卦相克，就更可以看出其中的凶相来，虽然用卦不克体卦，也不能影响其卦判断为凶。

所以易占断卦，应当明晓其理，方可占断有验，这就是不可拘泥僵化、不知变通的道理啊。

心易八卦体用诀

心易之数，得之者众。体用之诀，有之者罕。

予幼读《易》，长参数学，始得心易卦数起例，以之占诀，吉凶如以蠡测海，茫无涯际。后得至人，授以体用之诀，而后占事决疑，始有定据。

其验则如由机射的，百发百中。其要在于分八卦体用之妙，察五行生克比和之理，以明乎吉凶悔吝之机也。于是易数之妙始见，而易卦之道始备。乃知世有真术，人罕遇之耳。得此者，幸甚秘之！

［疏］"心易八卦体用诀"是一篇广告文，是一篇很无奈的广告文，按道理而言，家传本《心易梅花数》的编辑者，在"心易卦数"一章中，已经用相当篇幅论证了"然有不拘体用者""不可执于一"，这相当于是已经否定了"体用生克占法"。但在术数占卜之中，若缺少了这个"一"，即术数占卜规则中"不易"的方法，就很难达到让人满意的稳定的准确率；而在《心易梅花数》公布的占卜体系中，实在又是没有一项可以担当"一"的角色的方法。因此，家传本《心易梅花数》的编辑者，最终还是不

得不把"体用"拿出来支撑门面。

本节开篇所言,"心易之数,得之者众。体用之诀,有之者罕",其中的"心易之数",应当指的即是前文中的"心易卦数"章。但"心易卦数"一章中,虽然通章都在讲"更在圆机,不可执滞"的"灵应占",但对于"灵应占"的方法,并无介绍。此文启首一句"心易之数,得之者众",不知是由何说起;至于"体用之诀,有之者罕",倒是一句真心话。因为在家传本《心易梅花数》中,隐藏的最大的秘密,就是这个"体用之诀"。

"予幼读《易》"后面的一段,大致是宋代以后易书的俗套,但却也切中"读书习易"者的通弊,极易引起"读书习易"者的共鸣。大致"读书习易",往往会有文中所述这种"以之占诀,吉凶如以蠡测海,茫无涯际"的感觉,对于准确率无法把握,苦苦探究,却又茫无头绪。这种"如蠡测海,茫无涯际"的感觉,时时会渗透于"读书习易"者学习术数的历程之中,让"读书者"深感其痛而又舍之不得。也正是由于"读书习易"者对这种感觉的痛楚之深,所以"能得到高人指点,为自身答疑解惑"也便成为"读书习易"者的梦想所在。也正是出于对此种心理,在术数的图书时代,这种"读书研易,解惑无门,偶得异人传诀而大成"的故事,便广泛出现在"术数图书"之中了。

而这类故事的流行,也揭示出了一个令人悲伤的事实,那就是历代寄希望于靠读书学易的"读书人",读书依然是不能知"数","得诀"也只能是寄托于梦想之中,"异人"则在每个缥缈的故事之中若隐若现,而这千古的困惑,到今天也依然是很多人的心头之痛吧。

[释]心易卦数,得到的人很多,而体用的口诀,则很少有人能够拥有。

我自幼读"易学"的书籍,等到岁数渐长,开始参研术数之学，刚刚得到"心易卦数"起例之时，用其中的方法占断吉凶，感觉简直妄图以一只小小的贝壳，以一己之力去探测海洋的广大一般，茫茫然而看不到边际。后来，得到了高明的异人传授给我"体用"之诀，其后占断事体，决断疑惑方始有一定的依据，其应验也如"由基射的"一般，可以做到百发百中了。

体用之诀的要点，在于分辨八卦"体用"的妙处，析察五行生克比和的道理，从而明确"吉、凶、悔、吝"的玄机，也正是基于此，易数的妙用方始能够显现，而易卦的占卜之道也方始完备。

由此乃知世上有真术，但传"术"之人是不罕能遇到的，得到这个方法的人，请恭谨地珍视它。

体用总诀

体用云者，如易卦具卜筮之道，则易卦为体，卜筮者用也。此所谓体用者，借体用二字以寓动静之卦，以分宾主之兆，以为占例之准则也。

大抵体用之说，体卦为主，用卦为事；互卦为事之中应，变卦为事之末应。

体之卦气宜盛不宜衰。盛者，如春震巽，秋乾兑，夏离，冬坎，四季之月坤艮是也。衰者，如春坤艮，秋震巽，夏乾兑，冬离，四季之坎是也。

体宜受他卦之生，不宜见他卦之克。他卦谓用、互、变卦也。生者，如乾兑金体，则宜坤艮土生之；如坤艮土体，则宜离火生之。离火之体，则宜震巽木生之。余皆仿此。克者，谓如金体火克，火体水克之类。

体用之说，动静之机。八卦主宾，五行生克。体为己身之兆，用为事应之端。体宜受用卦之生，用宜见体卦之克。体盛则吉，体衰则凶。用克体固不宜，体生用亦非利。体党多而体势盛，用党多而体势衰。如体卦是金，而互变皆金卦，则是体党多矣。如用卦是金，而互变皆金，则为用党多矣。

体用之间，比和则吉，互乃中间之应，变为末后之期。故用吉变凶者，或先吉而后凶；用凶变吉者，或先凶而后吉。欲知数，体之互可察；当知方，用之互可详。生体为吉事之期，克体为凶事之期。

〔疏〕什么是"体用"？家传本《心易梅花数》的编辑者在本节开篇说了一句非常清楚明白的大实话："体用云者，如易卦具卜筮之道，则易卦为体，卜筮者用也，此所谓"体用"者。借"体、用"二字以寓动静之卦，以分宾主之兆，以为占例之准则也"，真正的体用，是以"易卦为体，以卜筮为用"，那么，这句"易卦为体，卜筮为用"，又如何理解呢？如我们在前文所述，当一个卦占得之后，这个卦所代表的，实际上就是求测的"事件"，事件中的一切因素、矛盾以及矛盾的解决，都包含在这个由卦模拟出的时空模型之中。因此，易卦为体的体，实际上指的就是求测者所要求测的"事件"，而"卜筮为用"的意义又是什么呢？

真正的占测，是"以规范合理的方式求得"易卦"，再通过对易卦中的各要素之间的"矛盾以及矛盾的解决"进行分析，进而求得事件在未来发展的可能，通过对这些可能的判断与取舍，进而对人的行为进行合理规划，从而达到"趋吉避凶"的结果的过程"，无论在什么领域，任何事物以及事物内部以及事物之间都包含着矛盾，而矛盾双方的统一与斗争，推动着事物的运动、变化和发展。事物的运动发展在于自身的矛盾运动，矛盾的斗争性和同一性、普遍性和特殊性统一于客观事实。对立统一规律揭示了事物发展变化的源泉和动力，即一切事物的发展，都是矛盾与矛盾的解决的结果。在"金口透易·梅花占"中，对"矛盾与矛盾的解决"进行模拟的工具称之为"八动占"，这也就是《梅花易数》之中，以"动"为用的来源，只是《梅花易数》在编辑成书的过程中，故意混淆了"动"的概念，用"爻动"的卦为用，替代了"八动占"中模拟事件各因素之间相互作用的"动"的概念，从而让《梅花易数》从基础理论层面，就丧失了占测的准确性。

"金口透易·梅花占"中的"八动占"，是"四象卦"之间的相生相克为基础的八种组合，具体共有八个口诀，分别为：

天无卦克地元卦（问招卦）

干克方为妻妾动，财官损折下卑疲。

外边取索多谋害，人在家中访不宜。

地元卦克天元卦（悔折卦）

方克干兮鬼动名，官亨谋动人宣争。

乖佞损害病伴合，暗昧空诈亦非轻。

天元卦生地元卦（恩庆卦）

干生方为子孙动，荫子添孙奴婢财。

占产始知多易育，无边宠遇自天来。

地元卦生天元卦（宝成卦）

方生干兮父母兴，父母君亲皆喜忻。

印信擢拔多进益，须知祭祀祥福祯。

天元卦与地元卦比和（稽滞卦）

干方比为兄弟动，事体牵延比肩行。

勾联斗讼亲朋涉，内有争竞有小凶。

贵神卦克天元卦（明德卦）

神克干为官禄动，仕应禄位望财难。

常人官事得官物，财来暗损病喉咽。

贵神卦克将神卦（内贼卦）

神克将为内贼生，勾联偷攘染私情。

谋空财损卑幼病，暗昧空诈亦非轻。

将神卦克贵神卦（盈益卦）

将克神兮财内动，求财必得妻妾病。

损官谋动人出外，心疾物损职难静。

这八个由四象卦之间的相互作用而产生的"动占"，涵盖了事件中各因素之间的相互关系，这些关系中，既有着矛盾的显现，也有着矛盾的解决方式，通过对八动占的组合运用，即可达到对事件进行准确模拟的作用，这就是易占中"不易"的部分，也就是卜筮中真正的"用"。

而家传本《心易梅花数》的作者，在"易卦为体，卜筮者用也"之后，所述"此所谓体用者，借体用二字以寓动静之卦，以分宾主之兆，以为占例之准则也"，也很明白地讲清楚"后面所讲的'体用之法'，并非真实的体用，而只是一个权宜的方法"，即"借'体用'的一个名字而已，非不是真正的传承啊。但家传本《心易梅花数》对于真诀的提示也就仅此而已，在点窍般地泄露出一点真实内容后，家传本《心易梅花数》的编辑者开始用大量的篇幅介绍这个"借体用之名，以动爻而分动静之卦"的所谓的"体用"。

当然，这个所谓的体用，是没有什么准确率可言的，由此可知，读书习易，真诀之难得。

［释］"体用"所讲的是什么呢？如"易卦"本身是具有卜筮的功用的，因此，易卦本身就是体，而卜筮的规则则是用，而后面所要讲的"何用"，则只是借用"体用"两个字，来寄托"动静"之卦的分别，从而分出宾主之兆，做为占卦的准则罢了。

对于"体用"之说，大致而言，是以"体卦"为主，"用卦"

为事情，"互卦"为事情中间的过程，"变卦"是事情最终的结果。

"体卦"的卦气宜盛不宜衰，卦气盛如春天的震卦巽卦，秋天的乾卦兑卦，夏天的离卦，冬天的坎卦，四季之月的坤艮之卦，都是属于卦气盛；卦气衰则如春天的坤卦与艮卦，秋天的震卦与巽卦，夏天的乾卦与兑卦，冬天的离卦，四季之月的坎卦，则是属于卦气衰的情况。

"体卦"喜欢受其它卦所生，不喜见其它卦所克，其它的卦，是指"用卦、互卦、变卦"。

所谓"相生"，如乾卦、兑卦这类属金的卦为体卦，则喜坤卦、艮卦这种属土的卦来生，如坤卦、艮卦这类属土的卦为体卦，则喜属火的离卦相生，离火之卦做为体卦，则喜震卦、巽卦之类属木的卦来相生，其余各卦，皆准此例。所谓"相克"，是指属金的体卦，受属火的卦来克，属火的体卦，受属水的卦来克之类。

所谓"体卦、用卦"，是讲卦中动、静的玄机，八卦的主、宾，五行生克之类的道理，"体卦"代表着自己的状态，用卦为事体兆应的端倪，体卦喜欢用卦来生，用卦喜欢体卦来克。体卦盛，则事体吉利；体卦衰，则主凶兆。用卦克体卦固然不好，体卦生用卦也未必有利。体卦如果党多（生扶体卦者多），则体卦势盛；用卦如果党多（生扶用卦者多），则体卦势衰。如果体卦是金，而互卦、变卦都是金卦，则是体卦党多；如用卦是金，而互卦、变卦都是金，则是用卦党多。体卦与用卦比和，也主吉；互卦主事体中间的兆应，变卦是事体末后的状态。因此，如果用卦吉，而变卦凶，有时主先吉后凶；用卦凶而变卦吉的，有时主先凶而后吉。

要想知其定数，看体卦的互卦可以察知，欲想知其中道理，看用卦的互卦可以详明。生体之卦，为吉事的应期；克体的卦，为凶事的应期。

卦例详解

占卜是实用之学，是技术性的学问，讲技术，用举例子来讲会更加形象生动，有利于学生学习。占卜典籍中讲故事、举例子的纪录，古已有之。

如江陵王家台秦简《归藏》所记："渐曰：昔者殷王贞卜丌邦尚毋有咎，而日 乎占巫咸 ⚍＝占之曰不吉，[①]"这是讲解风山渐卦的筮例。其内容大致是讲了这样一个故事："当年殷王想要占卜他的国家有没有问题，所以向巫咸求占，筮得的结果是风山渐卦。巫咸占卜说，这个卦是不吉利的。"按"梅花占"的传承，风山渐卦中天元卦克地元卦，为"问招卦"，所谓"外边取索多谋害，人在家中访不宜"，艮为山为国，巽为贼，贼克其国，外犯于内，主家国不守，阴贼谋害，正与其所述故事相符。

《周易》晋卦卦辞："康侯用锡马蕃庶，昼日三接"，则是用周初康叔封故事。康叔封为武王少弟，当年康叔封占得晋卦，果然得到君王赏赐众多车马，连续三日，昼夜不绝。按"梅花占"传承，火地晋卦中有官动明德卦，主"仕应禄位"，官职升迁；有财动盈益卦，主"求财必得，求谋有功"；有恩庆卦，主"无边宠遇，自天而来"。离卦为天元卦，为马；坤卦为地元卦，为车为宅，正是有车马入于家宅之象。

但这类占卜书中记录的筮例，往往是只讲结果与对应，但不讲方法，其原因与中国古代术数传承的师法有关。中国宋以前的

---

① 梁韦弦：《王家台秦简"易占"与殷易＜归藏＞》。

术数典籍，师法未失，其图书的作用是辅助师授，图书记录的是故事，老师讲解的是方法，故事与方法在师承的授受中是相辅相承的统一体。宋代以后，术数图书商业化，师授的路径中断，其后的术数类图书中，则往往会在术数故事中附加筮例的分析，但这些筮例的分析，则又多是不完全的或失真的，后人依书修习，既不知真法，又未得真传，自然造成术数传承的快速衰落。

家传本《心易梅花数》中共列出十个卦例，但在卦例解析中，将真正的方法隐藏，代之以《心易梅花数》中所谓"借体用二字以寓动静之卦，以分宾主之兆，以为占例之准则也"的伪法，这也造成了卦例之中，如"西林寺额"占中无法用体用为断的情形出现。这也是家传本《心易梅花数》将占例篇直接放到起卦法之后，断卦法之前的巧思之处，将卦例放到这个位置，读书者还没有看到后面的断卦部分，自然对其中所陈述的占法无法深究，而其中所讲述的神奇故事，又能更好地增强图书对读书者的吸引力与迷惑性，待到后面讲到断卦之法时，再用"易象占"将读书者的思路引至别处，从而形成一个欺骗性的闭环，深入解读之下，不仅让人感叹其人思虑之巧，以及对人性的把握之深入。

后面的内容，我们将对家传本《心易梅花数》中的十个筮例进行深入分析，并以"金口透易·梅花占"中"以事体为体，以动占为用"的"体用"之法，对这十个筮例进行解读。

［观梅占］以年月日时占例

辰年十二月十七日申时，康节先生偶观梅，见二雀争枝坠地。先生曰："不动不占，不因事不占。今二雀争枝坠地，怪也。"因占之。辰年五数，十二月十二数，十七日十七数，共三十四数。除四八三十二，得二，兑为上卦。加申时九数，总四十有三除五八四十得三，离为下卦，是为泽火革。又以四十三总数，除六七四十二，得零一数为动爻，则初爻变为咸，互见乾巽。

断曰：详此卦，明日晚当有女子折花，有跌伤之厄。遂嘱家人曰："若有人折花，慎勿惊之。"次日晚，果有一邻女来折花，园童不知而逐之，女子惊坠，失手伤股，果应其占。盖兑金为体，为少女，离火克之。互中巽木，复生起离火，则克体之卦也。兑为少女，因知女子股伤。互中巽木，又逢乾兑之金克之，则巽木被伤。巽为股，又见伤股之意。幸而变为艮土，兑金得土有生意，虽女子被伤，而不至于死亡矣。

[释文] 以年、月、日、时起卦的占例，辰年十二月十七日的申时，邵康节先生偶然的观梅的时候，见到两只雀鸟因争抢细枝而坠于地上。先生说："若不见动应，则不应占卜，若不因为事情，则也不应当占卜，现今看到两只雀鸟，因争枝而坠地，真是一件奇怪之事"，于是占卜吉凶，辰年为五数，十二月为十二数，十七日为十七数，相加一共求得三十四数；除去四八三十二数，余数得二，以兑为上卦。加申时九数，总数得四十三，除去五八四十，得余数为三，是下卦为离卦，求得卦兆为"泽火革"卦。再用四十三除去六七四十二数，余数得一，做为动爻，是"泽火革"的初爻变，占得"泽山咸"卦，互卦为乾卦与巽卦。

于是邵康节先生解断说："按这个卦而言，明天晚上，应当会有女子来折花，有跌伤的灾厄"，于是嘱咐家人说："如果有人来折花，千万不要去惊扰她。"次日晚上，果然有邻居家的女孩来折花，花园的园童因不知因由，去驱赶她，结果女孩惊恐之下，失手坠地，摔伤了大腿，果然应验了邵康节先生的占断。

此卦是因为兑金为体卦，为少女；离火克兑金，互卦中的巽木，又生助离火，这是克兑金体卦的卦象啊。兑金为少女，所以知道是女子摔伤大腿，是因为互卦中的巽木，又被乾卦与兑卦的金所克伤，所以巽木被损伤了。巽为股，所以能看出有摔伤大腿的含意。所幸变卦中的艮卦属土，兑卦得土来生，有相生之间，所以虽然女子会受伤，但不至于死亡。

"观梅占"八动解析

主卦	变卦
泽火革	泽山咸

革：己日乃孚，元亨利贞，悔亡。

初九：鞏用黄牛之革。

六二：己日乃革之，征吉，无咎。

九三：征凶，贞厉，革言三就，有孚。

九四：悔亡，有孚改命，吉。

九五：大人虎变，未占有孚。

上六：君子豹变，小人革面，征凶，居贞吉。

《林辞》：无足断跟，居处不安，凶恶为残。

八动占：悔折卦、内贼卦、宝成卦。

［解断］

一、主卦为泽火革，上卦兑为泽，为金，下卦离为火，为火，下克上，为鬼动凌迫卦，主喧争不宁之事，外卦为兑为少女，受克为少女有损。

二、互见天风姤，为贼动（悔折卦），主因盗生事。

三、外三才重重克内，乾兑克制巽木，巽为木，为长女，为关节，乾为盗，克巽为摘花之应；巽卦为将神卦为股，外来克内为跌，受克为伤股之象。

四、离中藏支为午为口舌是非争吵之事，兑中藏支为酉为少女为小家碧玉，午火克害酉金，亦为女子争逐而致损伤。

五、变卦是看事情的变化方向，变卦为泽山咸，外三才重重克内，贼动克巽，事情会发生，内三才亦重重克内，乾克巽，巽克艮，艮亦为腿足，亦主腿足之伤。但内卦变为艮，为土生金，艮宫藏支为丑寅，兑宫藏支为酉，酉金克制寅木，主腿足损伤，但卦中丑土合生酉金，故不至于凶危。

按照"金口透易·梅花占"的八动占规则，家传本《心易梅花数》中的解卦的每一个步骤实际上都是有口诀的。其中"兑金为离火克之"的离火为地元卦，兑金为天元卦，地元卦离卦克天元卦兑卦，称之为"鬼动悔折卦"，口诀是"方克干兮鬼动名，官享谋动人喧争；乖佞损害病伴和，讼牵他人宅不宁"，主"喧争损害、讼牵他人、家宅不宁"之事。兑卦为天元卦，为少女（兑为泽，为酉金，为小家碧玉），天元卦在四象占中主外，离火为地元卦，在四象占中主内，内卦克外卦，主少女受损伤。

因为什么原因损伤呢？"互中巽木又逢乾兑之金克之"，把"泽火革卦按四象占划分，天元卦为兑金，贵神卦为乾金，将神卦为巽木，地元卦为离火，贵神卦的乾金克将神卦的巽木，在八动占中称之为"贼动内贼卦"，口诀为"神克将为内贼生，勾联偷攘染私情；谋空财损卑幼病，暗昧空诈亦非轻"，主"因盗生事，卑幼伤病"。外卦为兑为少女，与乾卦为逆连茹，乾卦克巽卦，为内贼卦，所以是少女进来偷东西，偷什么呢？巽为木，代表着柔软的，曲折的，细的木头，这种木头为什么是花枝呢？巽卦里面有丙火，有巳火，巳火为花，为花草之木，巳火是花，丙火也是花，所以巽卦代表带着花的细树枝。由此，故事脉络在解断中

第三章 断卦法

渐渐清晰，少女做贼，偷梅花，结果被离火所克。离卦在四象位中为地元卦，为内，为口舌，为争吵，当离火去克兑金的时候，主争逐、喧争、争吵、口舌、是非。地元卦在四象里面代表奴仆、仆人、下人、子孙、小口，所以说园童不知而逐之。园童是仆人，仆人不知道，于是去争逐她，女子害怕，从树上掉了下来，摔伤了腿。

为什么摔伤大腿呢？在"金口透易·梅花占"的四象占中，天元卦代表人体的头，贵神卦代表人体的胸，将神卦代表人体的腹与股，地元卦代表人体股以下的部位。泽火革卦，为贵神卦乾金克将神卦巽木，巽木代表的腹部与股部受伤，因此，主"伤股之应"。

再看变卦，变卦代表着这个事情下一步的进展情况。变卦为泽山咸，地元卦变成了艮为山，天元卦是兑为泽，这就变成地元卦生天元卦了。地元卦生天元卦，在"金口透易·梅花占"的"八动占"中，叫"父母动宝成卦"，口诀是"方生干兮父母兴，父母君亲皆喜忻；印信擢拔多进益，须知祭祀祥福祯"。宝成卦中的"宝"是宝贝的宝，"成"是成就的成。"宝成卦"代表平安，内来生外主神灵护佑，所以，虽伤而不至于凶危。

［牡丹占］

巳年三月十六日卯时，先生偶在洛中与客共观牡丹。值花开之盛，客曰："花开盛如此，亦有数乎？"先生曰："莫不有数。且因问而可占之矣。"遂占之。以巳年六数，三月三数，十六日十六数，共得二十五数；除三八二十四数，得一，乾为上卦。加卯时四数，总二十有九，又除三八二十四，得五，巽为下卦。又以二十九总数除四六二十四，得零五数为动爻，是为天风姤之五爻变鼎，互见重乾。遂与客曰："怪哉，此花明日午时，当为马所践毁。"众客愕然。果次日午时，有贵官游观牡丹，二马斗啮，惊走花间，践毁之矣。

断曰：巽木为体，乾金克之，互卦又见重乾，尤为克体之卦矣。卦中又无生意，因知牡丹必毁伤。马者，乾为马也。午时者，离卦也。

［释文］巳年的三月十六日卯时，邵康节先生偶有一次，与宾客共同观赏牡丹，正值牡丹花开繁盛，有客人说："牡丹花开得繁盛如此，难道也有定数吗？"先生说："没有不有定数的"，而且因为你有此问，所以是可以占卜啊，于是就起卦占卜。巳年是六数，三月是三数，十六日是十六数，合计得二十五数，除去三八二十四数，余一，为乾卦作为上卦。加卯时为四数，合计得二十九数，除去三八二十四，余数为五，为巽卦作为下卦。再以二十九总数除四六二十四，得余数为五，以五爻为动爻，求得天风姤之五爻变火风鼎，互卦为两个乾卦，于是邵康节对客人说："真是很奇怪的事情啊，这些花到明天的午时，会被马所践踏而毁掉"，一众客人都很愕然。果然到了次日午时，有高官游玩观看牡丹，两匹马相互争斗啮咬，惊走于花间，将花践踏而毁掉了。

解断其意：巽木为体卦，被用卦的乾金所克，互卦中又见重重乾卦，更是对体卦克害严重，卦中又没有其它卦生助巽卦，因此知道牡丹必会被损毁，之所以是为马所踏毁的原因，是因为乾卦为马，午时是因为离卦的原因。

"牡丹占"八动解析

邵康节"牡丹占"的故事，在宋代笔记中即有记录。如马永卿所著《嫩真子》中，即记载了这样一个故事"富郑公留守西京日，因府园牡丹盛开，召文潞公、司马端明、楚建中、刘凡、邵先生同会。是时，牡丹一栏，凡数百本，坐客曰："此花有数乎？且请先生筮之。"既毕，曰："凡若干朵。"使人数之，如先生言。又问曰："此花几时开，尽请再筮之。"先生再三揲蓍，坐客固已疑之。先生沉吟良久，曰："此花命尽来日午时。"坐客皆不答，温公神色尤不佳，但仰视屋。郑公因曰："来日食后可会于此，以验先生之言。"坐客曰："诺。"次日食罢，花尚无恙。洎烹茶之际，忽然群马厩中逸出，与坐客马相蹄啮，奔出花丛中。既定，花尽毁折矣。于是洛中逾服先生之言。先生家有"传易堂"，有《皇极经世集》行于世。然先生自得之妙，世不可传矣。闻之于司马文季朴。"

马永卿生于 1085 年前后，卒于 1147 年之后，正逢两宋交替之时，其生活年代距邵康节先生卒年（熙宁十年丁巳 1077 年）不过数十年时间。按其记载邵康节先生牡丹占的出处，是得自于司马朴。司马朴是司马光的从孙，范仲淹的外孙，司马朴在靖康年间被金人挟之北上，卒于真定（今河北正定）。马永卿则在靖康之耻后，继续在南宋为官，两人的交集，应当是在靖康之前。靖康之耻发生于公元 1127 年（靖康二年），由此可知，邵康节"牡丹占"的传说至少在 1127 年前即已流传。考察《嬾真子》中所记述的"牡丹占"与家传本《心易梅花数》中所记载的牡丹占有几处相异。

一、筮占时间。

家传本《心易梅花数》标明了比较详细的筮占时间"巳年三月十六日卯时"，而《嬾真子》中的记载相对比较模糊"富郑公留守西京日"。考察邵雍的生平，其于 1049 年己丑移居洛阳，自 1049 年（己丑）至 1077 年（丁巳），共居住二十九年，在邵雍迁居洛阳最初的八九年时间里，朋友不多，知心者少，以至于邵雍尝感叹："居洛八九岁，投心唯二三"；在此期间，与朝中官贵交往不多。嘉祐六年（1061年），富弼因母亲去世丁忧回洛守孝，在洛阳居住三年时间，这是富弼与邵雍交往日深的一段时间。但嘉祐六年为辛丑，距此时间最近的巳年是治平二年乙巳（1065年），但在此前一年的治平元年（1064年），邵雍的父亲邵古去世。邵雍在居丧期间，儒家认为"夫君子之居丧，食旨不甘，闻乐不乐，居处不安"，邵雍作为北宋名儒，肯定要谨遵此制。况且治平二年富弼因与朝中宰相韩琦意见相左，自请解职，被授镇海范节度史、同平章事判河阳，其人并不在洛阳，此间与邵雍尚有书信往来。至些只剩下一个巳年，即熙宁十年丁巳（1077年）。此时，富弼以司空、同平章事、武宁节度使、韩国公的身份退居洛阳，但此年三月，邵雍即感疾，自此一病不起，至七月四日即病逝，以此时邵雍的身体状态是否还能参与宴饮，也是个未知之数。由以上所述推知，家传本《心易梅花数》中所标注的时间，恐怕未必真实。

二、起卦方法。

《嬾真子》中所记载的起卦法为"先生再三揲蓍"，而非家传本《心易梅花数》中所述的时间起卦法。

三、问题不同。

按《嬾真子》记载，客人所问的"此花有数乎？"，所对应的是花朵的数量，在算过花朵的数量后，才问出"此花几时开"的第二个问题。但若按照笔记中所描述的"一栏数百本"的数量考量，要验证花朵的数量，恐怕是个很难达成的事情。在家传本《心易梅花数》中，则将"花开盛如此，亦有数乎"的数，直接指向了花的"命数"，回避了第一个花朵数量的问题。在同为生活于两宋之间的另一位文人张邦基所著的《墨庄漫录》中所记载的"牡丹占"的另一个版本中，同样也回避了花朵数量的问题，而将现场的主角及召客验证者指向为"司马光",而非《嬾真子》中所述的富弼。由此也可知,"牡丹占"的故事,即使是在宋代也已经开始发生变异,而衍生出了不同的版本。

虽然前述几段对于"牡丹占"的记录都存在着一些差异,但故事的主体还是比较统一。因此,从故事性上而言并不影响情节的主体结构。在阅读者看来,也会给人以熟悉的感觉。由此中也可看出文人研易的问题之所在,即不重视考证、轻视技术细节、随意增减演绎。

让我们回到"牡丹占"的卦例中来,按家传本《心易梅花数》,邵子所起出来的卦"天风姤"五爻动变"火风鼎"。

主卦　　　变卦

天风姤　　火风鼎

姤:女壮,勿用取女。

初六:系于金柅,贞吉。有攸往,见凶。羸豕孚蹢躅。

九二:包有鱼,无咎。不利宾。

九三:臀无肤,其行次且。厉,无大咎。

九四:包无鱼,起凶。

九五:以杞包瓜,含章,有陨自天。

上九:姤其角,吝,无咎。

林辞:武库军府,甲兵所聚。非里邑居,不可舍止。

八动占:问招卦、宝成卦。

按照"金口透易·梅花占"的"八动占"规则,"天风姤"卦的动占为"妻妾动·问招卦",口诀为:"干克方为妻妾动,财官损折下卑疲;外边取索多谋害,人在家中访不宜"。贵神卦、将神卦、天元卦皆为"乾"，乾卦属金，克地元卦的巽木，三金克一木，在"金口透易·梅花占"中，又称为"破斧卦"，主刑伤损失，争斗破败。对应着"牡丹占"中的场景，则主着巽木所代表的"牡丹"的损伤，在"梅花占"的卦例中，我们曾经提到过，巽卦里面有丙火，有巳火。巳火为花，丙火也是花，巽卦本身为木，所以巽卦为带着花的细木。在"牡丹占"的场景中，就是盛开的牡丹花枝。

在"牡丹占"中，真实的"体"，即是"牡丹"的"数"这个事件，而体现这个事件的结果的"用"，即是"八动占"中的这个"问招卦"。问招卦主外来损害，刑伤损失，巽木被三金所克，重重刑伤，自然会有损毁之虞，在姤卦的卦辞中称之为"女壮，勿用取女"，也是因为巽木被克的缘故，"女壮"中的"壮"通为"戕"，主伤害，巽为长女，受三金所克，是故有伤，若娶之，则妻妾有损，这也是此卦在八动占中称之为"妻妾动"的含意所在。

从"天风姤"的卦体而言，"巽木"所代表的"牡丹"受重重克制，主损伤严重，但若按"牡丹占"填例中所述的"天风姤"变"火风鼎"的卦例而言，即使按《梅花易数》书中所述的体用规则，可以推出家传本《心易梅花数》中"践毁"的情况，但不容易推出《嬾真子》中所述的"尽毁折"的结果，原因有两点，其一是按《梅花易数》的旺衰规则，巽木在春天为旺，所谓"体之卦气宜盛不宜衰。盛者，如春震巽，秋乾兑，夏离，冬坎"，巽木在三月春季为体盛，不易被克死。其二是变卦火风鼎，虽为"体卦生用卦"的泄气，即所谓的"用克体固不宜，体生用亦非利"，但这其中所称的"非利"，只是小凶，与用克体的大凶还是不可同日而语，且变卦中的离火，可以克制乾金，为伤中有救，因此也不应出现"尽毁"的情况。

若按"金口透易·梅花占"的规则，悔卦"火风鼎"中"地元卦生天元卦"，在"八动占"中为"父母动·宝成卦"，口诀为"方生干兮父母兴，父母君亲皆喜忻，印信擢拔多进益，须知祭祀祥福祯"，也主伤中有救。

而从现实环境而言，牡丹的观赏种植行间距约为 100×100cm，则以《嫩真子》中所记述的"一栏数百本"而言，其占地面积也有将近一亩地，富郑公家中的花园，想来再加上花径、宴饮及观赏的区域，占地面积应当更大，以这样大的面积，即使群马逸出，恐怕想要做到"牡丹尽毁"，也并不容易。

由是而言，无论从家传本《心易梅花数》所述的规则，"金口透易·梅花占"的真实断法以及真实环境的推演而言，都不太可能出现"尽毁"的情况，而出现"毁伤"则与卦象相合。对于此点，家传本《心易梅花数》的编辑者显然不愿述及，只是在解断之中，以一句"午时者，离卦也"，而对应期的情况一带而过。实际上在"金口透易·梅花占"中有"变占"的方法，是以卦变卦的法则，在这个卦例中，牡丹为马所践毁及次日午时，实际上都需要用到"变占"的方法，而家传本《心易梅花数》，对于最基础的"体用占"，都故意混淆，更何况属于高层占法的"变占"法门，因此，在此处，家传本《心易梅花数》的编辑者用一句"马者，乾为马也。午时者，离卦也"蒙混而过，也就是情理之中了。

[夜扣门借物占] 闻声占例

冬夕酉时，先生同子拥炉而坐，有扣门者，一声而止，继复扣五声，且欲借物。先生令缓言所借，令其子试占所借者何物。以一声属乾为上卦，以五声属巽为下卦，又以一乾五巽共六数，加酉时十数，总得十六数，除二六一十二得零四数为动爻，是为天风姤之四爻变巽，互见重乾。卦中二乾金，二巽木，二体而已乾为刚金，而巽为长木。

断曰：其子云："金短而木长，所借者必锄耳。"先生曰："但非锄必借斧。"问之曰，果借斧。子曰："何以故？"先生曰："论数又须论理。以卦论之，锄亦可也。以理推之，夜晚安用锄？借斧是也。盖斧切于劈柴耳。"大凡论数又须明理，斯为切占之要也。论数不论理，则不明也。学者宜兼志之！

［释］某个冬夜的酉时，邵雍先生正与儿子拥炉而坐，有人扣门，先扣一声，停了一会，再扣五声，而且说要借东西，先生让来人先不要讲借什么东西，让他的儿子试着算一下来人要借什么。

用一声为乾卦，做为上卦，用五声为巽卦，做为下卦，又用一声加五声共六数，加酉时十数，总共得十六数，除去二六一十二后，余四数，是四爻动，得到的卦是"天风姤"卦之四爻变"巽为风"；互卦为两个乾卦，卦中两个乾金，两个巽木，是两物相连而已，乾卦为坚金，巽卦为长木。

于是邵雍的儿子占断道："这个卦，是金短而木长的征象，所借的东西，应当是锄头吧"，先生说："肯定不是借锄头，应当是借斧头"，问来人，果然是借斧子。邵雍的儿子问其中的道理，邵雍说："占卦即要讲术数规则，也要讲人间事理，按卦来讲，锄头也是符合的，但用理来推寻，夜晚他来借锄头有什么用呢？肯定是借斧子嘛，应当是借斧子来劈柴用的吧。"由此可见，占卦既要讲规则，又要明白世理，这是切中占卜的关键所在。占卦只讲规则，不讲世理，那就很难通透明白。学习这门术数的人，要对这两个方面都要综合考量。

"夜扣门借物占"八动解析

主卦　　　变卦

天风姤　　巽为风

初六：系于金柅，贞吉。有攸往，见凶。羸豕孚蹢躅。

姤：女壮，勿用取女。

九二：包有鱼，无咎。不利宾。

九三：臀无肤，其行次且。厉，无大咎。

九四：包无鱼，起凶。

九五：以杞包瓜，含章，有陨自天。

上九：辞其角，吝，无咎。

林辞：逐狐东山，水遏我前。深不可涉，失利后便。

八动占：问招卦、内贼卦、宝成卦。

在家传本《心易梅花数》中，"夜扣门借物占"有几个问题需要讨论。

一、此例中所用的起卦法，与起卦法中所述的"声音占"的起卦法有分歧。按家传本《心易梅花数》中"声音占"的起卦法，应当是"凡闻得声音，数得几数，起作上卦，却加时数，配作下卦。仍以总数除六爻。如闻动物鸣叫之声，或闻来人击敲之声，皆可起卦"。按这个起卦法，敲门声应当不分前后，总和起来计算，扣门声为六声，为坎卦；加酉时十数，和为十六数，除八无余，为坤卦。十六数除二六十二，余四，为水地比变为泽地萃卦。而在此卦例中，将声音按停顿又分上下卦数，显然与前述的"声音占"的起卦法相异。这也是《心易梅花数》在起卦法的操作上无法统一的一个具体表现。

二、若按一声为乾，五声为巽来起卦，确实是乾卦的一声短，而巽卦的五声长。但以此长短来判断所借之物中的木、金的长短，显然是有问题的。若以此论，无论以家传本《心易梅花数》中的哪种卦数法起卦，得到乾卦肯定余数为一，而得到巽卦，则肯定余数为五。且在家传本《心易梅花数》的起卦规则中，下卦的得数无论是加时或合数，肯定会比上卦的数字要大。那么按家传本《心易梅花数》得到的天风姤卦，是否都是"金短木长"呢？若如此，那么在先天卦数中，属金的卦为乾、兑，卦数分别的一、二；属木的卦为震、巽，卦数分别为四、五。那么在这种按数的大小确定长短的情况下，必然都是金短木长，那按此规则，木短金长的卦要如何表示呢？

三、若按"天风姤"的卦象而言，为三乾一巽，很显然是金长而木短，依卦象占断，是易占的基础规则；而家传本《心易梅花数》中要放弃明显的卦象，而按起卦中的扣门声音来判断长短，显然是不符合基础规则的。

四、从场景还原的角度分析，这个故事中所述的场景也与邵雍生活的场景不符。邵雍到洛阳后，于至和二年乙未（1055 年）娶王允修之妹为妻，时年四十五岁。嘉祐二年丁酉（1057 年）生子邵伯温，邵雍因此而作《生男吟》诗，有"我今行年四十七，生男方始为人父"之句。嘉祐七年壬寅（1062 年），洛阳地方长官王宣徽承首为邵雍在洛阳天宫寺西天津桥南的五代节度使安审珂故基，以郭崇韬废宅的余材，为邵雍盖新房三十间，取名安乐窝，时年邵伯温五岁。若以故事中父子拥炉，邻人借物的情节推断，邵伯温的年龄当不止五岁，则故事发生的时间肯定是在邵雍迁居安乐窝之后。按古代建筑规制，三十间的大宅，宅门与主屋相隔甚远，邻人扣门，不应当先到院中应门吗？难道父子两人端

第三章　断卦法

坐屋中，与邻人隔空喊话？当然，我们前文论述，家传本《心易梅花数》应当非邵子所著，且其中的卦例与方法，也有着明显的杂糅痕迹。若单从故事本身所反映的场景而言，很明显是发生在农家一进的小宅院之中。这种场景下，宅门与屋内相隔不远，声音内外相闻，但有过乡村生活经验的人，一般知道，农村邻里之间，鸡犬相闻，若需借物，往往扣门之后，会直接说出来。这种场景复原出来，应当是"有邻人扣门，且云借斧"才符合情理。因此，稍有生活经验，也会觉得这个故事中"有扣门者，一声而止，继复扣五声，且欲借物"的"且欲借物"看着有些别扭，当然，术数中常有设定场景事例，来用于教授技艺讲解的情况发生。那么，这一系列的场景的设定，又有什么意义呢？实际上从"金口透易·梅花占"的角度来分析，"夜扣门借物占"的场景设定，很明显是为了讲解一个"变占"的方法而设定的卦例，由于我们此书著作的意义在于普及术数的历史发展及演变，并未涉及到"变占"的内容，是以对此"变占"无法说明，在后文中，我们主要从"八动占"的角度对此卦象予以分析。

依"金口透易·梅花占"中"物象占"的规则，卦体为物之本体，八动为物之功用。天风姤卦，依八动占规则，为"妻妾动·问招卦"。天元卦乾卦克地元卦巽卦，口诀为"干克方为妻妾动，财官损折下卑疲；外边索多谋害，人在家中访不宜"。地元卦巽卦属木，为天元卦乾金所克，且外三才重重克下，为"破斧卦"；木被金重重克破，因此所借之物，与"破木"有关；且卦体有金有木，即"二体而已"，依其功用，又能破木，当是安有木柄的斧头之类。变卦"巽为风"，其中含有两个"动占"，其一为"贵神卦"离卦克"将神卦"兑卦的"贼动·内贼卦"，口诀为"神克将为内贼生，勾连偷攘染私情；谋空财损卑幼病，暗昧空诈亦非轻"，应对着"夜扣门借物占"的场景。此处贼动，主邻人家中斧子（兑卦）；被贼克（离卦）而找寻不到，所以要找（邵雍）借斧。第二个动占为"天元卦"的巽卦与"地元卦"的巽卦所形成的"兄弟动·稽滞卦"。"稽滞卦"，口诀为"干方比为兄弟动，整体牵延比肩行；勾连斗讼亲朋涉，内有争竞有小凶"，主因木（巽卦）而事牵亲朋（到邻家借斧）；而且悔卦的"巽为风"卦，与主卦中地元卦的巽卦，存在着关联卦的应用，即巽木被克破后，又见两重巽木堆叠之象，正是木柴劈开后堆叠的易象。

至于卦例中如何准确定位为斧，确实还有一些"变占"中的辅助方法，本文暂不详述。

［今日动静如何］声音占例

有客问曰："今日动静如何？"遂占之。六字平分，以"今日动"三字为上卦。"今"字平声一数，"日"字入声四数，"动"字去声三数，共得八，坤为上卦。以"静如何"三字为下卦，"静"字去声三数，"如"字平声一数，"何"字平声一数，共得五，巽为下卦。又以八五一十三总数除二六一十二得零一数，为动爻，是为地风升变泰，互见震、兑。遂谓客曰："今日当为人相请，客无多，酒无醉，味止鸡黍而已。"当晚果然。

断曰：升者有升阶之意，互见震、兑，为东西席之分。卦中兑为口，坤为腹，为口腹之事，故知有人相请。客无多者，坤土独立，无同类之卦气也。酒无醉者，卦中无坎。味止鸡黍者，坤为黍稷耳。又卦无相生之义，故知品味不至丰也。

［释］有客人问"今日动静如何？"，于是起卦占测。

六个字，平分上下，以"今日动"三个字做为上卦，"今"字是平声一数，"日"字是入声四数，"动"字是去声三数，共得八数为坤卦，为上卦。以"静如何"三字为下卦，"静"字为去声四数，"如"字为平声一数，"何"字为平声一数，共得五数为巽卦，为下卦。再用八加五，共得十三数，除去二六一十二数，余一数，为动爻，得到的卦象为"地风升"卦变"地天泰"卦，互卦见震卦与兑卦。于是对客人说："今天应当有人相请，客人不多，酒不至醉，所吃的饭食只不过是些鸡肉、黍米罢了"，当晚果然应验了占断的结果。

解断依据：升卦中的升，有升阶的含义，互卦中见到了震、兑，为东西席分坐的易象，卦中的兑为口，坤为腹，所以主口腹之事，因此知道有人相请。客人不多，是因为坤土独立，没有与坤土卦气相同的卦；酒不致醉的原因，是因为卦中没有坎卦；味止鸡黍的原因，是因为坤卦为黍米与稷谷的兆象，又因为卦中没有相生的含意，所以知道饮食的种类不至于丰盛啊。

"今日动静如何"八动解析

主卦　　　　变卦

地风升　　　地天泰

升：元亨。用见大人，勿恤。南征吉。

初六：允升，大吉。

九二：孚乃利用禴，无咎。

九三：升虚邑。

六四：王用亨于岐山，吉，无咎。

六五：贞吉，升阶。

上六：冥升，利于不息之贞。

林辞：凶忧灾殃，日益章明。祸不可救，三郤夷伤。

八动占：悔折卦、盈益卦、明德卦、恩庆卦。

在这个卦例中，客人所问出的"今日动静如何"这种话，实际上是一种很不客气的表达方法。其背后所隐藏的，是术数日益沦丧的地位。宋代之后，术数之学日益江湖化，再加上术数类书籍的流通，将师承之法的生存空间压抑得越来越逼仄；而术数之士的地位，也便变得越来越卑微。在这种伪法并出，江湖日盛的状况下，术师与顾客的关系，也就变得逐渐微妙起来。

按吴自牧所著的《梦粱录》所载南宋都城临安夜市之中，术数之士自号为"甘罗次""西山神女"等名号，及在夜市之上，高呼"时运来时，买庄田，取老婆"的情形而知，足见至晚到宋代，江湖术师已经为了收益与地位，开始各逞其技，努力自我宣传，自我标榜，以期获得更多客户的垂青，甚至到了沿街叫卖的程度；而对于顾客而言，则面对的是一片嘈杂混乱的江湖市场，无法分辨术师的水平，受骗的经历多了，自然心生戒备，这就形成了一种微妙的情形。一方面客户有所疑问，想要问卜；另一方面，客户对术师又无法信任，担心受骗，既损财又误事。由此心理使然，就形成了这种畸形的提问方式。

由此卦例而言，客人所提问的"今日动静如何"，实际上是一个测试，对于客人而言，是希望用这个方法，验证术师水平的高低，而实际的问题则是"这个卦师的水平"如何。术师面临这种情况，又不能当面揭穿，直接说自己水平如何，是以一般的江湖人士，往往使用打、千、敲、隆等江湖之法来"把簧"，先观客人的衣着、相貌、言语、举止，再用语言试探，套取客人的相关信息；再以"急打慢千，轻敲响卖，隆卖齐施、敲打审千并用"等法，探摸客人的底细，这即是一系列江湖秘术如《英耀》《玄关》等被江湖中人视为秘宝的原因所在。

对于这类问题，实际上在技术也并不是不能解答，在"金口透易·梅花占"的"八动占"以外，有一个专门的口诀，可以占断此类情形。在"金口透易·梅花占"的"四象占"中，将神卦为"人"，天元卦为"事"，以天元卦与将神卦的五行生克关系，可以看出大致的吉凶情形，其后再配合"八动占"，可以将事情进一步细化。但此类方法，也只是基于四象占与五行占法而形成的一个权宜之法，对于占断来意及当日吉凶，有一定的效用，但毕竟并不是正宗之法。一般传承之中，会告诫弟子，不要轻易应用，而术数占测的正道，还应当是在求测人与术师之间有着良性的信任关系，能够就求测的问题真实互动，在对求测事体充分分析沟通的情况下，对需要占测的事情进行综合分析，从而达到准确有效的占测效果。

单就本例而言，主卦求得地风升卦，天元卦为坤卦，将神卦为兑卦，坤卦属土，兑卦属金，主外人传信及酒食之事，再结合八动占，其一为巽卦克坤卦为"鬼动·悔折卦"，口诀为"方克干兮鬼动名，官亨谋动人宜争；乖佞损害病佯合，讼牵他人宅不宁"，主人出于外，有所求谋。其二为兑卦克震卦的"财动·盈益卦"，口诀为"将克神为财内动，求财必得妻妾病；损官谋动人出外，心疾物损职难静"，也主出外求谋，求财之事。其三为震卦克坤卦的"官动·明德卦"，其口诀为"神克干为官禄动，仕应禄位望财难；常人官事得官物，财来暗损病喉咽"，主常人官事，和合生财。在"金口透易·梅花占"中，贵神卦克天元卦、将神卦克地元卦的组合，又称之为"孤别卦"，主事体两分，仓促而行，同伴难聚。变卦为地天泰卦，其中有"财动·盈益卦""官动·明德卦"及天元卦（坤卦）生地元卦（乾卦）的"子孙动·恩庆卦"，其口诀为"干生方为子孙动，荫子添孙奴婢财；占产始知多易遇，无边宠遇自天来"，主外人相约，有求财和作之事。

结合前文所述并综合分析，则事体可以判断为"因为外面有信相约而仓促前往，有生财、求谋之事，并有酒食。但因事体仓促，故准备不足，饮食不丰，相聚的客人也不多。也因为时间仓促，故相聚不长，酒不致醉。兑卦地支寄宫为酉，酉为鸡为酒，坤卦地支寄宫为未、申，未主米面，为黍、稷，申为姜蒜，为萱、蒿之嫩芽，所以是"客无多，酒无醉，味止鸡黍而已"。

［西林寺额占］字画占例

先生暇日闲游，偶见西林寺之字额，"林"字无两勾，占之。以"西"字七画得艮，为上卦。"林"字八画得坤，为下卦。又以七八一十五总数，除二六一十二，得零三数为动爻，是为山地剥卦。六三变艮，互见重坤。

断曰：寺者，纯阳之人所止，今卦得多阴之爻，而又有群阴剥阳之兆详。此寺中当有阴人之祸。询之寺僧，果然。先生谓寺僧曰："何不添林字两勾，则无阴祸矣。"僧信之，遂添"林"字两勾，寺中自此后果然无事。右纯阳之居，得纯阴之卦，故为不吉。而有纯阴剥阳之意，所以有阴人之挠。若添林字两勾，则十画除八得二为兑卦，合上艮，是为山泽损变中孚，互见坤、震。损者益之始，用互俱为生体之吉卦，可以得安矣。

已上五卦并是先天得数以起卦，所谓先天也。

［释］先生偶有空闲，外出闲游，见到西林寺的匾额，上面的林字没有两个勾，于是起卦占卜。

"西"字为七画，得艮卦，为上卦，林字八画，为坤卦，为下卦，"西林"两个字合起来是七画加八画，共一十五画，以这个总数减去二六一十二画，余数为三，是三爻动，得到的卦是"山地剥"六三爻动，变"艮为山"，互卦为重坤。

于是占断说："寺庙是纯阳的人所居住的地方，如今占得的卦，阴爻多，而且'剥卦'又有"群阴剥阳"的征兆。详观此卦，寺庙之中应当有阴人所致的祸事"，询问寺中的僧人，果然是如此。于是先生和寺里的僧人说："为什么不在林字下面添上两勾呢？添上两笔，寺里就没有阴人的祸事了"。僧人遵信了先生的话，于是在林字的下面添加两勾，自此以后寺庙之中果然无事了。

以上所言，纯阳之地，得到群阴的卦象，所以不吉。而"山地剥"卦，又有纯阴剥阳的兆象，所以有阴人来扰乱，如果在林字上添加两勾，则十画除以八后，余数为二，为兑卦，与上卦的艮卦相合为"山泽损"卦变为"风泽中孚"，互卦为坤卦与震卦。"损"是"增益"的开端，用卦与互卦，又都是生体的吉卦，所以就可以安定了。

以上的五个卦例，都是用数来起卦，是所谓的"先天"卦法。

"西林寺额占"八动解析

主卦　　　　变卦
山地剥　　　艮为山

剥，不利有攸往。

初六，剥床以足蔑，贞凶。

六二，剥床以辨蔑，贞凶。

六三，剥之无咎。

六四，剥床以肤，凶。

六五，贯鱼以宫人宠。无不利。

上九，硕果不食，君子得舆小人，剥庐。

林辞：西戎獯鬻，病于我国。杖策之岐，以保乾德。

八动占：兄弟动、稽滞卦、官动·明德卦。

在"西林寺额占"中，有几个问题需要考量

一、"西林寺额额"这个占例，不符合"无故不占，不动不占，不因事不占"的起卦规则，所谓"暇日闲游，偶见西林寺之字额林字无两勾，占之"，既无外因，更不属于"因事"。若因"林"字无两勾属于"见异"而起占，则"林"字无两勾本身就是常见的笔法。由《书法字典》中的林字图可知，历代书家，对于"林"字的写法，既有写出两勾的，也有写作一勾的，同样也有写作无勾的。因此，对于林字而言，有无勾的写法都是存在的。如此看来，若是因"林"字无两勾就起占，显然是违反了"无故不占，不动不占，不因事不占"的起卦规则的。

二、"西林寺额"占的卦例，若是以匾额上的字起卦，按寺庙匾额的规制，应当不会只有"西林"两个字，而应当是"西林寺"。若以字起占，则应当以"西"字为上卦，"林寺"两字为下卦，方与其书中所述的起卦法相符。

三、"西林寺额占"无法用家传本《心易梅花数》中的"体用断"法来解释。即使是《心易梅花数》的本书中，也只能承认"固以体用为主，然有不拘体用者。如起例中，西林寺额得山地剥，互变俱比和，则当吉矣，而乃不吉，何也？盖寺者，纯阳人所居之地，而爻有纯阴之象，是为群阴剥阳之义显然也。此理昭然，又何必拘体用之论也"。而对于前段文字中所述及的所谓"论理"，我们此前已有论述，实际上是一个偷换概念的解释，是无法掩盖其与"体用断"的规则相悖的问题的。

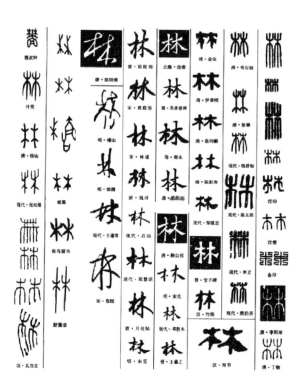

《书法字典》中的林字

综上而言，"西林寺额"占，实际上是家传本《心易梅花数》中自揭伤疤的一个 bug，既使书中再以"论理"等言论来掩盖，都很难完全遮盖住《心易梅花数》本身方法与理论的缺陷；而且就《心易梅花数》中所述及的"体用占法"本身而言，其中的"体用比和为吉"，同样也是一个理论上的缺陷。这一缺陷使得家传本《心易梅花数》在八纯卦的占断上，与同样流行的易占方法"六爻纳甲"之法在吉凶层面产生了裂痕。按"六爻纳甲"的占法，八纯卦为六冲卦，是存在一定的"凶性"的，而同样的八纯卦在《心易梅花数》中则为吉。后人曾在此问题上试着做出过多种尝试，但都很难达到调和的目的，究其原因，还是因为原始真诀的缺失。

在传承的术数方法中，"金口透易·梅花占"与"金口透易·纳甲占"是一个术数体系，都属于"金口透易"的范畴。这两个方法，本身就是可以一起使用的。只是到了后期，"金口透易"中的某些内容流传于外，其中的"金口透易·梅花占"体系逐渐演变出了《梅花易数》；而其中的"金口透易·纳甲占"，则演变成了"六爻卦"，在流传的过程中，两种术数的钥匙口诀都被人为的隐藏了起来，内容也相互割裂，从而形成了现代我们看到的这种无法调和的局面。

在"金口透易·梅花占"中，上卦（天元卦）与下卦（地元卦）五行比和的这种情况，称之为"稽滞卦"，口诀为："干方比为兄弟动，事体牵延比肩行；勾联斗讼亲朋涉，内有争竞有小凶"，主事体反复迟滞，有口舌是非，牵扯亲戚朋友。单以"西林寺额占"的卦例来论，主卦为"山地剥"，天元卦为艮卦属土，地元卦为坤卦也属土，艮卦与坤卦在后天卦位中相对立，所以这个卦又为反吟卦，主事体反复不休，有争竞口舌，牵扯亲戚朋友。山地剥卦中天元卦、贵神卦、将神卦、地元卦皆属土，在

"金口透易·梅花占"中，又称之为"坏户卦"，主同类相争，事体重叠，有口舌争讼。坤卦为母，为老女，艮卦为少子，为少男。由此可以分析出来，这个卦例中的所谓"阴人之祸"，应当是"少子出家"，家人尤其是家中老母不许，是以找上寺门，争竞不绝；而变卦的艮为山，虽然也为稽滞卦，但其中贵神卦克天元卦，称之为"明德卦"，口诀为"神克干为官禄动，仕应禄位望财难；常人官事得官物，财来暗损病喉咽"，主公事公办，经官动府。按正常程序处理，在私下再补贴点钱财，则事情会转化为"伏吟卦"（天元卦、地元卦皆为艮卦，本位稽滞为伏吟），主事体拖延，闭伏不动，争竞不再反复了，则事情就可以缓解了。

由以上分析可知，以"金口透易·梅花占"的原始口诀来占断此卦，既可以把事体完整显现，又可为事情的处理找到方法，一个事情的处理，需要人为的参与以及合理的方法的选择，而非只单纯得加两笔就可以改变。综观"西林寺额占"与前述"夜扣门借物占"与"今日动静如何占"，与"梅花占"及"牡丹占"相比，故事情节、人物层次、环境情境都有着比较大的差别。给人的感觉是，后三个卦例中的人物江湖气较重，接触人的层次不高，而且考察洛阳的历代县志及笔记、地理、风土记录，洛阳地区并没有"西林寺"，河南境内也没有一座大的寺庙名为"西林寺"的。全国境内，比较著名且与宋人有关的"西林寺"，有建于东晋太和二年（公元36年）的庐山"西林寺"，苏轼著名诗作《题西林壁》"横看成岭侧成峰，远近高低各不同。不识庐山真面目，只缘身在此山中"，即是作于庐山"西林寺"中。不知此"西林寺"，是否与卦例中的"西林寺"有关。若真是同一座寺院，邵子再偶有暇，恐怕也不至于"闲游"到庐山的"西林寺"去吧。由此看来，此卦例中的这位"先生"，恐怕也未必是洛阳人士了。

[老人有忧色占] _{端法后天占}

己丑日卯时，偶在途行，逢一老人从巽方来，有忧色。问其故，曰无。怪，遂占之，以老人属乾为上卦，巽方为下卦，是为天风姤。又以乾一巽五加卯四为十，总数除六，得零四数，为动爻，是为天风姤之九四。《易》曰："包无鱼，起凶"，是易辞不吉。以卦论之，巽木为体，用卦乾金克之，互卦又见重乾，俱是克体，并无生意；且时在途行，其应又速。遂以成卦之数中分而取其半，谓老人曰："汝五日之内谨慎出入，恐有重祸。"果五日，老人赴吉席，因食鱼被鱼鲠终。

大凡占看自己之动静，以决事之迟速，故行则事应速，遂以成卦之数中分而取其半也。坐则事应迟，当倍其成卦之数而定之也。立则半迟半速，止以成卦之数定之可也。虽然如是，又在变通，如占牡丹及观梅之类，则二花皆朝夕之故，岂特成数之久也。

[释] 己丑日的卯时，先生在路上走着偶然遇到一位老人从巽方而来，面带忧色，问其原因，老人说："没什么事儿"，于是先生就起卦占卜，以老人的属性乾卦做为上卦，以所来的方位巽方做为下卦，得到"天风姤"的卦象。用乾一、巽五再加上卯时四数，共得十数，除以六，得零余为四数，以四爻为动爻，是"天风姤"卦之九四爻动。《易经》天风姤卦九四的爻辞为"包无鱼，起凶"，这是易辞不吉。以卦象来论，巽木为体卦，乾金为用卦，乾金来克巽木，互卦之中，又见到重重的乾卦，都是来克体卦的，大致看来，毫无生意；而且是走在路上，行走着主应验时间很快。于是以生成卦的数除以二，取其半数。先生对老人说："你五日之内，要谨慎出入，恐怕会有大祸临头。"果然到了第五天，老人去赴婚宴，因吃鱼被鱼鲠而死。

确定应期，大抵上是看自己的动静，以此来分辨事情的迟速。所以行走的话，事情应验得就迅速，所以就用成卦的数来平分而取其半数。如果是坐着，则事情的应验就应当按其成卦的数加倍来计算。如果是站着不动，则属于"半迟半速"，就用成卦的数来定应期就可以了。虽然是如此，但也需要变通，如"占牡丹""观梅占"之类，因为花开花败都是在朝夕之间的，又怎么会等待成数这么久呢？

"老人有忧色占"八动解析

主卦　　　变卦

天风姤　　巽为风

姤：女壮，勿用取女。

初六：系于金柅，贞吉。有攸往，见凶。羸豕孚蹢躅。

九二：包有鱼，无咎。不利宾。

九三：臀无肤，其行次且。厉，无大咎。

九四：包无鱼，起凶。

九五：以杞包瓜，含章，有陨自天。

上九：姤其角，吝，无咎。

林辞：逐狐东山，水遏我前。深不可涉，失利后便。

八动占：问招卦、内贼卦、宝成卦。

"端法后天占：老人有忧色占"所占出的卦，是"天风姤"化"巽为风"，主卦"天风姤"中所含的动占为"妻妾动·问招卦"，口诀为"干克方为妻妾动，财官损折下卑疲。外边取索多谋害，人在家中访不宜"，占人则"外出不宜，易招损伤"。天元卦、贵神卦、将神卦均为乾金，三金克地元之一木，为"破斧卦"，主刑伤损失，争斗破败。木上见金，又为"构囚卦"，主疾病口舌，囚禁损伤。从主卦的八动占来看，即是非常不利的状态。

变卦为巽为风，其动占有两个，一为"贼动·内贼卦"，口诀为"神克将为内贼生，勾连偷攘染私情；谋空财损卑幼病，暗昧空诈亦非轻"，主损财伤身，占病主"胸腹"疾病。离为火，为血光；兑为金，为骨，为酒食，合起来看，是因骨或酒食引起的血光之灾，对应的即是老人被鱼鲠而死的事件。变卦的第二个动占为"兄弟动·稽滞卦"，口诀为"干方比为兄弟动，事体牵延比肩行；勾连斗讼亲朋涉，内有争竞有小凶"，主事牵亲朋，有小凶之事；而在这个卦例中，则是对应着发生此事与"亲朋"有关。同时"巽为风"中天元卦为巽，地元卦为巽，是巽卦的伏吟，这种伏吟稽滞的卦象，也主"闭伏不动，上下不通"，同样也与"鱼鲠"的事件相应。

综合以上八动的判断，对这个事件的分析综合起来讲，就是"从卦象上看，有凶伤病损的兆象，因此最好静居家中，不宜外出；否则会有因亲朋之事，而致自身损伤的事情发生"。至于其中的"为鱼所鲠"这种具体的征象，则需要配合变占来判断，因"变占"不属于本书所涉及的内容，故在此不作讨论。

关于本卦例中的应期，实际上也很简单，并没有卦例中所讲的"凡占看自己之动静，以决事之迟速，故行则事应速，遂以成卦之数中分而取其半也。坐则事应迟，当倍其成卦之数而定之也。立则半迟半速，止以成卦之数定之可也"这般复杂，对于这种判断的依据，想来即使是家传本《心易梅花数》的编辑者也知道其方法的不切实用，在真实的应用中，肯定会穿帮，而且这个判断依据又与前面的"牡丹占""观梅占"的卦例相冲突，因此其后面紧跟着便开始自圆其说，指出"虽然如是，又在变通，如占牡丹及观梅之类，则二花皆朝夕之故，岂特成数之久也"。对于这种花期的托词，实际上是经不起深究的，稍有点植物常识的人，都知道牡丹的花期可达二十天，梅花的花期也在一周到二十天之间，且"梅花占"并非占花，而是因"两雀争枝"而占得"少女伤股"之事，其事体更是与梅花的花期关系不大，以花期来搪塞显然说服力不足。

那么，应期应当如何判断呢？"金口透易·梅花占"对应期的判断主要看"八动占"所显示出来的"凶象"与"吉象"对应的时点，在这个卦例中，主要的凶象有两个，第一个为乾卦克巽卦的问招卦所对应的时间，第二个看离卦克兑卦的内贼卦所对应的时间，从己丑日后开始计算，第四天为癸巳、第五天为甲午，巳为巽卦的地支寄宫，午为离卦的地支寄宫，因此凶象应当就对应着这两天的时间。

［少年有喜色占］

壬申日午时，有少年从离方来，喜形于色。问：有何喜？曰：无。遂占之。少男属艮为上卦，离为下卦，得山火贲。以艮七离三加午七为十七，总数除二六一十二，得零五数，为动爻，是为贲之六五。《易》曰："贲于丘园，束帛戋戋，吉。"是易辞吉矣。卦则变家人，互见震、坎，离为体，互变俱是生气之卦矣。

断曰：子于十七日内必有聘币之喜。至期，果然定婚。

［释］壬申日的午时，有个少年从离方而来，喜形于色，于是先生上前问少年有何喜事，少年说没有，于是就起了个卦占卜一下。

少男属艮卦，为上卦，离方为下卦，得山火贲卦，艮卦卦数为七，离卦卦数为三，加午时七数，总数为十七，减去二六一十二数，零余为五数做动爻，是贲卦的六五爻动。《易经》贲卦六五的爻辞为"贲于丘园，束帛戋戋，吉"，看易辞便是吉兆；变卦为"风火家人"，互卦中见震卦与坎卦，离为体卦，互卦与变卦都来生体卦。

于是占断道：你于十七天内，必然会有订婚下聘的喜事，到了时间，少年果然定下了婚事来。

"少年有喜色占"八动解析

主卦	变卦
山火贲	风火家人

贲：亨。小利有所往。

初九：贲其趾，舍车而徒。

六二：贲其须。

九三：贲如濡如，永贞吉。

六四：贲如皤如，白马翰如，匪寇婚媾。

六五：贲于丘园，束帛戋戋，吝，终吉。

上九：白贲，无咎。

林辞：东山西山，各自言安。虽相登望，竟未同堂。

八动：官动·明德卦、父母动·宝成卦。

财动·盈益卦　子孙动·恩庆卦

"少年有喜色占"所占得的卦兆为"山火贲"变"风火家人"，"山火贲"中有两个动占，第一个动占为"官动·明德卦"，口诀为"神克干为官禄动，仕应禄位望财难；常人官事得官物，财来暗损病喉咽"，在事类占中，官动主"求官得禄，常人官事，占婚主订婚嫁娶之礼"。

中国古代嫁娶要遵循"六礼"，即"纳采、问名、纳吉、纳征、请期、亲迎"。"少年有喜色占"中所讲的"聘币"之喜，在"六礼"中，属于"纳征"，是属于"六礼"中的第四步。

男子求婚聘，"六礼"的第一先要"纳采"，即男家请媒人到女方家提亲，若女家同意议婚，则男家正式向女家求婚，正式求婚时须携活雁为礼。《仪礼·士昏礼》中说："昏礼下达，纳采用雁。""六礼"的第二步称为"问名"，是男家托媒人询问女方的姓名和八字，以准备合婚。《仪礼·士昏礼》中记载："宾执雁，请问名。"问名的文辞大多是："某既受命，将加诸卜，敢请女为谁氏。"若女方同意，则授礼；男家即会通过占卜测定吉凶。如果男女八字相合，则进行下一步。"六礼"的第三步称为"纳吉"，男方占卜求得吉兆后，要备礼通知女方家，决定缔结婚姻。在古代，"纳吉"同样是以雁为礼，相当于现在的定婚。"纳吉"之后，第四步称为"纳征"，即男家将聘礼送往女家，又称纳币、大聘、过大礼等。古代婚嫁，到了纳征的阶段，相当于是正式确定婚姻关系的阶段。这一阶段，在现代是男方送彩礼，男女双方登记结婚。纳征之后，下一步男女家中就要择定婚期（请期）、举行婚礼（亲迎）了。在古代婚俗的"六礼"中，"聘币"是男女双方正式确定婚姻关系的重要节点，在现代，则相当于是婚姻关系在法律层面上得到认定，这一步，就是"官动·明德卦"。

"山火贲"中的第二个动占为"父母动·宝成卦"，口诀为"方生干兮父母兴，父母君亲皆喜忻；印信擢拔多进益，须知祭祀祥福祯"，主"父母家人忻悦，有求福纳祥之喜"，离卦为火、为文书，艮为家人，以文书求谋，主添人进口。所谓人生四喜，是"久旱逢甘雨，他乡遇故知；洞房花烛夜，金榜题名时"。对于少年人而言，所期盼的喜事便是"洞房花烛夜"与"金榜提名时"了吧。

综观"山火贲"的这个卦，在其中看到的都是"喜悦、吉庆"的事情，综合主卦"八动占"口诀，是少年人父母家人吉庆，有婚聘纳吉之事，须求谋而可得的兆象；地元卦生天元卦，是内外相生，主动去求，这也是"山火贲"卦辞"贲：亨，小利有所往"的推演依据。

再看悔卦"风火家人"，则是紧跟主卦的事件向下发展的延续。"风火家人"中也有两个动占，第一为"财动·盈益卦"，口诀为"将克神为财内动，求财必得妻妾病；损官谋动人出外，心疾物损职难静"，"盈益卦"主"求财得利，求谋有得，男子测主婚姻变动"。"风火家人"中第二个动占为"子孙动·恩庆卦"，口诀为"干克方为子孙动，荫子添孙奴婢财；占产始知多易育，无边宠遇自天来"。在主卦中"官动·明德卦"所代表的"婚聘之喜"，与"父母动·宝成卦"所代表的"婚书下聘"之后，事件的进一步发展也很吉利。"盈益卦"主婚姻之事，而"恩庆卦"则为外来生内，巽为外、为天元卦、为长女，主女家有所回应。这个回应，是外来生内，是允婚的表现。

卦例中占卦时间为壬申日，推后十七天，为"戊子"日，子为坎卦的地支寄宫，悔卦中将神坎卦克贵神离卦为"财动·盈益卦"，因此，这个时间正是女子允婚，聘礼送达的关键应期。

［牛哀鸣占］

癸卯日午时，有牛哀于坎方，声极哀，因占之。牛属坤，为上卦，坎方为下卦，得地水师。以坤八坎六加午七为二十一，总数除三六一十八，得零三数为动爻，是为师之六三。《易》曰："师或舆尸，凶。"是易辞凶也。卦得师变升，互见震坤为体，互变俱克之，并无生意。

断曰：此牛二十一日内必遭屠杀。果后二十日，有一人来买此牛，宰以犒匠众，悉皆应之。

［释］癸卯日的午时，有牛在坎方发出哀鸣的声音，声音极其悲哀，于是起卦占卜。牛的易象属坤，做为上卦；坎方做为下卦，占得地水师卦。以坤八数、坎六数加午时七数，总数为二十一，用总数减去三六一十八数，得零余为三数，做为动爻，所以得到的卦象为地水师卦，六三爻动。《易经》中师卦六三的爻辞为"师或舆师，凶"，这是《易经》的爻辞为凶；占卦占得地水师变地风升，互卦中见震卦，坤卦为体卦，是互卦、变卦都克体卦，丝毫没有生意。

于是占断说："此牛二十一日内，必然会被屠杀。"果然在其后的第二十日，有一个人来买了这头牛，宰杀以犒劳一众工匠，所占的事情果然是都应验了。

"牛哀鸣占" 八动解析

主卦　　　　变卦
地水师　　　地风升

师：贞，丈人吉，无咎。

初六：师出以律，否臧凶。

九二：在师中，吉，无咎，王三锡命。

六三：师或舆尸，凶。

六四：师左次，无咎。

六五：田有禽，利执言，无咎。长子帅师，弟子舆尸，贞凶。

上六：大君有命，开国承家，小人勿用。

林辞：耳目盲聋，所言不通。伫立以泣，事无成功。

八动：财动·盈益卦、妻妾动·问招卦、鬼动·悔折卦、财动·盈益卦、官动·明德卦。

"牛哀鸣占"中有两个信息需要注意：

其一，是占例中牛的"哀鸣"，是占测的卦师所感觉到的"哀鸣"。这个感觉到的"哀鸣"，若是作为异兆，则异兆的应验对象未必一定为"牛"。若是作为针对"牛"的"哀"而为牛占测，则违背了占测的"无心"原则。因此这个占例的起始点是站不住脚的。

第二，占例中"果后二十日，有一人来买此牛，宰以犒匠众"透露出来一定的时代信息，宋代对于宰牛是明令禁止的。按"《宋刑统》规定："故杀官私马牛者，请决脊杖二十，随处配役一年放。杀自己马牛及故杀官私驼骡驴者，并决脊杖十七。"也就是说，私自杀牛，是要打板子并服一年的苦役的；不只是私杀，即使是买来吃，也属于犯法的行为。在宋代"诸州罪人皆锢送阙下"，但在锢送的过程中会造成大量不必要的伤亡。江南西路转运副使、左拾遗张齐贤曾遇见"虔川（今江西赣州）尝送三囚，坐市牛肉，并家属十二人悉诣阙，而杀牛贼不获"，于是，"齐贤悉纵遣其妻子"。[1] 从文献记载看，虔川解送的这三名囚犯，并非杀牛的主犯，只是买卖牛肉的从犯而已。由此可见，买牛肉同样要受到极重的处罚。北宋太宗、真宗两朝的名臣张咏在镇守永兴时，曾断过一桩割牛舌的案件："张咏镇永兴，有父老诉牛舌为人所割。咏诘之：'尔于邻伍谁氏最隙？'诉者曰：'有甲氏尝贷粟于某家，不遂，构怨之深。'咏遽遣去，戒云：'至家径解

---

① 宋·李焘：《续资治通鉴长编》卷二十二，太宗太平兴国六年十二月，中华书局，2004年，507。

其牛贷之。'父老如教。翌日，有百姓诉杀牛者，咏谓之曰：'尔割某氏牛舌，以偿贷粟之怨，而反致讼耶?'其人遂伏罪，而谓神明焉。"[1] 私自杀牛，知情者可以去官府举报，故事中的"某甲"就是因为此，而偷偷割去邻居家的牛舌，以此促成邻居杀牛，从而为举报提供机会。由以上分析可知，在宋代，私自杀牛是违犯法律的行为，而在家传本《心易梅花数》的"牛哀鸣占"中，"买此牛，宰以犒匠众"显然是很自然的一种行为，这一点，并不符合宋代的时代特征。

单纯由占例而言，"牛哀鸣占"的贞卦为"地水师"，其"天元卦"为坤，"地元卦"为坎，天元卦克地元卦为"问招卦"，口诀为"干克方为妻妾动，财官损折下卑疲；外边索多谋害，人在家中访不宜"。"问招卦"源于古代官话中的"系狱问招"，是捆起来处置的状态，而对于牛而言，"外边取索"再加上"系狱"，则是被捆起来打杀的状态。悔卦"地风升"，其中的动占有"鬼动·悔折卦，财动·盈益卦，官动·明德卦"，"鬼动·悔折卦"的口诀为"方克干兮鬼动名，官享谋动人喧争；乖佞损害病佯和，讼牵他人宅不宁"，地元卦为巽卦，天元卦为坤卦，巽卦克坤卦主兴工动土，造屋建宅。"财动·盈益卦"的口诀为"将克神为财内动，求财必得妻妾病；损官谋动人出外，心疾物损职难静"，将神卦为兑卦，贵神卦为震卦，兑克震为酒食宴乐，"官动·明德卦"的口诀为"神克干为官禄动，仕应禄位望财难；常人官事得官物，财来暗损病喉咽"，占事主官事，主大的场面，贵神卦为震卦，天元卦为坤卦，震卦克坤卦，为饮食宴请。所以从悔卦的八动占而言，我们看到是一个兴工建设，酒食宴饮的场面，而"地风升"卦的错卦"天雷无妄"所代表的，则是在"酒

---

① 宋·夷门君玉：《国老谈苑》卷二，见朱易安等主编：《全宋笔记》第二编（一），大象出版社，2008年，190。

食宴饮"中"牛"的命运。当酒食宴饮开始的时候，就是"牛"被宰杀的时间。"天雷无妄"中有两个动占，一为贵神卦克将神卦的"贼动·内贼卦"，一为天元卦克地元卦的"妻妾动·问招卦"，癸卯日后推二十日为壬戌日，为乾卦的地支寄宫，也就是乾卦克震卦的问招卦所显示的时间。

［鸡悲鸣占］

甲申日卯时，有鸡鸣于乾方，其声甚悲怆，因占之。鸡属巽，为上卦。乾方为下卦，得风天小畜。以巽五乾一加卯四为十，总数除六得零四数为动爻，是为小畜之六四。《易》曰："有孚，血去惕出。"以卦论之，此有割鸡之义。卦属小畜之乾，互见离兑。乾为体，离火克之。况卦中巽木离火，又有烹饪之象乎。

断曰：此鸡十日内当烹之。果十日有客至，炰而食之。

［释］甲申日的卯时，有鸡在乾方发出鸣叫，声音很是悲怆，于是先生起卦占卜。

鸡属巽卦，为上卦，乾方为下卦，占得风天小畜卦，用巽五数，乾一数再加上卯时四数，总数为十数，减去六数，零余为四数作动爻，是风天小畜的六四爻动。《易经》小畜卦六四爻辞为"有孚，血去惕出"，从卦爻辞来看，就有割鸡的含义，小畜变为乾卦，互卦为离卦与兑卦，乾卦为体，离火克乾金，更何况卦中的巽木又生离火，这是有烹饪的征象吗？

于是占断道："这只鸡在十天以内，当被烹，果然到第十天，有客人来，于是把鸡给煨熟吃掉了。

"鸡悲鸣占"八动解析

主卦　　　　变卦

地水师　　　地风升

六四：有孚，血去惕出，无咎。

九五：有孚挛如，富以其邻。

小畜：亨。密云不雨，自我西郊。

初九：自道，何其咎，吉。

九二：牵，吉。

九三：舆说辐，夫妻反目。

六四：有孚，血去惕出，无咎。

九五：有孚挛如，富以其邻。

上九：既雨既处，尚德载，妇贞厉。月几望，君子征凶。

林辞：东遇虎蛇，牛马奔惊。道绝不通，商困无功

八动：鬼动·悔折卦、贼动·内贼卦、兄弟动·稽滞卦。

家传本《心易梅花数》中的五个后天端法占例，与前面的五个先天卦数占例相比较，其显示出的占断理法、文化水平以及占卦人的生活场景都有着比较大的区别。《心易梅花数》中的先天卦数占例，其中的"梅花占"与"牡丹占"，从场景及历史记录的角度考察，与邵雍的生活场景及同时代的传说都有着一定的关联性；而"夜扣门借物占""今日动静如何""西林寺额占"三个卦例，其生活场景明显层次较低，但尚未脱文人的范围。到了后天端法的五个占例，则已是察言观色、杀鸡宰牛，路途行旅的江湖气象，从生活环境到学识素养都较之前面的占例有了本质的差别。倒是与后期五卷合编本《新镌增定相字心易梅花数》第五卷的"相字法"中"断扇占"中所显示出来的街头摆摊算卦的格局

颇为相似了。

"鸡悲鸣占"的卦例中，占得的卦象为"风天小畜"之"六四爻动"，《易经》"风天小畜"六四爻的爻辞为"六四：有孚，血去惕出，无咎"，按家传本《心易梅花数》编辑者的表述，因"爻辞"之中有"血去"二字，所以是"以卦论之，此有割鸡之意"，但《易经》中"风天小畜"卦之六四爻辞中的"血去惕出"中的"血"，实当读为"恤"，《释文》引马融曰："当作恤，忧也"，"惕"的含义为"忧、疾"。因此，"血去惕出"的含义为"忧患消除"，再加上后面的"无咎"，是"没有灾患"的意思。因此，此段的释意为"有诚信，则忧愁自消，恐惧自除，没有灾患"，而此占例中，看到一个"血"字，就引伸出"割鸡"的含义来，其不学无术的江湖术士形象已是跃然眼前。

单按卦论，"风天小畜"卦中有两个动占，其一为"鬼动·悔折卦"，口诀为"方克干兮鬼动名，官亨谋动人宣争；乖佞损害病偟和，讼牵他人宅不宁"。地元卦为乾卦，克天元卦巽卦，金为刑克，金克木主刀斧伤损，内来克外，主家宅不安，损伤不利。第二个动占为"贼动·内贼卦"，口诀为"神克将为内贼生，勾连偷攘染私情；谋空财损卑幼病，暗昧空诈亦非轻"，贵神卦为离火，将神卦为兑金，离火克兑金，兑卦的地支寄宫为酉，酉为鸡，为卦身，主鸡被火烹，所以有烹鸡之象。综合贞卦的动占，为有刑伤损失，烹鸡之象。再看悔卦，为乾为天，天元卦、地元卦、将神卦、贵神卦都为乾卦，在八动占中，天元卦与地元卦比和，为"稽滞卦"，口诀为"干方比为兄弟动，事体牵延比肩行；勾连斗讼亲朋涉，内有争竞有小凶"，主事有小凶，有亲戚朋友之事。乾为天卦，又为满赢卦，主事体伏吟，常人不吉。由此看，是家中有事，有亲朋来访，有盘桓商讨之象，由此而有杀鸡之应。甲申日后推十天，为癸巳日，巳为巽卦的地支寄宫，贞卦中乾卦克巽卦，为鬼动·悔折卦，应期的巳日，便是悔折卦发动的时间。

[枯枝坠地占]

戊子日辰时，偶行途中，有大树蔚然，无风无雨，而有枯枝坠地于兑方。因占之，槁木为离，为上卦，兑方为下卦，得火泽睽。以兑二离三加辰五为十，总数除六得零四为动爻，是为睽之九四。《易》曰："睽孤，遇元夫。"卦则睽变损，互见坎离，兑金为体，离火克之，且睽损卦名，俱有伤残之象。

断曰：此木十日当伐。后十日，果有人斫伐之，为公廨，而匠者偶名"元夫"。

[释] 戊子日的辰时，偶然行走在途中，看到有一棵大树，蔚然而立，当时没有刮风没有下雨，却有一枝枯枝突然掉落在兑方，于是起卦占卜。槁木为离卦作上卦，兑方为下卦，占得火泽睽卦。兑卦为二数，离卦为三数，加辰时五数，总计得十数，用总数减六，零余为四作动爻，是睽卦的九四爻动。《易经》睽卦九四爻辞为"睽孤，遇元夫"。火泽睽卦变为山泽损卦，互卦中见坎卦与离卦，兑金为体卦，离火来克兑金，而且睽卦与损卦的卦名，都有损伤的卦象。

于是占断说："这棵树在十天之内，会被砍伐，过了十天，果然有人因为要修造官府的办公场所需要木料而把树给砍伐了，而砍树的匠人，恰好叫"元夫"。

主卦　　　变卦

火泽睽　　山泽损

。

睽：小事吉。

初九：悔亡，丧马勿逐，自复；见恶人无咎。

九二：遇主于巷，无咎。

六三：见舆曳，其牛掣，其人天且劓，无初有终。

九四：睽孤，遇元夫，交孚，厉无咎。

六五：悔亡，厥宗噬肤，往何咎。

上九：睽孤，见豕负涂，载鬼一车。先张之弧，后说之弧。匪寇婚媾，往遇雨则吉。

林辞：天门东墟，尽既为灾。跰躠暗聋，秦伯受殃。

八动：贼动·内贼卦、妻妾动·问招卦、财动·盈益卦、子孙动·恩庆卦。

"枯枝坠地占"的贞卦为"风天小畜"，其中有两个动占，第一个动占为天元卦克地元卦的"妻妾动·问招卦"，口诀为"干克方为妻妾动，财官损折下卑疲；外边取索多谋害，人在家中访不宜"，主外来谋害，刑伤破败。第二个动占为贵神卦克将神卦的"贼动·内贼卦"，口诀为"神克将为内贼生，勾连偷攘染私情；谋空财损卑幼病，暗昧空诈亦非轻"，主损伤谋害，攘夺破坏。悔卦为山泽损卦，其中也有两个动占，第一个动占为将神卦（震卦）克贵神卦（坤卦）的"财动·盈益卦"，口诀为"将克神为财内动，求财必得妻妾病；损官谋动人出外，心疾物损职难静"，震卦克坤卦为兴工动土，财动主花费钱财。第二个动占为天元卦生地元卦的"子孙动·恩庆卦"，其口诀为"干生方为子孙动，荫子添孙奴婢财；占产始知多易遇，无边宠遇自天来"。艮卦为官府，艮卦生兑卦为官府修造，由此综合判断，对于这株树而言，会遇到由外力造成的损伤；而其原因，则是因为官府之中，兴工动土，修造需用木料。戊子日占卦，向后推十日，为丁酉日，酉为兑卦的地支寄宫，所应时间为卦中离火克兑金，问招卦发动的时间。

第四章 《心易梅花数》中的易象

"易象" 的解读方法梳理

家传本《心易梅花数》中，保留了大量的易象中的"类象"，这些内容主要保存在两处，一处为"八卦所属内外动静之图"，这一部分的"八卦类象"，与《易经·说卦》的关系较大，内容也相对比较简单。但《易经·说卦》传的内容，其本质实际上是解说《易经》中"变易"的方法，这其中的"八卦类象"，本身既有本卦的类象，也包含着"变占"的类象。如果不懂《易经》的"变占"规则，则很难分清哪一个象为"本象"，哪一个象为"变象"。后期的研易者，在无法分辨的情况下，将这一系列的"象"，全部归入"八卦本象"的范畴之内，实际上是"变占"之法失传的结果。如《易经·说卦》中"离卦"的"类象"中有"为乾卦"，如果不懂变占，就很难理解"离卦"怎么又是"乾卦"呢？若此处不明，则《左传·闵公二年》中鲁桓公占卦的一段记载："又筮之，遇《大有》之《乾》。曰：'同重于父，敬如君所'"中的"同复于父，敬如君所"的含义也就无法理解了。再如《周易集解》中引《九家易》注《同人》卦曰："乾舍于离，同而为日"，荀爽亦注曰："乾舍于离，相与同居"的含义，就更加不能索解，这其中的原因，实际上就是"变占"法门的缺失造成的。

另一处"八卦类象"的内容，则是其中占有很大篇幅的"八卦万物类占"，在这一部分内容中，家传本《心易梅花数》以

"天时、地理、人物、人事、身体、时序、动物、静物、屋舍、家宅、婚姻、饮食、生产、求名、交易、求利、谋望、出行、谒见、疾病、官讼、坟墓、姓名、数目、方道、五色、五味"等二十多个分类，对八卦的卦象进行整理，分门别类。其内容，相当于是宋元时期对前期各代的"八卦类象"研究的一个归纳总结。但即使是"八卦万物类占"以如此细致的对"八卦类象"进行了分类，对于世间的万事万物而言，其归纳的所谓的"象"，也依然是"九牛一毛"，这实际上也就是我们现代学易者纠结于"飞机、火车、电视机"等等是什么"八卦类象"的渊源所在。再加上"八卦万物类占"的内容，同样延续了《易经·说卦》及"八卦所属内外动静之图"的错误，并在此基础上进行延伸的推导，所以就造成了谬误的进一步误化。比如"乾为马"本为变占之象，在"八卦所属内外动静之图"中，将此象归入本卦类象；到了"八卦万物类占"之中，则进一步在饮食中推导出"乾为马肉"的类象来，这就造成了"类象"的错误进一步加重。

因此，对于家传本《心易梅花数》的"八卦类象"部分，就存在着一个如何学习的问题。鲁迅先生在《拿来主义》中说："看见鱼翅，并不就抛在路上以显其'平民化'，只要有养料，也和朋友们像萝卜白菜一样的吃掉；看见鸦片，也不当众摔在茅厕里，只送到药房里去，以供治病之用。"但如果自己不知道分辨鸦片的办法，又无其他人可以提供咨询，则最好的办法，也还是对这一堆自己无法分辨的东西敬而远之，或者拿来扔进茅厕也未为不可。

对于家传本《心易梅花数》中"八卦万物类象"这部分内容，在学习的时候，要注意以下几个原则

一、只有不易的术，没有不易的象。

如果把易学占卜的学习比喻为一座大殿的建造，那么建造这座大殿的重要的环节应当是夯实基础，确定图纸规范与技术标

准，并按技术标准与图纸规范搭建支撑柱、樑架、屋顶、外墙，然后才是对大殿的装饰与细化，比如墙壁颜色的喷涂，樑柱花纹的绘饰，藻井图案的搭配，屋顶装饰的配置等等。如果没有这些装饰性的图案与配置，大殿依然是一座大殿，也可能稍显简陋，但并不影响这座殿宇的使用；而若没有整座大殿的建筑，有再多的花纹、配饰也没有安置之处。比如在"金口透易·梅花占"之中，其最重要的部分，是八动占与四象占，这两个技术规则，称之为"金口透易·梅花占"的四樑八柱，有了八动占与四象占，一个卦中的各方关系、矛盾与矛盾的解决便可以轻松解读。如前文解析的家传本《心易梅花数》中的十个卦例，以"八动占"来解读事件中的各种关系，可以很清晰的描绘出来；这一部分，就是各门术数方法轻易不会外传的"钥匙口诀"，在此基础上，可以再借助"变占"的方法，对细节进行更深入的描摹，甚至可以达到事无巨细的程度。但若没有"八动占"与"四象占"的钥匙口诀，其卦例中的各种方法，就都是分散的，没有可重复性的。因此，对于易学占卜而言，真正重要的是做为基础框架的这一部分内容，即"以术解易"的方法，而非"以象解易"的"八卦类象"这种装饰性的内容。

二、好读书而不求甚"记"。

在术数的知识体系中，有些内容一定要背，比如六十四卦卦名卦序，阴阳五行生克，八卦五行属性，这些内容，只有背过，才能在应用的时候得心应手；而对于"八卦类象"这类内容，则千万不能死记硬背。第一是因为世间的万物万象，不可能靠背全部掌握；二是大家能够接触到的"八卦类象"的内容，本身就存在着很多错误，如果死记硬背，知其然而不知其所以然。那么结果只能是两种，或者在想用时发现"书到用时方恨少"，根本无法有效提取记忆；或者是被错误的"八卦类象"所误导，"只道马疾资用厚，不知南辕是北辙"，那么，什么是学习"八卦类象"更好的办法呢，请看第三条原则。

三、明其理而知其本。

在"金口透易·梅花占"的教学中，我们反复强调，"八卦类象"这部分是用来读的，不是用来背的，这是因为，世间的万事万象，纷繁众多，而且各种事物有其复杂性与模糊性，单靠记忆，也很难把所有的事物进行分类、归纳、记忆。同时，随着时代的变化，新的事物层出不穷。比如由今世往前推二百年，如果说起一个铁制的大鸟能够带着百多人在天上飞，两个人各拿着一个小盒子，就可以相隔千里交谈，恐怕所有的人都会视为妖妄。对于很多新事物而言，人们需要不断地更新思维观念与记忆，因此相比较于死记硬背的硬灌，"读"应当才是一种更好的"八卦类象"的学习方式。"研易者"在日常的学习中，可以随时打开"八卦类象"，看看里面的内容，理解其背后的理念，比如，坤为田野，是因为坤的地支寄宫有未，未为木库，又为田园，所以坤为田野；比如艮为田，是因为艮居东北，所纳二十八宿中的斗、牛二宿，牛宿所居有天田星官，是皇帝举行"耕耤礼"的籍田所在，基于此，再结合八动占，自然就可以理解乾九二"见龙在田，利见大人"的真实含意了。只有在阅读与思考的过程中，不断地积累术数知识，才能够对"八卦"中的"象"明其理、知其本。到了一定程度，对于"类象"也就自然可以了然于心了。

基于以上所述原则，对于家传本《心易梅花数》我们在此不做深入讲解，后文将家传本《心易梅花数》中的"八卦所属内外动静之图"与"八卦万物类占"中"八卦类象"的内容整理后原文附录，并将后期"五卷本"《新刻先天后天梅花观梅拆字数全集》中同篇内容中增益的类象标注于文中，大家可以将这部分内容做为日常阅读思考的资料。

八卦所属内外动静之图

[乾] 玄黄　大赤色　金玉　宝珠　镜　狮　圆物

　　　木菓　　贵物　刃冠　象　马　天鹅　刚物

[坎] 水带子　带核之物　豕　鱼　弓轮

　　　水贝　　水中之物　盐　酒　黑色

[艮] 土石　黄色　虎　狗　土中之物

　　　瓜菓　百禽　鼠　黔喙之物

[震] 竹木　青绿碧色　龙　蛇　萑苇

　　　竹木乐器　草　蕃鲜之物

[巽] 木　蝇　长物　青碧绿　山木之禽虫

　　　香　鸡　直物　竹木器　工巧之器

[离] 水火　文书　干戈　雉　龟　蟹

　　　槁木　甲胄　螺蚌　鳖　物赤色

[坤] 土　方物①　五谷　柔物　丝绵　百禽

　　　牛　布帛　　舆釜　瓦器　黄色

[兑] 金刃　金器　乐器　泽中之物

　　　白色　有口缺之物　羊

---

① 　作者注：通行五卷本《梅花易数》作"万物"。本章以下注解，统一以通行本称之。

八卦万物类占

乾一　金

天时：天、水、①霰、雹。

地理：西北方、京都、大郡、占胜之地、高亢之所。

人物：君父、老人、官宦、大人、长者、名人、公门人。

人事：圆成、刚健、武勇、果决、高名、多动少静。②

身体：首、骨、肺。

时序：秋、九十月之交、戌亥年月日时、五金年月日时。

动物：马、天鹅、狮、象。

静物：金玉、宝珠、圆物、贵物、木果、刚物、冠镜。

屋舍：公廨、楼台、高堂、大厦、驿舍、西北向之居。

家宅：秋占宅兴旺、夏占有祸、冬占冷落。

婚姻：贵官之眷、有声名之家、秋占宜成婚、夏占不利。③

饮食：马肉、干燥之物、名骨、辛辣之物、珍味、诸物、首饰、圆物、木果。④

生产：易产，秋占生贵子，夏占有损，宜坐西北方。

求名：有名，宜在朝内住、西北之位。刑官、武职、天使、驿官、掌宝。⑤

交易：易成，宜宝玉贵货交易，夏占不利。

求利：有金玉或公门得财，或有贵人之财。秋吉有财，冬无

---

① 通行本作"冰"。

② 通行本作"高上下屈"。

③ 通行本作"［家宅］：秋占宅兴隆，夏占有祸，冬占冷落，春占吉利。"

④ 通行本作"［饮食］：马肉、珍味、多骨、肝肺、干肉、木果、诸物之首、圆物、辛辣之物。"

⑤ 通行本作"［求名］：有名，宜随朝内任，刑官、武职、掌权，宜西北方之任，天使、驿官。"

财，夏损财。①

谋望：有成，利公门中。宜动中谋。夏占不利，冬占多谋
少遂。

出行：利西北方，宜入京师，利远行，夏占不吉。

谒见：可见，利见大人。宜谒官贵，宜见长者。②

疾病：头面之疾，肺疾、筋骨疾、上焦病。夏不安。

官讼：健讼，有贵人顺助，秋占得胜，夏占失理。

坟墓：宜西北坐向之墓，宜亥人气脉，宜天穴，秋占生贵
子，夏不可葬。③

姓名：商音、带金傍姓氏、行位一四九。

数目：一四九。

方道：西北。

五色：大赤玄黄。④

五味：辛辣。

坤八　土

天时：天阴、雾气。

地理：田野、乡里、平地、西南方。

人物：后母、老妇、农乡人、乐人、大腹人。⑤

人事：吝啬、柔顺、柔懦、众身。

身体：腹、脾胃、肉。

时序：辰戌丑未月、未申年月日时、八五十月日。

静物：方物、土中物、柔物、布帛丝绵、五谷、舆釜、
瓦器。

---

① 通行本作"［求利］：有财，金玉之利，公门中得财。秋占大利，夏占损财，冬占无财。"
② 通行本作"［谒见］：利见大人、有德行之人，宜见官贵，可见。"
③ 通行本作"［坟墓］：宜西北向，宜乾山气脉，宜天穴，宜高。秋占出贵，夏占大凶。"
④ 通行本作"［五色］：大赤色、玄色。"
⑤ 通行本作"［人物］：老母、后母、农夫、乡人、众人、大腹人。"

动物：牛、百兽、为牝马。

屋舍：西南向居、村舍、田舍、矮屋、土阶、仓库。

家宅：安稳、多阴气、春占宅舍不安。

饮食：野味、牛肉、土中之物、甘味、五谷、腹脏之物、薯、羊、笋之物。

婚姻：利于婚姻、宜税产之家、乡村之家、春占不利。或寡妇之家。

生产：易产，春占难成，或有损，或不利于母，坐宜西南方。

求名：有名、宜西南之任。守土司农之职或教官。① 春占虚名。

求利：有利，宜土中之利、贱货重物之利、五谷之利。静中得财，布帛之利。春占无财，多中取利。②

交易：宜利交易，宜田土交易，春占不利。宜五谷布帛之交易。③

谋望：利求谋，乡里求谋。宜静中求谋，春占少遂，或谋于妇人。

出行：可行、宜西南行，宜往乡里行，春占不宜行。宜陆行。

谒见：可见，宜见乡人，宜见亲朋或阴人。春不宜见。

疾病：腹疾、脾胃之病。饮食停伤，谷食不化。

官讼：理顺得众情，讼当解散。

坟墓：西南之穴，平阳之地，近田野。宜低葬。春不可葬。

---

① 通行本作"教官、农官守土之职"。

② 通行本作"［求利］：有利，宜土中之利，贱货重物之利。静中得财，春占无财，多中取利。"

③ 通行本作"［交易］：宜利交易，宜田土交易，宜五谷利，贱货、重物、布帛，静中有财。春占不利。"

姓名：宫音，带土姓人，行位八五十。

数目：八五十。

方道：西南。

五色：黄，又黑。

五味：甘味。

震四　木

天时：震雷。

地理：东方、树木、闹市、草木茂盛之所、竹林、大途。

人物：长男。

人事：震者起也、为动怒、虚惊、鼓噪、多动、少静。

身体：足、肝、发、声音。

时序：春三月，卯年月日时，四三八月日。

静物：木竹、萑苇、木品之乐、^① 花草繁鲜之物。

动物：龙蛇。

屋舍：东向所居、山林之处、楼阁。

家宅：宅中不时有虚惊，春占吉，秋占不利。

饮食：蹄肉、山林野味、菜蔬、鲜肉、菓酸味。

婚姻：可有成，声名之家。利长男之婚。秋占不宜婚。

生产：虚惊，胎动不安。头胎必生男。秋占有损。坐宜
　　　东向。

求名：有名，宜东方之任，掌刑狱之官，施号发令之职。有
　　　茶竹木税课之任，或闹市司货之职。

求利：山林竹木之财，宜东方求财，或山林竹木茶货之利。
　　　动处求财。

交易：利于成交，秋占难成。动而可成，山林竹木茶货。

---

① 通行本作"乐器（属竹木者）"。

谋望：可望、可求。宜动中谋望，秋占不遂。

出行：宜向利于东方，利山林之行。秋占不宜往，但恐
　　　虚惊。

谒见：可见，宜见山林之人，利见宜有声名之人。

疾病：足疾、肝经之疾、惊怖不安。

官讼：健讼，有虚惊，行移取勘反复。

坟墓：利于东南，山林中穴。①

姓名：商角音，带木姓氏，行位四八三。②

数目：四八三。

方道：东方。

五色：青、黄、碧。③

五味：酸味。

巽五　木

天时：风。

地理：东南方之地，草木茂秀之所，花果菜园。

人物：长女、秀士、寡发之人、山林仙道之人。

人事：柔和、不定、鼓舞、利市三倍、进退　木菓。

身体：肱股、气、风疾。

时序：春夏之交，三五八之月日时，三月，辰巳午未年月日
　　　时，四月。

静物：木、香臭、绳、直物、长物、竹木、工巧之器。

动物：鸡、百禽、山林中之禽虫。

屋舍：东南南之居，寺观楼园、山林之居。

家宅：安稳利市，春占吉，秋占不安。

---

① 通行本作"［坟墓］：利于东向，山林中穴，秋不利。"
② 通行本作"［姓字］：角音，带木姓氏，行位四八三。"
③ 通行本作"［五色］：青、绿、碧。"

饮食：鸡肉，山林之味，蔬菓，酸味。

婚姻：不成，宜长女之婚，秋占不利。①

生产：易生，头胎产女，秋占损胎，宜向东南坐。

求名：有名，宜文职有风宪之力，宜入风宪，宜茶课竹木税货之职，宜东南之任。

求利：有利三倍，宜山林之利，秋大吉，茶木货之利。一云秋占无财。②

交易：可成，进退不一。交易之利。山林木茶之类。山林交易。

谋望：可谋望，有才，可成。③

出行：可行，有出入之利，宜向东南行，秋占不可行。

谒见：可见，利见山林之人，利见文人秀士。

疾病：股肱之疾、风疾、中风、寒邪、气疾。

官讼：宜和，恐遭风宪之责。

坟墓：宜东南方向，山林之穴，多树木，秋占不利。

姓名：角音，草木傍姓氏，行位五三八。

数目：五三八。

方道：东南。

五色：青绿、碧洁白。

五味：酸味。

坎六　水

天时：雨雪、月、霜、露。

地理：北方、江湖、溪涧、泉井、卑湿之地、沟渎池沼、凡有水处。

---

① 通行本作"［婚姻］：可成，宜长女之婚。秋占不利。"
② 通行本作"［求利］：有利三倍，宜山林之利。秋占不吉，竹茶木货之利。"
③ 通行本作"［谋望］：可谋望，有财，可成。秋占多谋少遂。"

人物：中男、江湖之人、舟人防盗。

人事：险陷卑下，外示以柔，内存以刚。漂泊不成，随波入流。

身体：耳、血。①

时序：冬十一月，子年月日时，一六之月日。

静物：水晶、水中之物、黑色物。铁器、弓轮。②

动物：豕、鱼。③

家宅：不安、暗昧、防盗。

屋舍：向北之居、近水、江楼、茶酒肆、宅中湿、水阁。

饮食：豕肉、酒、冷物、海味、羹汤、酸味、宿食、鱼、带血、淹藏、多骨之物、有梯核之物、水中之物。

婚姻：利中男之亲、宜北方之婚。不可婚辰戌丑未月，不利成婚。

生产：难产有险，宜次胎、中男。辰戌丑未月，胎坐北向。

求名：艰难，恐有灾陷，宜北方之任，江湖河泊之职、酒兼醋。

求利：有财失，宜水边财，恐有失陷。宜鱼盐酒货之利，防盗。④

交易：不利成交，恐防失陷。宜水边交易，宜鱼盐酒货之交易，或点水人之交易。

谋望：不宜成望，不能成就，秋冬亦可谋望。

出行：不宜远行，宜涉舟，防盗，宜北方行。⑤

谒见：难见，宜见江湖之人，或有水傍姓氏之人。

---

① 通行本作"［身体］：耳、血、肾。"
② 通行本作"［静物］：水带子、带核之物、弓轮矫鞣之物、酒器水具。"
③ 通行本作"［动物］：豕、鱼、水中之物。"
④ 通行本作"防阴失，防盗"。
⑤ 通行本作"防盗，恐遇险阻陷溺之事"。

疾病：耳痛、心疾、感寒、肾疾、胃冷水泻、痼冷之病、血病。

官讼：不利，有阴险，有失困讼，失陷。

坟墓：宜北向之穴，近水傍之葬，卑湿之地不利。

姓名：羽音，点水旁之姓氏，行位一六。

数目：一六。

方道：北方。

五色：黑。

五味：咸酸。

离三 火

天时：日、电、虹、霓、霞。

地理：南方干亢之地，窑灶、炉冶之所，刚燥厥地，其地面阳。

人物：中女、文人、大腹人、目疾人、介胄之士。

人事：文书之所、聪明才学、相见虚心。

身体：目、心、上焦。

时序：夏五月，午年月日时，三二七月日。火年月日时。

静物：火、书文、甲胄、干戈、槁衣，干燥之物，赤色之物。

动物：雉、龟、鳖、蟹、螺、蚌。

屋舍：南向之居、阳明之宅、明窗、虚堂。

家宅：安恬、平善，冬占不安，克体主灾厄。

饮食：雉肉、煎炒、烧炙之物、干脯之类，热肉。

婚姻：不成，利中女之婚。夏占可成，冬占不利。

生产：易生，产中女。冬占有损，坐宜向南。

求名：有名，宜南方之任，文官之职，宜炉冶坑场之职。

求利：有财，宜南方求财，冬占有失。有文书之财。

交易：可成，宜有文书之交易。

谋望：可以谋为，宜谋望　宜文书之事。

出行：可行，宜动向南方，就文书之行。冬不宜行，不宜行舟。

谒见：可见南方人，冬占不顺，秋见文书老案才士。

疾病：目疾、心疾、上焦、热病、夏占伏暑、时疫。

官讼：易散，文书动，词讼明辨。

坟墓：南向之墓、无木荫所。[①]　冬占不利，夏占书文人。

姓字：征音，带火及立人傍姓氏，行位三二七。

数目：三二七。

方道：南。

五色：赤紫红。

五味：苦。

艮七　土

天时：云、雾、山、岚。

地理：山径路、近山城、丘陵、坟墓。

人物：少男、闲人、山中人。

人事：阻滞、守静、进退不决、反背、止住、不见。

身体：手指、骨、鼻、背。

时序：冬春之月，十二月，丑寅年月日时，土年月日时，七年十月月日。[②]

静物：土石、瓜菓、黄物、土中之物。

动物：虎、狗、鼠、百兽、黔啄之属。

家宅：安稳。诸事有阻，家人不睦。春占不安。

屋舍：东北方之居，山居近石近路之宅。

---

① 通行本作"无树木之所、阳穴"。
② 通行本作"七五十数月日"。

饮食：土中物味，诸兽之肉。墓畔竹笋之属，野味。

婚姻：阻隔难成，成亦迟，利小男童之婚。春占不利，宜对乡里婚。

求名：阻隔无名，宜东北方之任，宜土官山城之职。

交易：难成，有山林田土之交易，春占有失。

谋望：阻隔难成，进退不决。

出行：不宜远行，有阻，宜近陆行。

谒见：不可见，有阻，宜见山林之人。

疾病：手指之疾，脾胃之疾。

官讼：贵人阻滞，官讼未解，牵连不决。

坟墓：东北之穴，山中之穴，春占不利，近路边有石。

姓名：宫音，带土字傍姓氏。行位五七十。

数目：五七十。

方道：东北方。

五色：黄。

五味：甘。

兑二 金

天时：雨泽、新月、星。

地理：泽、水际、缺池、废井崩破之地，刚卤之地。

人物：少女、妾、歌妓、伶人、译人、巫师。

人事：喜悦、口舌、谗毁、谤说、饮食。

身体：舌、口、肺、痰、痰涎。

时序：秋八月，酉年月日时，金年月日，二四九数月日。

静物：金刃、金类、乐器、缺器、废物。

动物：羊、泽中之物。

屋舍：西向之居、近泽之居、败墙壁宅、门户有损。

家宅：不安，防口舌。秋占喜悦，夏占家宅有损失。

饮食：羊肉、泽中之物、宿味、辛辣之味。

婚姻：不成，秋占可，又喜主成婚之吉，利婚少女。夏占
　　　不利。

生产：不利、恐有损胎，或则生女。夏则不利，坐向西南。①

求名：难成，因名有损，利西南之任，② 宜刑官、武职、伶
　　　官、泽官。

求利：无利有损，财利上主口舌。秋占有财喜，夏占损财。

交易：不利防口舌，有争竞。夏占不利，秋占有交易之喜。

谋望：难望，于谋有损。秋占有喜，夏占不遂。

出行：不宜远行，防口舌，或损失。宜西行，秋占可行。

谒见：利行西方，且有咒诅。

疾病：口舌咽喉之疾。气逆喘疾，饮食不进。

坟墓：宜西向，防穴中有水、近泽之墓。夏占不宜，或葬
　　　废穴。

官讼：争讼未已，曲直未决，因公有损，防刑。秋占为体
　　　得理。

姓名：商音，带口带金字傍姓氏，位行二四九。

数目：二四九。

方道：西方。

五色：白。

五味：辛辣。

右万物之象，庶事之多不止于此。占者宜各以其类而推之。

---

① 通行本作"坐宜向西"。
② 通行本作"利西之任"。

分类占

"分类占"的误区

在各种术数类的书籍之中，"分类占"是一个很重要的门类，在很多读书习易者眼中，"分类占"可以说是引导自身技术登堂入室的阶梯，抑或是揭示实战技法的重要方式。但对于术数的传承而言，"分类占"实际上是一种问题很大的教授方式，是因为图书载体的信息量无法达到师传亲授的程度，而演变出来的一种权宜之法。

占测所针对的是"事件"，而世间的万事万物，其组合与变化纷繁复杂，很难用几十种简单的分类将其归类，这就是分类占最大的局限性所在。很多读书研习术数的爱好者，总认为学会了"分类占"就可以照本宣科，可以照着"分类占"的归类思路，把占断的结果套下来。但实际上，以我们自幼跟师学习的经历，师承的术数从来是不讲分类占的，这其中的缘由，就是因为世间的事情，本身来讲就是千变万化，是不可能用一个简单的规则去框定所有事件的。

比如一个"求财占"，要先分清楚求财的形式，求财的经营类别，最简单的分类，一种是行商，一种叫坐商，行商是业务性求财。业务性求财需要考虑的是什么呢？是人脉，产品的吸引力，营销方式，这是行商首先要考虑的东西。坐商是开店的，开店先要考虑商铺的位置，房租的成本，商业环境与经营的产品的匹配度，如果在婚庆市场内摆一个卖花圈的摊子，肯定开不了张。所以同样是经商，按照商业形式分类，有金融型的，有业务型的，有销售型的，还有生产型的，商业形式不同，关注点也是不一样的。同样是"求财"，在求财的不同阶段，思考的方向、关注的问题，面临的矛盾都是不一样的。

在生意的前期规划阶段，首先要考虑的是项目经营的市场前景，要考虑前期的投资，按照需要寻找何种合适的场所，这是一开始要考虑的东西。房子签下来了，需要考虑的是经营场所的装修风格，装修成本，前期投资的回报周期，要考虑人员的招聘，前期准备时间的安排，要考虑后期进货的路径，销售渠道的规划。当生意出现问题，需要考虑的是补充投资的可行性，补充投资后资金可支撑经营的时间，未来市场的预期，所以，虽然只是一个"求财占"，你在每一个事情上、每一个阶段上、不同的视角上，关注点都是不一样的。

再比如说"占病"，求测人知道病情和不知道病情测出来的结果中所针对的问题角度也是不一样的，测病的部位和测病的吉凶是完全两类占法。如果把这些内容全部放到一个"分类占"里面，那么一个"分类"写一本书都写不完。

所以过去师父教徒弟，从来不教傻徒弟，我拿个书给你用一页纸写一个"求财"，告诉你该关注什么，然后你就能学会了？这种方法准是糊弄傻徒弟的。

那么在真正的师承授受中，方法应当是怎么教呢？师父在教你的时候会告诉你一个事件要如何把它拆开，把事件拆开之后，你要找到这里面各个因素的相互关系，各种相互关系要和具体的事情相对应，但每一个具体的事情你要如何去把握呢？这就需要生活的历练，我们不是生活在真空里，你是生活在社会之中的，你生活的社会是有一个日常的规则的，这个规则从其自身而言，既包含着社会规则，也包含着自然规则，同时也有生物规则和心理规则，在你的身边，围绕着各种各样的规则，我们的人，实际上就生活在这一系列的规则之中。因此，要想成为一个优秀的占测者，你首先要了解你所处的环境，要了解求测人求测的事件所处的阶段，要了解这个事件中环境和阶段会限定这个事大致上需要把握的规则。

你一旦知道这个东西，你把卦里面的结构和事件中的各个因素相互对应，对应好之后，你再找各个因素之间的矛盾。而在矛盾找到之后，矛盾与矛盾的解决，必然会为事件的发展提供出最可能的方向，这个方向，不是你通过察言观色套出来的，而是占测的模型所显示出来的事件的发展的可能。找到这些根据不同的矛盾与矛盾的相互关系而产生的推动力，再通过自身的选择，找到其中最优的解，就是占测与趋吉避凶的完整过程。

比如说"租房子"这个事件，对于租房子，你需要考虑什么呢？对于坐商而言，你首先需要考虑这个房子的地段适不适合经营，经营的商品与这个房子的商业环境是否匹配，所经营的行业，是需要一个人流量大的地方，还是需要一个相对环境比较安静的地方，有利于客人的私密性的场所。如果需要一个客流量比较大的地方，那么你经营的商品，肯定是一个以销售为基础的生意，那就要先考虑这个区域的人流量、人均消费金额，购买商品的品牌意向、同区域的商品竞争情况。找到这样的房子之后，你需要考虑的是市场之中同类门市的价格，同类地段中，差不多的房子应该占有多大的上浮或者是下调的比率，这个门市符不符合租房市场的规律。租这个房子的时候，你需要付多长时间的租金，支付租金的规则是什么样的，里面合同有没有欺诈。在租下这个房子之后，每个月的销售额能不能与房租达到平衡，这个平衡周期要多久。这是在"求财占"中，坐商在租房子的时候提前要计划的东西，这些东西都是规则。你一旦把你的卦的结构，里面的相互关系和这些规则配合在一起的时候，你会发现它是有助于你的思维的，卦象与卦象的组合给你提供了一个新的上帝视角，帮助你从另一个角度去判定这个事件。

所以我们在教学中一直讲一句话，叫"算卦要知人事"，什么叫"知人事"呢？人生在世间，你要知道社会的规则，这个社会中的所有规则就叫"人事"，你不能算着算着卦，把应当明白的"人事"丢了。"知人事"就是算卦的基础。所以当你了解术数的基础规则之后，术数的研习，是有助于你对社会的认识的。

分类占里面最爱用的另一个东西叫"用神"，为什么爱用"用神"，因为好解释。比如"六爻卦"中，求财就看"财爻"，财爻旺相主得财。求财最怕什么？最怕兄弟爻动，兄弟爻一动就主破财，在术数的书籍中，往往列出一大堆这样的说法，给你把占测的方法框定在一个似是而非的状态里面，实际上这个东西是很坑人的。这种分类的方法，会把你的思维限定到一个极其狭窄的角度之中。"金口透易·梅花占"开了十期班的课程，还是会有同学在要求说："老师你应该讲分类占"，但我们到现在为止一直在坚持的，就是真正的术数的传承就是不讲"分类占"的。学术数，你要知道如何掌握规则，你用这个规则去看事，自然而然地就把事情分析清楚了。所以我们还是在这本书中还是要重申一下这个事情，"分类占""用神论""具象化"这些大家在术数类的书籍中常常看到的内容，都是特别坑人的东西，大家看这种东西的时候可以直接跳过，要明白学习术数的真实路径。

在家传本《心易梅花数》中，编辑者同样也在书籍的后半部分，罗列了一系列的分类占，基于我们前述的原因以及家传本《心易梅花数》本身技术规则的缺陷，这一部分"分类占"的内容，对读者而言，只能是越读越糊涂，对于占测技术的提升有害而无益。因此，对于这部分内容，我们保留原文并做文字的释意，家传本《心易梅花数》原文中与后期五卷合订本《梅花易数》分类占的内容有所差异的文字，我们也会在原文之后予以标注，以保持此书籍资料意义上的完整性。

天时占第一

凡占天时，于全卦中详看。[①] 如正月互卦变卦，离多主晴，坎多主雨，乾多明朗，坤多阴晦，巽多有风，兑多雨泽，震多主雷。[②] 若冬月，震多主大风怒号，林壑震响。若冬月震多而又克体卦，亦主有非常之雷。夏月离卦多又无坎卦，必主天道亢旱。冬月巽卦重见，又主雨雪。春月坎多，又无离卦，必主连雨不晴。

通行本《天时占第一》中多下面一段：全观诸卦者，谓互变卦。五行谓离属火，主晴；坎为水，主雨；坤为地气，主阴；乾为天，主晴明；震为雷，巽为风，秋冬震多无制，亦有非常之雷，有巽佐之，则为风撼雷动之应；艮为山云之气，若雨久，得艮则当止。艮者，止也，亦土克水之义。兑为泽，故不雨亦阴。夫以造化之辨固难测，理数之妙亦可凭，是以乾象乎天，四时晴明；坤体乎地，一气惨然。乾、坤两同，晴雨时变。坤、艮两并，阴晦不常。卜数有阳有阴，卦象有奇有偶。阴雨阳晴，奇偶暗重。坤为老阴之极，而久晴必雨。阴气而久雨必晴。若逢重坎重离，亦日时晴时雨。坎为水，必雨；离为火，必晴。乾、兑之金，秋明晴，冬雪凛冽；坤、艮之土，春雨泽，夏火炎蒸。《易》曰："云从龙，风从虎。"又曰："艮为云，巽为风。"艮、巽重逢，风云际会，飞沙走石，蔽日藏山，不以四时，不必二用。坎在艮上，布雾兴云，若在兑上，凝霜作雪。乾、兑为霜雪霰雹，离火为日电虹霓。离为电，震为雷，重会而雷电俱作。坎为雨，巽为风，相逢而风雨骤兴。震卦重逢，雷惊百里。坎爻叠

---

① 通行本作"凡占天时，不分体用，全观诸卦，详推五行。"
② 通行本作"离多主晴，坎多主雨，坤乃阴晦，乾主晴明，震多则春夏雷轰，巽多则四时风冽，艮多则久雨必晴，兑多则不雨亦阴。夏占离多而无坎，则亢旱炎炎。冬占坎多而无离，则雨雪飘飘。"

见，润泽九垓。故卦体之两逢，亦爻象之总断。地天泰、水天需，昏蒙之象。天地否、水地比，黑暗之形。八纯离，夏必旱，四季皆晴。八纯坎，冬必寒，四时多雨。久雨不晴，逢艮必止。久晴不雨，得此亦然。又若水火既济、火水未济，四时不测风云；风泽中孚、泽风大过，三冬必然雨雪。水山蹇、山水蒙，百步必须执盖。地风升、风地观，四时不可行船。离在艮上，暮雨朝晴；离互艮宫，暮晴朝雨。巽、坎互离，虹霓乃见；巽、离互坎，造化亦同。又须推测四时，不可执迷一理。震、离为电、为雷，应在夏天；乾、兑为霜、为雪，验于冬月。天地之理大矣哉！理数之妙至矣哉！得斯文者，当敬宝之。

［释］占测天气，需要详细分析整个卦的卦象，[①] 比如，正月占得"互卦、变卦"之中，离卦多则主天晴，坎卦多则主下雨，乾卦多主晴朗，坤卦多主阴天，巽卦多主有风，兑卦多主绵延的细雨，震卦多主打雷。[②] 如果是在冬天，震卦多则主大风怒号，林壑之中发出震响。如果冬天占得的震卦多又克制体卦，也主有异常打雷的状况发生，夏天离卦多而没有坎卦，必然主天气燥旱。冬天巽卦如果重重出现，又主下雪，春天坎卦多而不见离卦，必然主连日下雨，没有晴天。

通行本新增内容：所谓综合分析占得的卦象，是指要结合互卦、变卦来分辨，按五行的属性，离卦属火，主晴天，坎卦属水，主下雨，坤卦为地之阴气，主阴天，乾卦为天之阳气，主晴朗，震卦为雷的征兆，巽卦为风的征兆，秋天冬天的时候，震卦多而没有克制，也主有异常打雷的状况，如果有巽卦同时出现，则为大风震动的征兆。艮卦为山为云气，如果下雨时间长了，占得艮卦主雨停，这是因为艮卦有停止的易象，也有土来克水的含义，兑卦为泽，所以占得泽卦，即使不下雨也主阴天。这些征兆，用天地造化的原理来分辨固然难以占测，按其原理来推究尚有可凭借

---

① 通行本作：占测天时，不用分体卦、用卦，只需要分析各卦，按五行来详细解断。

② 通行本作：离卦多则主天晴，坎卦多则主下雨，乾卦多主天晴，震卦多在春夏主打雷，巽卦多在四季都主刮风，艮卦多则主久雨则晴，兑卦多则不下雨也主阴天，夏天占得离卦多而没有坎卦，则主大旱，冬天占得坎卦多而不见离卦，则主雨雪飘飘。

之处，所以乾卦象征天的阳气，在四时占得乾卦，都主天气晴朗，坤卦象征地的阴气，所以占得坤卦，主阴晦不明，坤同时出现，主阴晴不定，时雨时晴，坤卦与艮卦并出，则主阴晦不定。

易数有阴有阳，卦有有奇有偶，阴主雨，阳主晴，奇主晴，偶主阴。

坤卦为阴的极限，所以久晴则必主下雨，阴气消散后，久雨之时又主天晴。如果卦中有重坎重离，也主时雨时晴。坎卦属水，占得坎卦，必然主下雨，离卦属火，占得离卦，必然主天晴，乾卦与兑卦属金，在秋天则主天气晴朗，在冬天则主大雪凛冽；坤卦与艮卦属土，在春天则为细雨润泽，在夏天则为暑气蒸腾。

《易经》中说"云从龙，风从虎"，又说"艮为云，巽为风"，如果艮卦与巽卦相逢，就主风云际会，飞沙走石，漫山遍野，遮天蔽日，而且这种征象不会因为季节的不同而改变，坎卦如果在艮卦之上，主雾气升腾，彤云密布，如果在兑卦之上，则为凝霜落雪。乾卦与兑卦为霜、雪、霰、雹。离卦属火为日光、闪电与霓虹。离卦为电、震卦为雷，如果离卦与震卦相逢，则主雷电交加。坎卦为雨，巽卦为风，如果相逢，则主暴风骤雨。震卦如果重逢，则主惊雷百里可闻，坎卦如果叠见，则主大雨遍洒九洲。

所以卦体之间的相互关系，也要象阴阳爻象一样配合分辨，地天泰卦、水天需卦、都是昏蒙之象，天地否卦、水地比卦，都为黑暗不明的表象，八纯卦中的离卦在夏天主干旱，在四季都主晴天，八卦卦中的坎卦，在冬天必然主天气阴寒，在四季则主多雨。久雨不晴时，占得艮卦则雨停，久晴不雨时，得到艮卦却主有雨。又比如水火既济、火水未济两卦，在四季都主风云不测，风泽中孚与泽风大过两卦，在冬天占得则主有雪。水山蹇卦与山水蒙卦，行不出百步必要打伞。地风升卦与风地观卦，在四季占得都不要行船。离卦如果在艮卦之上（火山旅），则主早晨下雨晚上晴天，离卦落在艮卦之下（山火贲），则主晚上下雨早晨天晴。巽卦与坎卦（水风井）中有互卦的离卦，主飞虹彩霞。巽卦与离卦（风火家人）之中互见坎卦，也会有上述的情况出现。

占测天气，又要推导四季的变化，不可执着于一定之规，震卦为雷，离卦为闪电，是应验在夏天，乾卦与兑卦为霜、雪，是应验在冬季，天地是如此的宏大而神秘！这其中的道理与规则已经说得很明白了啊！得到这篇文字的人，一定要恭敬地守护它。

人事占第二

凡占人事，以体卦为主，用卦为人事之应。①

体克用，诸事吉。用克体，诸事凶。②

体生用者有耗失之患，用生体者有进益之喜。

体用比和，诸事顺利。③

又看全卦中有生体者是何卦。④

若乾卦生体，则主公门中有益，或于功名上有喜，或因官有财，或因讼得理，或有金宝之利，或有官贵之喜，或老人进财，或尊上惠送。

坤卦生体，主有田土之喜，或于田土上进财，或得乡人进益，或得阴人之利，或有谷粟之进，或有布帛之喜。

震卦生体，则主山林之益，或因山林得财，或进东方之财，或因动中有喜，或有木货交易之利，或因草木姓氏人而称心。

巽卦生体，亦有山林之利，或于山林中得财，或东南方而进财，或因草木而得利，或以草木茶货之属而得利，⑤或有草菓蔬菜馈送之喜。

坎卦生体，有北方之财，或受北方之利，或因水边之人进入，或因点水姓氏人而称心，或有鱼盐酒货交易之利，⑥或有馈

---

① 通行本作：人事之占，详观体用。体卦为主，用卦为宾。
② 通行本作：用克体不宜，体克用则吉。
③ 通行本作：体用比和，谋为吉利。
④ 此段内容通行本是并入"体用总诀"一节之中。
⑤ 通行本作：或以茶果得利。
⑥ 通行本作：或因鱼盐酒货文书交易之利。

送鱼盐酒物之喜。

离卦生体，主有南方之财，或有文书之喜，或有炉冶坑场之利，或因火土姓氏人而得财。[①]

艮卦生体，主有东北方之财，或有山田之喜，或因山林田土得财，或进宫音与带土傍姓氏人之财。[②]

兑卦生体，主有西方之财，或有喜悦之事，或进饮食之物，或五金货利之流。[③]

又看全卦中有克体者，是何卦克体。

如乾卦克体，主有官事之忧，或有门户之忧，或财宝之失，或金谷之损，或见怒于尊长，或得罪于贵人。

坤卦克体，主有田土之忧，或于田土上有损，或有小人之害，或有阴人之侵，或失布帛之财，或丧谷粟之利。

震卦克体，主有虚惊，常多恐惧，或身心不能安静，或家宅闻见妖灾，或有草木之人相侵，或于山林上有损。

巽卦克体，亦主草木姓氏人相害，或于山林坟墓上生忧。谋事则忌东南方，处家则防阴人小厄。[④]

坎卦克体，主有险陷之事，或防寇盗之忧，或失意于水边，或生灾于酒后，或有点水姓氏人相害，或为北方之人相殃。

离卦克体，主有文书之忧，或失火烛之惊，或有南方之忧，或火土人之相害。

艮卦克体，诸事多违，百谋有阻。或有山林田土之失，或因山林田土之忧忌，带土人之相侵欺，防东北方之祸害。[⑤]

兑卦克体，不利西方，主口舌之纷纭。或带口傍如字人之侵

---

① 通行本作：或因火姓人而得财。
② 通行本作：物当安稳，事有终始。
③ 通行本作：或有食物玉金货利之源，或商音之人、市口之人欣逢，或主宾之乐，或朋友讲习之喜。
④ 通行本作：谋事，乃东南方之人；处家，忌阴人小口之厄。
⑤ 通行本多一句：或忧坟墓不当安稳。

侮，或有毁折之患，或因饮食之忧。

　　如生克之卦气不逢，止须以本卦而断。

　　［疏］"人事占第二"中的"人事"，是在求测人没有具体的事件求测时，占断近阶段的运气的规则。

　　本节中"八卦详论"，即八卦生"体"与八卦克"体"的部分，"五卷本"《梅花易数》是放在"体用总诀"一节的后部，而家传本《心易梅花数》则是放在"人事占第二"里。今"五卷本"《梅花易数》"家宅占第三"最后有一段这么说："如有生体之卦，即以前章人事占断之。"由此可推断，今本"体用总诀"后面的"八卦详论"部分，原本应该放在"人事占第二"里的，后人将它移至了"体用总诀"之中。因此，家传本《心易梅花数》中的"人事占第二"应当更接近于原貌。

　　［释］凡是占测"人事"，以"体卦"为主，以"用卦"为"人事"（近阶段的运气"的应验。①

　　如果"体卦"克"用卦"，则诸事皆吉，如果"用卦"克"体卦"，则诸事皆凶。②

　　"体卦"生"用卦"的，主有消耗损失的祸患，"用卦"生"体卦"主有收入获利之喜。

　　"体卦"与"用卦"如果比和，则主诸事顺利。③

　　又须看整体卦中生"体卦"的是什么卦。

　　如果是"乾卦"生"体卦"，则主因"官府之事"有所收益，或者是在功名方面有喜事，或者是因"官府"之事而得财，或者是因"诉讼有理"而胜诉，或者是有"金银财宝"的收获，或是有因"官贵"而来的喜事，或是因"老人"而得财，或是"尊

---

　　① 通行本作：凡是占测"人事"，要详查"体卦"与"用卦"的关系，以"体卦"为主，以"用卦"为客。

　　② 通行本作："用卦"不宜克"体卦"，"体卦"克"用卦"则为吉兆。

　　③ 通行本作："体卦"与"用卦"如果比和，则主求谋之事吉利。

长"有所馈赠。

如果是"坤卦"生"体卦",则主有"田地"上的喜事,或者是在"田地"之上获得收益,或者是得到"乡人"的收获,或是因为"女人"而得财,或是有"稻谷粟米"之类的进益,或者是有"布、帛"的赢利。

如果是"震卦"生"体卦",则主有"山林"之中的收益,或者在山林之中获得利益,或者是收到东方而来的钱财,或者是因迁动调整而喜事来临,或是有木材林货交易的利润,或是因草木姓氏的人帮助而称心如意。

如果是"巽卦"生"体卦",也主有"山林"之中的收获,或者是在山林之中得到财利,或者是收到东南方而来的钱财,或是因"草、木"而获得利益,或是因"草、木、茶"的交易而获得利润。[①] 或是有"草、果、蔬菜"馈赠的好事儿。

如果是"坎卦"生"体卦",主有北方的财利,或者受到北方而来的恩惠,或者是因住在水边的人而得利,或者是因为姓氏之中有"氵"或"冫"的人而称心如意,或者是有"鱼、盐、酒"之类的货物交易而赢利,[②] 或者是有人馈赠"鱼、盐、酒"等东西。

如果是"离卦"生"体卦",主有南方的财利,或者有"文书"之上的喜事,或者是有"炉冶、矿场"之中的收益,或者是因"火、土"姓氏的人而得到利润。

如果是"艮卦"生"体卦",主得到东北方而来的财利,或者有山地、田土上的好事,或者是因山林、田土而得到利益,或者是得到"宫音"姓的与带"土"字傍姓氏的人的钱财。[③]

---

① 通行本作:或者因为"茶、果"而获得利益。
② 通行本作:或因"鱼、盐、酒"等货物及"诗书、古籍、文书"之类的交易而得利。
③ 通行本多一句"占物则主安稳,主事情有始有终"。

如果是"兑卦"生"体卦"，主有西方的财利，或者有喜悦之事，或者获得饮食之类的东西，或者有"五金"之类的贸易类赢利。①

再看全卦之中有没有克"体卦"的，看是什么卦克"体卦"。

如果是"乾卦"克"体卦"，主因官府之事而忧虑，或者有家事纷扰，或者是钱财贵器的损失，或者是金银五谷之类的损耗，或是苦恼了尊者前辈，或是得罪了贵人。

如果是"坤卦"克"体卦"，主有田地上的忧虑，或是在田地上有所损失，或是被小人谋害，或是有阴人的侵害，或是丢失布帛之类而造成损失，或是丧失掉谷物、粟米之类的利益。

如果是"震卦"克"体卦"，主有虚惊之事，平常多有惊恐，或者身心不能安宁，或者家宅之中发生妖异灾怪之事，或者有姓氏之中带"艹、木"的人来侵害，或是在山林之上有所损失。

如果是"巽卦"克"体卦"，也主姓氏之中带"艹、木"的人来侵害，或是在山林、坟墓的事情上发生忧虑，求谋则忌讳东南方，在家中则要防备女子小的灾祸。②

如果是"坎卦"克"体卦"，则主有凶险陷害之类的事情发生，或者要防备盗贼的惊扰，或者在有水之处破落失意，或者因饮酒而发生灾祸，或者是姓氏之中有"氵、冫"的人来谋害，或者是因为北方的人而遭殃。

如果是"离卦"克"体卦"，主有文书上的忧虑，或是发生火灾，或是有南方而来的麻烦，或是姓氏之中有"火、土"的人来谋害。

---

① 通行本作：或者有食物、玉石、金宝之类的经营性收入，或者有"商音"之人，或者与中介、牙行之中的人相逢而欢，或主宾主之漆，或者有朋友讲说研习的嘉会。

② 通行本作：谋事，乃东南方之人，处家，忌阴人小口之厄。"乃东南方之人"依文中前后之义，应为"忌东南方之人"，则意思应当为："求谋，须防备东南方的人，在家，要当心女子孩子发生危险"。

如果是“艮卦”克“体卦”，则主诸事不顺，谋求有阻，或者有山林、田土的损失，或是因山林、田土而忧愁，或是姓氏之中有“土”的人来欺凌，同时要防备东北方而来的祸乱。[①]

如果是“兑卦”克“体卦”，则不利去西方，主有口舌之事纷扰不休，或者是姓氏之中带“口”字的人相侵害，或是有物品损坏的忧患，或是因饮食而发生忧患。

如果卦中没有“生、克”的卦，就只需用本卦来断就可以了

家宅占第三

凡占家宅，以体为主，用为家宅。

体克用则家宅吉，用克体则家宅凶。

体卦生用，多主耗散，或防失盗之忧。

用卦生体，多主进益，或有馈送之喜。

体用比和，家宅安稳。

如有生体克体之卦，于前章人事占断。

[释] 凡是占卜家宅吉凶，以“体卦”为主，以“用卦”为家宅。

“体卦”如果克“用卦”，则家宅吉利，如果“用卦”克“体卦”，则主家宅有凶。

“体卦”如果生“用卦”，多数情况下主钱财耗散，或要防备失盗的事情。

“用卦”如果生“体卦”，多是主钱财收益，或者有他人馈赠财物的喜事。

“体卦”与“用卦”如果比和，则家宅安稳。

---

① 通行本多一句“或者忧虑坟墓不利而影响运势”。

如果卦中有生"体卦"或克"体卦"的其它卦，则参照前面"人事占第二"中的论述占断。

婚姻占第四

凡占婚姻，以体为主，用为婚姻。①

体克用，婚必吉。用克体，婚必凶。

体生用，婚难成，或因婚而有丧。

体克用，婚须可成，但成之迟。

用克体，婚不可成，成亦有害。

体用比和，则吉利矣。

通行本多下面一段：占婚，体为所占之家，用为所婚之家。体卦旺，则此家门户胜；用卦旺，则彼家资盛。生体，则得婚姻之财，或彼有相就之意；体生，则无嫁奁之资，或此去求婚方谐。若体用比和，则彼此相就，良配无疑。

乾：端正而长。

坎：邪淫、黑色、嫉妒、奢侈。

艮：色黄多巧。

震：美貌难犯。

巽：发少稀疏，丑陋心贪。

离：短赤色，性不常。

坤：貌丑，大腹而黄。

兑：高长，语话喜悦，白色。

[释] 凡是占测婚姻，以"体卦"为主，以用卦为"婚姻"。② "体卦"如果克"用卦"，主婚姻吉利，"用卦"克"体卦"，婚姻主凶。

---

① 通行本多一句：用生体，婚易成，或因婚有得。

② 通行本多一句："用卦"生"体卦"，主婚姻易成，或因婚姻而获益。

如果"体卦"生"用卦"，主婚姻难成，或者因婚姻而有所损失。

如果"体卦"克"用卦"，则主婚姻可以达成，但成得会比较晚。

如果"用卦"克"体卦"，则婚姻不成，即使成了也有损害。

如果"体卦"与"用卦"比和，则婚姻吉利。

通行本此节后面多出一段内容：占婚姻，"体卦"为求测的人家，"用卦"为欲求婚姻的人家，如果"体卦"旺，则此家门户兴旺，如果"用卦"旺，则所求婚姻之家的家产兴旺。"用卦"生"体卦"，则主因婚姻而得财，或者彼此有亲附相就的状态。"体卦"生"用卦"，则主没有嫁妆，或者要去求婚方可成就。如果"体卦"与"用卦"比和，则婚姻双方彼此契合，肯定是天作之合。

乾卦：主容貌端正，身材修长。

坎卦：主邪淫、色黑、嫉妒、奢侈无度。

艮卦：为黄皮肤、手巧善工。

震卦：美貌但难以亲近。

巽卦：头发少、丑陋、贪心。

离卦：短小身材，皮肤发红，性格不稳定。

坤卦：相貌丑陋，肚子大、黄皮肤。

兑卦：身材修长，个子高高，说话招人喜欢，皮肤白皙。

生产占第五

凡占生产，以体为母，用为所生。

体用俱宜乘旺，不宜乘衰。只宜相生，不宜相克。

体克用，不利于子。用克体，不利于母。

体克用而用卦衰，则子难完。

用克体而体卦衰，则母难保。

用生体，易于产母。体生用，利于所生。

体用比和，生育顺快。

若定其男女，当相全卦中审之。①

阳卦阳爻多者生男，阴卦阴爻多者生女。

阴阳卦相半，则察其来占及左右人数之奇偶以证之。

如欲决其日时，则相用卦之气数，参决卦气旺衰，前章已载。日期者即看何卦为用，相前章八卦类占时序决之。

［释］凡是占测"分娩"，以"体卦"为产母，以"用卦"为胎儿

"体卦"与"用卦"最好都能够乘气旺盛，而不宜所乘气衰败，最好是相互生扶，不宜相互克制。

"体卦"克"用卦"，不利于胎儿，"用卦"克"体卦"不利于产母。

"体卦"克"用卦"，而且"用卦"衰败，则胎儿难于保全。

"用卦"克"体卦"，而且"体卦"衰弱，产母就容易损伤。

"用卦"生"体卦"，则对于产母有利，"体卦"生"用卦"，则有利于婴儿。

"体卦"与"用卦"如果比和，主生育顺畅。

要想定生男生女，要在全卦之中审辨。②

阳卦或阳爻多，则多主生男，阴卦或阴爻多，则多主生女。③

阴阳卦各半，就考察来求测人以及周围的人数的奇偶来判断。

如要判断其分娩的时日，可以观察"用卦"的气数，参照

---

① 通行本作："若欲辨其男女，当于前卦审之"。

② 通行本作："若欲辨其男女，当于前卦审之"一句，词句无所指，与后文内容也不合，"前"与"全"音近，显然是传播有误所致。

③ 此句同样不符合八卦的实际情况，易经八卦，阳卦多阴，阴卦多阳，如巽卦，是两个阳爻一个阴爻，震卦，是两个阴爻一个阳爻，这样的话，阳卦多，则阴爻就多，阴卦多，则阳爻就多，所以前述将"阳卦"与"阳爻""阴卦"与"阴爻"相互参照，显然无法得出明确的判断结果。

"用卦"卦气的旺衰来决断，这个方法，在前文之中，已有论述，判断分娩的日期，就看哪个卦是"用卦"，然后按照前章"八卦类占"中"时序"一节的时间来判断。

饮食占第六

凡占饮食，以体为主，用为饮食。

用生体，饮食必丰。体生用，饮食难就。

体克用，则饮食有阻。用克体，则饮食必无。

体用比和，饮食丰足。

又看全卦中有坎则有酒，有兑则有鱼。无坎无兑，酒食俱无。①

兑坎生身，酒醉食饱。

欲知所食何物，以用卦饮食类推之。

欲知席间何应，以互卦人事类审之。

即八卦前章看之。②

［释］凡是占测饮食，以"体卦"为主，以"用卦"为饮食。

"用卦"生"体卦"，则饮食必然丰盛，"体卦"生"用卦"，主宴饮难成。

"体卦"克"用卦"，则饮食受阻，"用卦"克"体卦"，则肯定没有什么饮食。

"体卦"与"用卦"比和，则饮食丰盛完美。

又要看全卦之中，如果有坎卦，则代表有酒，如果有兑卦，则代表有饮食，如果没有坎卦和兑卦，则主没酒没饭菜。

兑卦与坎卦如果生身，则主酒足饭饱。

---

① 通行本作："又卦中有坎则有酒，有兑则有食。无坎无兑，则皆无"。
② 通行本作："饮食人事类者，即前八卦内万物属类是也"。

要知道所吃的是什么食物，就用前文"八卦万物类占"中的"饮食类"所列来推断。

要知晓宴席之中有何应验，就用前文"八卦万物类占"中的"人事类"所列来推断。

所述的依据，请参照前章的"八卦类占"。①

求谋占第七

凡占求谋，以体为主，用为所谋之应。

体克用，谋须可成，但成迟。

用克体，求谋不成，成之亦有害。

体生用，则多谋少遂。

用生体，则不劳而成。

体用比和，求谋称意。

［释］凡是占卜有所谋求，以"体卦"为主，以"用卦"为所谋求的事情。

"体卦"如果克"用卦"，谋求的事情可以成功，但成功得较迟。

"用卦"克"体卦"，主谋求的事情不成，即使成了也会有害。

"体卦"生"用卦"，则主所求多而成功少。

"用卦"生"体卦"，则主不须费神而事情自成。

"体卦"与"用卦"比和，则主求谋的事情称心如意。

---

① 通行本作："所谓饮食、人事之类，即是前文八卦所属及八卦万物类占中的属类。"

求名占第八

凡占求名，以体为主，用为名。

体克用，名可求而成迟。

用克体，名终不能就。

体生用，名难成，或因名而有失。

用生体，名易成，或名成而有益。

体用比和，则功名称意。

欲知成名之日，生体之卦气详之。

欲知职任之处，变卦之方道决之。

又如无生体之卦，则名无成就，[①] 止看用卦中时序类，以定日期。

若在任占卜，最忌见克体之卦，如卦中有克体者，则居官见祸，轻则在位责罚，重则剥官退职。其克体之卦气，即见祸之日期，如八卦占类时序内断之。

［释］凡是占测求取功名，以"体卦"为主，以"用卦"为功名。

"体卦"克"用卦"，则功名可以求得，但时间会比较迟缓。

"用卦"克"体卦"，则功名终难成就。

"体卦"生"用卦"，功名难以求得，或者会因功名而有所损失。

"用卦"生"体卦"，主功名易成，或者因功名而有所收获。

"体卦"与"用卦"比和，则主功名称心如意。

要想知道功成名就之日，看生"体卦"的卦气来详细推断。

---

① 通行本作：若无克体之卦，则名易就。

要想知道在何方任职，以"变卦"所显示的方向来判断。

又比如没有生"体卦"的卦，则功名无法成就，[①] 只需查看"用卦"在"八卦万物类占"中"时序"部分显示的时间，以确定日期。

若是在任的官员占卜，最忌讳看到克"体卦"的卦，如果卦中有克"体卦"的卦出现，则主在任期间面临灾祸，轻则遭到上级的责罚，重则被撤职或降级。其克"体卦"的卦气，即是灾祸来临的时间，以"八卦占类"之中"时序"部分显示的时间来推断。

求财占第九

凡占求财，以体为主，用为财利。

体克用，必有财。用克体，必无财。

体生用，财上有耗损之忧。用生体，财上有进益之喜。

体用比和，财利快意。

欲知得财之日，生体之卦气决之。欲知破财之日，克体之卦气定之。

通行本后面多一段："又若卦中有体克用之卦，及生体之卦，则有财，此卦气即见财之日。若卦中有克体之卦，及体生用之卦，即破财，此卦气即破财之日"。

[释] 凡是占测求财，以"体卦"为主，以"用卦"为利润收益。

"体卦"克"用卦"，必然会得财，"用卦"克"体卦"，则不会得财。

"体卦"生"用卦"，求财的事情上易出损耗，"用卦"生

---

① 通行本作：如果没有克"体卦"的卦，则功名易成。

"体卦"，求财的事情上有收益进帐的好事。

"体卦"与"用卦"比和，则主求财的事情顺心如意。

要想知道获得收益的时间，就看生"体卦"的卦气来决断，要想知道破财的时间，就用克"体卦"的卦气来推断。

通行本后面多一段内容："又比如卦中有体卦克用卦，或者生'体卦'的卦，则代表有财上的收益。这个卦气，即是见到收益的时间。如果卦中有克'体卦'的卦，或者是'体卦'生'用卦'，即代表破财，这个卦气，就是代表破财的时间"。

交易占第十

凡占交易，以体为主，用为交易之应。

体生用，交易迟成。①

体克用，交易难成，或有交易之失。②

用生体，交易易成。③

用克体，交易即成，亦有交易之财。④

体用比和，易成，交易诸事顺快。⑤

［释］凡占交易之事，以"体卦"为主，以"用卦"为交易的情况。

如果"体卦"生"用卦"，主交易成交比较迟缓。⑥

"体卦"克"用卦"，主交易难成，或者有交易上的损失。⑦

"用卦"生"体卦"，主交易容易达成。⑧

---

① 通行本作：体生用，难成，或有交易之失。

② 通行本作：体克用，交易成迟。

③ 通行本作：用生体，即成，成必有财。

④ 通行本作：用克体，不成。

⑤ 通行本作：体用比和，易成交易。

⑥ 通行本作："体卦"生"用卦"，主交易难成，或是即使交易有成也会有损失。

⑦ 通行本作："体卦"克"用卦"，主交易成交迟缓。

⑧ 通行本作："用卦"生"体卦"，很容易交易达成，而且达成之后就有收益。

"用卦"克"体卦"，交易很容易达成，也主在交易中获得财利。①

"体卦"与"用卦"比和，主交易容易成功，而且交易过程中诸事顺遂。②

按：此段文字家传本《心易梅花数》与"五卷本"《梅花易数》有较大差异，如对"用克体"的论述，家传本《心易梅花数》中的论述，显然不符合前章"体用总诀"中的规则，相较而言，后期的"五卷本"《梅花易数》的论断要合理得多，出现这种情况的原因，有可能是传抄失误，也可能是家传本《心易梅花数》编辑者故意混淆的结果。

出行占第十一

凡占出行，以体为主，用为所行之应。

体克用，出行所至多得意。

用克体，不可行。强出必有祸。

体生用，出行有破耗之失。

用生体，出行有意外之财。

体用比和，所行顺快。

凡出行，体用宜乘旺，诸卦宜生体。

如体卦时乾震多，主动。体卦是坤艮多，主不能动。

巽宜乘舟，离宜陆行。坎有失陷，兑有纷争。

［释］凡是占测出行，以"体卦"为主，以"用卦"为出行的征兆。

如果"体卦"克"用卦"，主出行所到之处顺利如意。

"用卦"克"体卦"，则不可出行，如果强行外出，必有祸端。

---

① 通行本作："用卦"克"体卦"，主交易不成。
② 通行本作："体卦"与"用卦"比和，主交易容易达成。

"体卦"生"用卦"，出行会耗费钱财。

"用卦"生"体卦"，出行则会有意外之财。

"体卦"与"用卦"比和，则主出行顺畅。

凡是占测出行，"体卦"与"用卦"宜乘旺相之气，其余各卦，要生"体卦"，如果"体卦"是乾卦、震卦，多主外出，如果"体卦"是坤卦、艮卦，多主不能行动，逢巽卦，适合乘船，逢离卦，适合陆路，逢坎卦，要当心被人坑害，逢兑卦，则容易遇到纷争。

行人占第十二

凡占行人，以体为所占之人，用为出行之人。

体克用，行人迟归。用克体，行人不归。

体生用，行人未至。用生体，行人即至。

体用比和，归期不日至矣。

又以用卦为行人之体，若乘旺逢生，在外顺快。逢衰受克，在外殃灾。

震多不宁，艮多有阻。坎有险难，兑有纷争。

［释］凡是占测出行之人，以"体卦"为求测之人，"用卦"为出行之人。

"体卦"克"用卦"，主行人归来迟晚，"用卦"克"体卦"，行人无法归来。

"体卦"生"用卦"，行人还没到家，"用卦"生"体卦"，行人马上就到。

"体卦"与"用卦"比和，主归期很快，不日而至。

又以"用卦"来判断行人自身的状况，如果"用卦"卦气旺相，又逢其他卦来相生，主在顺心如意，如果"用卦"卦气衰

第四章 《心易梅花数》中的易象

败，又逢其它卦来克，主在外面遭遇灾殃。

卦中如果震卦多见，则主行人旅途不安，艮卦多见，主旅途阻滞，坎卦多，则主路途之中易逢凶险，兑卦多，则在途中易与他人发生口舌纠纷。

谒见占第十三

凡占谒见，以体为主，用为所见之人。

体克用，可见。用克体，不可见。

体生用，难见，见之亦无益。

用生体，宜见，见之且有得。

体用比和，则欢然相见矣。

［释］凡是求测进见贵人，以"体卦"为求测之人，以"用卦"为所求见的人。

"体卦"克"用卦"，可以谒见，"用卦"克"体卦"，不可求见。

"体卦"生"用卦"难以求见，即使见到了也没有好处。

"用卦"生"体卦"，适合求见，而且进见后会有收获。

如果"体卦"与"用卦"比和，则两方相见而欢。

失物占第十四

凡占失物，以体为主，用为所失之物。

体克用，可寻，迟得。用克体，必不可寻。

体生用，物必难见。用生体，物必易寻。

体用比和，物终不失。

又以变卦为物之所在。

如变卦是乾，则觅于西北方或公廨之所，或楼阁之处，或金石之傍，或圆器之间，或高亢之地。

变卦是坤，则觅于西南方，或田野之地，或仓廪之际，或稼穑之场，或土窖藏穴之中，或瓦器方器之内。

震卦则觅于东方，或林木之所，或丛棘之中，或钟鼓之傍，或闹市之地，或大途之傍。

巽卦则觅于东南方，或山林之所，或寺观之地，或蔬菓之园，或舟车之间，或木器之内。

坎卦则觅于北方，寻于水畔或溪涧沟渎之所，[①] 或井泉池沼之傍，或醋酒之间，或鱼盐之地。

离卦则觅于南方，或寻于干燥之地，或在庖厨之际，或炉灶之傍，或文书之侧，或在于明窗之下，或藏于孔穴之间，或潜于烟火之边。[②]

艮卦则觅于东北方，或山林之内，或近门户之内，或近路途，或近石傍，或藏土穴。

兑卦则寻于西方，或居泽畔，或败垣破壁之所，或废池缺沼之际。

［释］凡是占测失物，以"体卦"为求测人，以"用卦"为所丢失的东西。

如果"体卦"克"用卦"，则失物可寻，但寻回较迟，如果"用卦"克"体卦"则一定找寻不到。

"体卦"生"用卦"，则丢失的东西无法找寻，"用卦"生"体卦"，则丢失的东西容易找到。

"体卦"与"用卦"比和，则东西肯定没丢。

---

① 通行本作："坎则寻于北方，多藏于水边或溪井沟渠之处"。

② 通行本作："离则寻于南方，或庖厨之间，或炉冶之旁，或在明窗，或遗虚室，或在文书之侧，或在烟火之地"。

也可以用"变卦"来看丢失之物在什么地方。

如果变卦是乾卦，可以去西北方或官署办公的场所找寻，也可以看看楼阁之中，金属、石头的附近，或者在圆形的器物之间，或者在高处。

如果变卦是坤卦，可以去西南方或田野里寻找，也可能在仓库之中，或者是打谷场之类的地方，或者是土窖、地穴之中，或者是在瓦器、方形的器物里面。

变卦如果是震卦，可以去东边找找，或者是去有林木的场所，或者是在荆棘杂草之间，或是钟、鼓的附近，或是在闹市之中、大街边上找寻。

变卦是"巽卦"，可以去东南方寻找，或是山林之地，或是寺庙道观之中，或是蔬菜、果园里，或是去舟、车之中，或者是去木器里面找寻。

变卦如果是坎卦，可以去北方找寻，在水边或者"溪、涧、沟、渠"之中，① 或是井、泉、池沼的旁边，或者是与醋、酒放在一起，或是有鱼或盐的地方。

变卦是"离卦"，可以去南方寻找，或者是干燥的环境，或是在厨房里，或是炉、灶的附近，或是文书的旁边，或是在明亮的窗户下面，或是藏在孔、洞之中，或是埋在升火冒烟的地方。②

如果变卦是"艮卦"，可以去东北方向找寻，或者是山林的里面，或者是靠近门、户的地方，或者是道路附近，可是在石头这边，或者是被藏在了土坑里。

如果变卦是"兑卦"，可以去西边找找，或者是在水畔，或是破败的残垣断壁之间，或是废弃的池、沼的岸边。

① 通行本作：如果变卦是坎卦，可以去北方寻找，或是藏在水边、溪、井、沟、渠等处。

② 五卷本《梅花易数》：如果变卦是离卦，可以去南边寻找，或者去厨房看一看，或是在打铁锻钢的地方，或是在明亮的窗户附近，或者是丢在了空屋子里面，或者是在文书的旁边，或者是在升火冒烟的地方。

疾病占第十五

凡占疾病，以体为病人，用为病证。

体卦宜旺不宜衰，体宜逢生，不宜逢克。用宜生体，不宜克体。

是故体克用，则病易安。体生用，则病难愈。

体克用者，服药有效。① 用克体者，服药罔功。②

体逢克而乘旺，犹或庶几。体遇克而更衰，断无存日。

体用比和，疾病安妥。

欲识凶中有救，生体之卦存焉。

若究和平之侯，生体之卦决之。

欲详危厄之期，克体之卦定之。

欲论医药之属，当审生体之卦。

如离卦生体，宜服热药。坎卦生体，宜服冷剂，坤艮用温补，乾兑用凉药。

又有信鬼神之说，虽非易理，然不可谓易道不该。惟以理推之。

如卦有克体者，即可测其鬼神矣。

故乾卦克体，主西北之神，或刀亡之鬼，或是天行时炁，或称王号邪神。③

坤卦则是西南方之神，或旷野之鬼，或连亲之阴鬼，或本社之土神，或有犯于方隅，或无主之殡祟。

震卦则是东方之神，或木下之神，或妖怪百端，或影响时现。

---

① 通行本作："体克用者，勿药有喜"。
② 通行本作："用克体者，虽药无功"。
③ 通行本作："或称正之邪神"。

巽卦则是东南之鬼，或出山林之神，或自缢残生，或枷锁致命。

坎卦则是北方之鬼，或为水畔之神，或没溺而亡，或血病而殁。

离卦则是南方之鬼，或勇猛之神，或有犯于灶司，或得愆于香火，或经焚烧之鬼。或因热病而亡。

艮卦则东北方之神，或山林之祟，或山魈木魅，或土怪石精。

兑卦则西方之神，或阵亡之鬼，或疾病而终命，或刎颈而残生。

如无克体之卦，不必论也。

《梅花易数》多此一段：又问曰：乾上坤下，占病如何断？尧夫曰：乾上坤下第一爻动，便是生体之义。变为震木，互见巽艮，俱是生成之义，是谓不灾，逢生之日即愈。

又曰：第二爻动如何？曰：是变为坎水，乃泄体败金之义。金入水乡，互见巽、离，乃为风火扇炉，俱为克体之义。更看占时外应如何，即为焚尸之象，断之死无疑矣。以春夏秋冬四季推之，更见详理。

又曰：第三爻动，坤变艮土，俱在生体之义，不问互卦，亦断其吉无疑。

又曰：第四爻动，乾变巽木，金木俱有克体之义，互吉亦凶。木有扛尸之义，金为砖椁之推。是理必定之推，是埋尸必定之理。

又曰：第五爻动，乾变离，反能生体，互变俱生体，是其吉无疑。更有吉兆则愈吉，凶则迟而忍死。其断明矣。

又曰：第六爻动，乾变兑，则能泄体，互见巽、艮，一凶一吉，其病非死必危。亦宜看兆吉凶，吉则言吉，凶则言凶。此断甚明。余卦皆仿此断，则心易无不验矣。

［释］凡是占测疾病，以"体卦"为病人，以"用卦"为病症。

"体卦"卦气要旺不要衰，体卦要逢生，不宜逢克，"用卦"

要生"体卦"，不能克"体卦"。

所以说"体卦"克"用卦"，则病容易好，"体卦"生"用卦"，则病不好痊愈。

"体卦"克"用卦"，则服药有效，[①]"用卦"克"体卦"，则服药无效。[②]

"体卦"被其它卦克制但自身卦气旺相，还会有机会痊愈，"体卦"被克制而自身卦气也衰弱，则命不久长。

"体卦"与"用卦"比和，疾病无妨。

要识虽凶尚有救，是卦中有生"体卦"的卦。

要寻康复的时间，生"体卦"的卦象来判断。

要知病危的日期，克"体卦"的卦名来断定。

要论何药可医治，详审生"体卦"的卦断之。

如果离卦来生"体卦"，则宜服用"热性"的药，坎卦来生"体卦"，则要服用"冷剂汤药"，如果是坤卦、艮卦生"体卦"，则用"温补之药"，如果是乾卦、兑卦来生"体卦"，则要用"凉性之药"。

又有相信鬼神的说法，虽然不属于易理的范畴，但不可以说易道就没有涉及，只需以"理"来推断。看哪个卦来克"体卦"，则可推测其所犯的鬼神。

如果是乾卦来克"体卦"，主冲犯了西北方的神，或是刀下而亡的鬼，或是因瘟疫而亡的鬼，或是假托正号而实为邪神的鬼怪。[③]

如果是坤卦来克"体卦"，主冲犯了西南方的神，或是旷野中的孤魂野鬼，或者是死亡亲属的阴气凶鬼，或者是本地的土地神，或是冲犯了方隅之神，或是没有祭祀滞留阳间的邪祟。

---

① 通行本作："体卦"克"用卦"，即使不吃药病也能好。
② 通行本作："用卦"克"体卦"，即使吃药作用也不大。
③ 本句原文之"或称王号邪神"一句不可解，通行本写作"或称正之邪神"，"正"与"王"字形相近，考其前后语意，当为刻印传抄之误，应以五卷本内容为确。

如果是震卦来克"体卦"，则是冲犯了东方的神，或是树神，或是妖魔鬼怪做声，或是家中鬼影时现，声响无常。

如果是巽卦来克"体卦"，则主冲犯了东南方的神鬼，或是山林之中的鬼怪，或是自缢而亡的残魂，或是因刑犯枷锁而亡的鬼。

如果是坎卦来克"体卦"，则是冲犯了北方的神鬼，或是水畔的神鬼，或是因溺水而亡的水鬼，或是因血液类疾病而病死的鬼。

如果是离卦来克"体卦"，则主冲犯了南方的神鬼，或是凶猛的厉鬼，或是触犯了灾神，或是晦谩了香火，或是烧死的恶鬼，或是因热病而亡的鬼。

如果是艮卦来克"体卦"，则是冲犯了东北方的神鬼，或是触犯了山神，或是山魈、木魅作祟，或是土石精怪为害。

如果是兑卦来克"体卦"，则是冲犯了西方的神鬼，或是战争阵亡的凶鬼，或是疾病而亡的亡魂，或是自刎而亡的残魂。

如果没有克"体卦"的卦，则是没有鬼神为祟。

通行本多一段内容：

又有人问，乾上坤下的天地否卦，如果占病，要怎样来断？

邵雍说："乾上坤下，如果第一爻动（天地否化天雷无妄），便是生体卦的卦，变卦是震，互卦中有巽、艮，都有生发成就的含义，所以这个卦没有凶灾，逢到生体卦的时间就会痊愈。"

又问曰："第二爻动的话，又会怎么样呢？"

邵雍说："如果天地否第二爻动（天地否化天水讼），是变为了坎卦，是用卦来泄体卦，有金气涣散的迹象，金入了水乡，互中再见到巽卦、离卦，这是风、火来催动炉子，都有克体卦的迹象，再看看占卦时的外应，如果有'焚尸'的外应，则断必死无疑，再参考春夏秋冬四季的情况，详加分析"

邵雍接着说道："天地否第三爻动（天地否化天山遁），坤卦变为艮土，都是生体卦的卦，不看互卦也可以判断是吉兆"。

邵雍又道："天地否第四爻动的话，乾卦变为巽卦（天地否化风地观），金木都有克泄体卦的表象，互卦再吉也没用，而且木头是用来扛尸棺的，金的卦象之中又有砖椁的含义，以理推之，是必然会出现掩埋尸体的状况了。"

邵雍又道"天地否第五爻动的话（天地否化火地晋），乾卦变为离卦，反过来生体卦，互卦与变卦又都生体卦，是其吉兆无疑，更有吉兆的外应，则吉上加吉，如果外应为凶，病人也可拖延一段时间，这样推断是没有问题的。"

邵雍又道："天地否第六爻动的话（天地否化泽地萃），乾卦变为兑卦，都是泄耗体卦的卦象，互卦中可见巽卦、艮卦，是一凶、一吉，则病人不死也危险了，也须看有没有外应的吉兆，如果有吉兆，则按吉断，如果有凶兆，则按凶断，这样判断是很明白的。"

其它的卦都按这个规则就可以了，如此应用，则"心易"没有不应验的。

官讼占第十六

凡占官讼，以体为求卦之人，用为对讼之人与官讼之应。

体卦宜旺，及宜克用。用卦宜衰，及宜生体。①

故体克用者，己胜人。用克体者，人胜己。

体生用，非惟失理，或因官而有所丧。

用生体，不止得理，或因讼而有所成。

体用比和，官讼最吉。非止扶协之力，必有和劝之义。

［释］凡是占测官司斗讼，以"体卦"为求测人，由"用卦"为诉讼的另一方或者是官司争讼的状况。

"体卦"要旺相以及克"用卦"，"用卦"要衰弱以及生"体卦"。②

---

① 通行本作："体卦宜旺，用卦宜衰。体宜用生，不宜生用。宜生体，不宜克体"。

② 通行本作："体卦要旺相，用卦要衰弱，体卦适合用卦来生，不能去生用卦，用卦要生体卦，不能克体卦"。

如果"体卦"克"用卦",求测人一方得胜,"用卦"克"体卦",另一方得胜。

"体卦"生"用卦",求测人这一方不占理,或是因此官司而有所损失。

"用卦"生"体卦",求测人一方占理,或是因此官司而有所收益。

"体卦"与"用卦"比和,占测官司最吉利,不只是有扶助协调的力量,而且官司还有劝解与和解的趋势。

坟墓占第十七

凡占坟墓,以体为主,用为坟墓。

体克用,宜葬之吉。用克体,必葬之凶。

体生用,葬之主冷退,有损后人。用生体,葬之主兴进,有益后嗣。

体用比和,斯为吉地。大宜安葬,葬之吉昌。

[释] 凡是占测坟墓风水吉凶,以"体卦"为主,以"用卦"为坟墓。

"体卦"克"用卦",适合安葬,"用卦"克"体卦",则安葬后必然有凶事发生。

"体卦"生"用卦",葬后家境衰败退散,对后人不利,"用卦"生"体卦",安葬之后,家业兴隆,后代人丁兴旺。

"体卦"与"用卦"比和,则这是很好的吉地,很适合安葬,葬后也会吉祥兴旺。

右体用之诀,姑以十七章占测,以示学者为之法则。然庶务之多,岂止于此而已。特此十七占,乃人事切要者,占者以类推之可也。

［释］以上的体用占法的诀窍，仅只是以十七章的占测内容，来教导学习者《心易梅花数》的学习法则，然而世间万事万物，怎么可以只用这"十七章"来囊括呢？只是这十七项分类占，是世俗之中比较贴近生活的内容，其它的占断，学习的人依此类推就可以了。

补：屋舍占

通行本版本中多一占"屋舍占"，是放在"家宅占第三"的后面，列为"屋舍占第四"。因此，后世通行本较之家传本《心易梅花数》而言，分类占一共为十八章，其卷末语也有"十七章"与"十八章"的分别。

屋舍占第四

凡占屋舍，以体为主，用为屋舍。

体克用，居之吉；用克体，居之凶。

体生用，主资财冷退；用生体，则门户兴隆。

体用比和，自然安稳。

［释］凡是占卜屋舍，以"体卦"为求测人，以"用卦"为屋舍。

"体卦"克"用卦"，则居住吉祥，"用卦"克"体卦"，则居之有不吉。

"体卦"生"用卦"，主家中资财耗散，人丁稀少。"用卦"生"体卦"，则家宅兴旺，门户兴隆。

"体卦"与"用卦"比和，家宅安稳吉祥。